백만장자로 가는
부의 설계

백만장자로 가는 부의 설계

펴낸날 2025년 4월 9일 1판 1쇄

지은이 브리짓 힐튼, 조 허프
옮긴이 한미선
펴낸이 이종일
디자인 바이텍스트

펴낸곳 지니의서재
출판등록 1978년 5월 15일(제13-19호)
주소 경기도 고양시 덕양구 청초로 10 GL메트로시티한강 A동 A1-1924호
전화 (02)719-1424
팩스 (02)719-1404
이메일 genie3261@naver.com

ISBN 979-11-94620-02-0 (03320)

✳ 간절히 바라는 삶의 지도를 다시 그려라 ✳

백만장자로 가는
부의 설계

브리짓 힐튼 · 조 허프 지음 한미선 옮김

지니의서재

차례

 제3부 부의 축적

꿈을 이루는 보물 지도는
이미 당신 손에 있다

괜찮다. 정말 괜찮다. 우리는 해낼 것이다

"나는 1999년형 도요타 랜드 크루저를 몰고 위태롭게 벼랑 끝에 있으며 해내리라는 확신조차 없다."

악천후 속에서 앞바퀴가 가파른 협곡 위에서 간신히 매달려 있을 때였다. 우리 모두를 안심시키기 위해서 나는 헛웃음을 지었다. 하지만 보기 좋게 실패했다. 친구들은 내가 흔들리고 있음을 감지했고 차 안에 흐르던 정적은 귀가 찢길 듯한 침묵으로 점점 고조되어 갔다.

우리는 르완다 화산 국립공원Parc National des Volcans으로 가는 주요 산악도로에 있었다. 그곳에 안전하게 도착하는 것만이 목표였다면 그렇게 어려움에 처하지 않았을 것이다. 아마 속도를 조금 늦추고 잠시 멈춰서 아름다운 경치를 구경하면서 비가 잦아들기를 기다렸을 것이다. 하지만 오후 중반의 햇빛은 빠르게 사라지고 있었다. 우리는 열대성 폭풍 속에서 차를 달리는 중이었다. 도로가 폐쇄되기 전에 정상에 도달해야 했다. 즉 시간과의 싸움이었다. 그게 아니면 차를 돌려서 다시 키가리로 내려가야만 했다. 그것도 늦은 밤에 몬순을 뚫고.

그러나 나의 심장은 매우 쿵쾅거리고 있었다. 이 여정의 반대편에서 받게 될 보상, 즉 2개의 화산 사이에 있는 울창한 열대우림을 통과하는 오지 여행에서 만나게 될 산악 고릴라 가족 때문이었다.

하지만 이 책은 르완다 여행기가 아니다. 사실 우리가 경험한 무수한 이야기들로 이루어져 있지만 이 책은 우리에 관한 이야기도 아니다. 그것은 당신에 관한 이야기다.

인생에 한 번 있을까 말까 한 멋진 경험을 마지막으로 했을 때가 언제인가? 기억에 남은 일을 한 건 또 언제인가? 난생처음 했던 일은? 몇 개월 전이었나? 아니면 몇 년 전이었나?

그럼 '그거 해 보고 싶어.'라고 생각하고 '언젠가 해야지.'라는 어렴풋한 다짐을 하고는 이내 까맣게 잊어버린 게 마지막으로 언제인가? 지난주였나? 아니면 어제?

당신은 좋은 직업을 가졌을 수도 있고 멋진 가정을 일구었을 수도 있으며 자신이 좋아하고 편안함을 느끼는 것에 쉽게 접근할 수 있는 환경에서 살고 있을지 모른다. 당신은 스스로를 돌아보며 이런 생각을 한다.

'완벽하지는 않지만 다른 사람들보다는 꽤 괜찮은 삶을 살고 있어. 그러니 불평하지 말자고.'

그러나 마음 한쪽 구석에서는 삶에서 더 많은 것을 성취해야 한다는 열망이 조용히 타오른다.

많은 이들이 나이가 들고 직장과 가족이라는 오래된 일상에 길들면서 점점 더 안주하게 된다. 일상의 삶을 지나치게 신경 쓰다 보면 자신이 진정으로 원했던 것을 탐색하거나, 배우거나, 시간을 내서 실천하는 것을 포기하게 된다. 그러고서는 '인생에 한 번 올'

언젠가 시간을 낼 수 있으리라고 스스로에게 변명한다. 즉 졸업하면 직장에 들어가면 승진하면 돈을 좀 더 모으면 덜 바쁘면 아이들이 조금 나이가 더 들면 은퇴하면… 등등.

하지만 여러 해가 지나고 '언젠가'는 점점 더 요원해진다. 시간이 흐른다는 것을 실감하는 순간—예를 들어 자신의 생일이나 새해 전야 혹은 정적만이 흐르는 고요한 밤—더 많은 것을 갈구하는 마음에 큰 울림이 생긴다.

그 울림을 무시해서는 안 된다. 당신은 평생 그 소리를 무시해왔으며 그 소리는 결코 저절로 사라지지 않는다. 기다리며 시간을 낭비하는 것을 중단하고 지금 당장 행동에 나서야 한다.

우리가 이 책을 집필한 이유

여기서 우리란 나(브리짓 힐튼)와 나의 비즈니스 파트너이자 10년 이상 절친으로 살아온 조 호프를 가리킨다. 우리 둘 다 연줄 하나 없는 사람이며 중서부의 넉넉지 못한 가정에서 자랐다. 대학에 진학하지 못했고 한 번에 다양한 시간제 일을 여러 가지 해 봤으며 복권에 당첨된 적도 없다. 사실 둘 다 2달러 복권에 당첨된 적은 있었다. 하지만 복권에 당첨된 즉시 맥주를 마시면서 즐거운 시간을 보내는 데 그 2달러를 모두 썼다.

하지만 우리의 모험은 오지의 정글에서 시작하거나 끝나는 게 아니었다. 우리의 기억 은행에는 아이슬란드에서 오로라를 쫓아다니던 기억이나 페루의 성스러운 계곡과 마추픽추에서 별을 보던 기억, 중국 만리장성에서 고립된 성 길을 거닐었던 기억, 베트남에서 오토바이를 타고 베트남을 횡단한 기억, 라오스에서 스님들과 살았던 기억, 치타를 보기 위해서 탄자니아 국경을 몰래 건넜던 기억, 인도네시아에서 우연히 닭싸움을 본 기억, 한국에서 패션 잡지와 인터뷰했던 기억, 타히티에서 상어와 헤엄친 기억, 이집트에서 낙타를 타고 피라미드 주변을 둘러본 기억, 사해에서 무중력 상태로 떠다닌 기억, 귀신이 나오는 스코틀랜드 성에서 위스키 회사의 광고 모델을 한 기억, 노르웨이에서 순록이 끄는 썰매를 타러 간 기억, 태국의 코끼리 보호 구역에서 일한 기억, 이스라엘에서 염소 몰이한 기억, 일본에서 원숭이들과 목욕한 기억,

미국의 50개 주에서 사람들을 만난 기억이 들어 있다.

어떻게 그리고 왜 우리는 이 모든 걸 한 걸까?

둘 다 일찍부터 고상한 철학적 목적을 가지고 인생을 가장 살 수 있는 방법을 찾아 나선 것은 아니다.

금전적으로 불안정한 삶을 살았던 대다수처럼 우리는 부자가 되고 싶었다. 전통적 의미의 부자가 되고 싶었다. 고급 아파트와 페라리를 타는 부자. 아니면 적어도 '외식하고 싶을 때 할 수 있는' 종류의 부자가 되고 싶었다.

그러나 그 과정에서 뜻하지 않은 일이 일어났다. 부에 대한 시선이 바뀐 것이다. 인생 여정 중 좋을 때와 나쁠 때를 경험했다. 그러면서 대다수가 너무 늦게 깨닫지만 굉장히 중요한 것을 발견했다. 분명해 보이지만 종종 놓칠 때가 많은 것이다.

"우리가 살면서 한 경험들이 인생의 진정한 부다."

이러한 깨달음이 우리의 삶을 바꿔 놨다. 그것이 당신의 삶도 바꿔 놓을 힘이 있다고 믿는다.

사람들은 돈 관리에 도움을 줄 재무 고문을 둔다. 우리는 이 책이 당신의 경험 고문 역할을 하기를 바라는 마음으로 집필했다. 더 많이 알면 알수록 우리가 할 수 있는 가장 중요한 일은 사람들이 성취감 충만한 경험을 많이 할 수 있는 삶을 살도록 돕는 것이라고 확신하게 됐다.

부란 무엇인가?

당신이 곧 은퇴를 앞두고 있다고 가정하자. 당신은 평생 투자한 돈이 얼마나 되는지 확인하러 은행을 찾았다. 하지만 은행원은 멍한 눈으로 당신을 바라보면서 이렇게 말한다.

"고객님, 계좌를 개설하신 것은 맞지만 저축하신 돈이 한 푼도 없는데요. 계좌가 비어 있지만 지금 저축하셔도 그렇게 늦은 건 아닙니다."

잠깐. 무슨 일이 일어났다고? 당신은 평생 저축하겠다는 계획을 세웠지만 실천에 옮기지 못했다.

슬프게도 정확하게 똑같은 일이 우리가 축적할 수 있는 가장 소중한 부—우리의 경험—에도 일어난다. 이 세상 마지막 날, 우리는 한 일이 아니라 하지 못한 일에 대한 아쉬움을 느낀다.

코넬대학의 연구진은 수천 명의 설문 참가자에게 삶을 마감할 때 가장 후회되는 일이 무엇인지를 물었다. 참가자들의 답변은 돈이 아니었다. 무려 76퍼센트의 참가자가 '원하는 모습으로 삶을 살지 못한 것'이라고 답했다.

이 문제에 대해서 생각해 보자. 그것은 어떤 공간에 4명이 있다면 그중 3명이 자신이 원하는 삶을 살지 못한 것을 후회하고, 자신이 하고 싶었던 것을 하지 못한 것을 후회할 것이라는 안타까운 이야기다.

우리는 살면서 부와 행복 사이에 특정한 관계가 있다는 생각에 익숙해진다. 하지만 불행하게도 그러한 생각과 그것이 우선순위에 영향을 미치는 방식에는 상당히 큰 문제가 있다.

그 문제는 다음의 수학 방정식처럼 보이는 부의 정의에서부터 시작한다.

통화 = 돈×다수

우리는 통화로 부를 측정하도록 배웠다. 통화란 달러, 위안화, 파운드 등 당신이 살고 있는 세상에서 사용하는 것이 무엇이든 돈을 말한다.

또한 충분한 부를 축적하면 안전하고 편안하다고 느끼고 그래서 행복해진다고 배웠다(대체로 후회 없는 삶을 산다고 배웠다). 그 방정식은 이런 모습이다.

통화×다수 = 행복

그러나 삶은 그런 방정식으로 작동하지 않는다. 이것은 모두가 아는 진실이다. 왜냐하면 죽음을 앞둔 사람은 물질적 부의 관점에서 이 세상에서 보낸 시간을 평가하지 않기 때문이다.

병원 침대에서 "마지막으로 내 지갑을 보여 주세요."라면서 눈물을 흘리는 사람은 없다. 그들의 비석과 부고에 '사망 당시 은행에 100만 달러가 예치돼 있었다'라고 쓰여 있지도 않다. 장례식장에서도 "저는 부자였기 때문에 밥을 사랑했습니다. 그가 보유한 주식이 그를 굉장히 매력적인 사람으로 보이게 했어요."라고 말하는 사람은 없다.

밥의 동료는 그와 함께 유기견 보호소에서 자원봉사했던 것이 정말 좋았다고 이야기할 것이다. 그의 자녀들은 어릴 때 아빠와 함께 국립공원에 갔던 것을 이야기할 것이다. 그의 아내는 매일 저녁 함께 일몰을 바라본 것에 대해 이야기할 것이다.

이처럼 그들은 밥과 공유한 경험에 대해서 이야기한다.

현실에서 우리가 사용해야 하는 부의 방정식은 이런 모습에 더 가깝지 않을까?

부 = 경험×다수

은행 잔고가 아니라 경험이 우리의 인생 이야기 중 많은 페이지들을 채운다. 그러나 그 사실을 배우지는 못했다. 대부분 무엇보다도 돈 버는 일을 최우선으로 해야 한다고, 돈만 벌면 나머지는 그냥 따라온다고 배운다. 그것이 코넬대학 설문조사에서 무수히 많은 사람이 잘못된 삶을 살고 하지 못한 일들을 후회한다고 답하는 이유다.

우리의 말을 오해하지 않기를 바란다. 돈도 중요하다. 직장을 그만두라거나, 고가의 디자이너 브랜드 옷을 입은 사람을 비난하라고 말하는 것이 아니다. 모두에게 돈은 필요하다. 분명한 것은 돈이 많으면 많을수록 더 많은 경험을 할 수 있다는 점이다. 그러나 이 책은 가치 있는 인생의 경험과 돈을 버는 일 사이에서의 선택을 이야기하는 것이 아니다. 이 책은 가장 중요한 투자 대상은 경험이라고 말한다. 죽음을 앞둔 사람이 가장 후회하는 일 5가지 중 하나가 '일을 좀 덜 열심히 할 걸 그랬어요.'이다. 반면 '경험을 좀 덜 할 걸 그랬어요.'라는 응답은 누구의 후회 목록에도 들어 있지 않으리라 확신한다.

조와 나는 경험에 투자하는 것이 후회 없는 삶을 사는 길이라고 점점 더 확신하게 됐다. 그리고 곧 경험은 우리의 생각보다 훨씬 더 강력하다는 것을 깨달았다. 다수의 과학적 연구는 건강, 행복, 심지어 사회생활에 이르기까지 삶의 모든 영역에서 새로운 경험과 성공 사이에 유의미한 관계가 있음을 증명하고 있다. 연구에 따르면 새로운 경험에 개방적인 성격(네오필리아)과 장수가 깊은 연관이 있다고 한다.

이 발견은 우리를 질문의 늪으로 빠뜨렸다. 경험이 장수와 후회 없고 풍요로운 삶의 비결이라면 그토록 많은 사람이 영혼을 파괴하는 무한 반복되는 일상에서 헤어 나오지 못하는 이유는 무엇일까? 무수히 많은 이가 더 나은 삶을 원하면서도 원치 않는 삶의 굴레에서 벗어나지 못하는 이유는 무엇인가? 그리고 나이가 들어가면서 새롭고 흥미로운 일을 찾는 것을 그만두게 하는 이유는 무엇인가?

그래서 우리는 부자가 된다는 것의 실제 의미가 무엇인지로 시선을 옮겼다. 특히 경험적 부의 우선순위를 정하고 계획을 세우며 책임감 있게 실행한다면 그것은 우리의 삶이나 건강, 사회생활의 관계에 어떤 영향을 미칠까?

리서치, 집착 그리고 실험용 기니피그 되기

조와 나는 스스로를 경험 기니피그로 만들고, 할 수 있는 새로운 경험을 죄다 시도해 보는 것으로 이 질문에 대한 답을 얻기로 했다. 우리는 사무라이 마스터와 함께 공부하고, 아이디타로드Iditarod(알래스카에서 열리는 썰매 개 경주대회) 우승자들과 함께 개썰매를 타 봤다. 또한 양봉가가 되어 봤으며 열기구도 탔고 공중곡예 그네 타는 법을 배웠다. 스탠드업 코미디를 공연했으며 원주민식 사우나에 방문했고 저녁거리를 마련하기 위해서 사냥과 수렵도 해 봤다. 농업학교에 참가했으며 우리가 먹을 커피콩을 직접 로스팅했다. 그뿐인가, 우리가 마실 와인을 제조했으며 손 크기의 타란툴라, 소뇌, 300살짜리 그린란드 상어, 닭고기 회, 생문어, 진짜 기니피그 등 현지 '별미'도 맛봤다. 더 이야기할 수도 있지만 PTEAPeople for the Ethical Treatment of Animals(동물의 윤리적 대우를 위한 사람들의 모임) 회원들이 타이어에 펑크를 내는 걸 원치 않아서 여기까지만 하기로 한다. 다행히 나는 '타란툴라의 윤리적 처우를 주장'하는 운동가들을 아직 보지 못했다. 그리고 서핑하기, 스케이트보드 타기, 자전거 타기, 하이킹을 했다. 새로운 곳을 탐험하면서 수없이 넘어지고 길을 잃어 본 적도 있다.

하지만 그 경험들은 단순히 각자 개인에만 관련된 것은 아니었다. 그 과정에서 우리는 과테말라에 학교를 짓고 아이티에서는 정수 시스템을 설치했으며 인도네시아의 인신매매 피해자들을 위해 일했다. 미국 전역엔 나무를 심었고 전 세계 빈민에게 보청기를 지원했다. 사람들이 자신의 목표나 꿈을 달성하고 새로운 경험을 할 수 있도록 도움을 주었다.

즐거웠던 일도 많았지만 두려움, 실패, 당혹감, 불편함, 어려움도 있었다. 모든 경험이 즐겁고 쉬웠던 것은 아니다. 사실 가장 가치 있는 경험은 즐겁지도 쉽지도 않았다. 그 때문에 그러한 경험들은 더 큰 변화를 불러왔다. 가장 보람 있는 경험들은 우리가 예상한 대로 흘러가지 않았던 것들이다. 다행히도 행복은 재정 상태와 관련이 없다. 오히려 가장 멋진 경험들은 금전적으로 최악의 상태에 있을 때 일어났다.

우리는 그렇게 느꼈다. 그런데 다른 사람들은 어떻게 느꼈을까? 다른 사람의 성공과 실수에서 무엇을 배울 수 있을까? 그래서 우리의 친구와 가족들에게 이런 질문을 하기 시작했다.

"당신의 삶에서 가장 소중한 경험은 무엇인가?"

"가장 후회되는 일은 무엇인가?"

이 질문의 답을 얻기 위해서 양로원을 방문해서 노인들과 이야기를 나눴다. 이 세상에서 살면서 얻은 지혜와 깊은 성찰을 나누기에 노인보다 더 좋은 사람이 어디에 있을까? 하지만 이 경험은 감동적이면서 씁쓸했다. 왜냐하면 그 노인들이 들려준 진심 어린 이야기들은 살날이 줄어들수록 후회가 커진다는 가설을 확인해 주었기 때문이다. 이를 계기로 우리는 전 세계 모든 연령대의 2,000명이 넘는 사람들을 대상으로 한 대규모 설문조사를 진행하기로 했다.

그러면서 어떤 사람들은 경험적 억만장자가 되고 반면 어떤 사람들은 경험적 파산으로 이르는 명확한 패턴을 발견했다. 이 책을 집필하기 위해 이러한 패턴을 바탕으로 살면서 가장 바라던 경험들을 가로막는 장애물을 극복하기 위해 그 패턴들을 실행 가능한 단계들로 만들었다. 마침내 그러한 노력은 이렇게 끝이 났다.

열대성 폭우를 뚫고 산에 오른 지 24시간 만에 우리는 또 다른 자연 현상과 마주했다. 사실대로 말하자면 얼굴을 땅바닥에 꼬라박았다. 만일 자칫 잘못 고개를 든다면 180kg이 넘는 산악 고릴라에게 얼굴을 찢길 수 있다. 그것은 이 멋진 야생 고릴라들을 밀렵꾼들에게서 안전하게 보호하는 데 평생을 바친 찰스와 프란시스의 경고였다. 이 고릴라들은 눈이 마주치는 것을 위협으로 간주했을 수 있었다. 보호해야 할 새끼들을 데리고 있었기 때문에 충분히 그럴 수 있다는 게 그들의 설명이었다. 사실 나는 고릴라 새끼들이 너무 귀여워서 품에 안아 보고 싶었지만 억지로 참았다.

갓난쟁이들이 그러하듯 아주 가까운 거리에서 이 고릴라 새끼들이 긴 산비탈을 그들의 놀이터로 만들어서 구르고, 돌고, 오르고, 뒹구는 모습을 경이로운 눈으로 바라봤다.

글로벌 인생 경험 설문조사

2022년~2023년 실시, 참가자 2,000명 이상

1. 죽기 전에 해 보고 싶은 경험 3가지는 무엇인가?

‣ 그 경험들을 실행할 계획이 있는가?

‣ 그 경험들을 아직 하지 못한 이유가 무엇인가?

2. 당신의 인생에서 가장 귀중한 3가지는 무엇인가?

‣ 그것들이 특별히 귀중한 이유는 무엇인가?

3. 당신이 가장 두려워하는 3가지는 무엇인가?

‣ 그것들이 두려운 이유는 무엇인가?

‣ 그것들 중에서 당신이 꿈을 이루는 데 방해가 되는 것이 있는가?

4. 어릴 때 당신이 가장 좋아했던 활동은 무엇인가?

‣ 아직도 그 활동을 하는가?

‣ 만일 하고 있지 않다면, 이유는 무엇인가?

5. 당신이 배우고 싶은 기술 3가지는 무엇인가?

‣ 그것들을 배울 계획이 있는가?

‣ 그것들을 아직 배우지 못한 이유는 무엇인가?

6. 살면서 가장 후회되는 일은 무엇인가?

‣ 후회되는 일을 바로 잡을 수 있는가?

이 위풍당당한 고릴라들을 보고 있자니 시간이 멈춘 것 같았다. 그들은 놀라울 정도로 사람처럼 행동하고 감정을 느꼈다. 영원히 그들을 지켜볼 수 있을 것만 같았다.

하지만 자연의 엄청난 위력은 또다시 우리를 가로막았다. 시커먼 먹구름이 몰려왔고 구름은 비가 되어 내리더니 이내 우박으로 변했다. 그 사이로 빠르게 지는 해를 보면서 고릴라들과 작별할 수밖에 없었다. 어두워지기 전에 산에서 내려가려면(정말 그렇게 하고 싶었다) 낭비할 시간이 없었다.

하늘에서 우박이 쏟아지는 가운데 경사진 산등성이를 미끄러져 비틀거리며 내려오다 보니 아드레날린이 솟구쳤다. 르완다 정글에서는 화창한 날에도 쉽게 길을 잃지만 이렇게 유례없는 폭우가 쏟아지는 날에는 더욱 그렇다. 열대 정글에서 우박이 떨어질 거라고 누가 상상이나 했겠는가?

울창한 대나무 숲을 만나서 잠시 폭풍우를 피하고 숨을 돌리면서 물품을 점검할 기회를 얻었다. 우비를 챙긴 건 좋은 선택이었다. 하지만 신발은 완전히 망가졌다. 평범한 하이킹 신발을 신고서 국립화산 공원 트레킹을 하는 것은 무리였다. 가이드들은 무릎까지 올라오는 부츠를 신어서 편안해 보였다. 그들은 자신이 무엇을 하는지 정확하게 파악했다. 우리는? 그러지 못했다.

날이 어두워지면서 산등성이를 계속해서 내려가야 했고 구슬 크기만 한 우박이 쏟아져 내리면서 우리 온몸에 피부가 부풀어 오르는 상처를 남겼다. 하지만 정글북 실사판의 분위기는 결코 나쁘지 않았다. 우리는 진정으로 행복했다. 물론 멀리서 우리를 기다리는 차를 발견한 순간 우박도 그쳤다. 그때 우리는 서로를 바라보면서 함박웃음을 터뜨렸다.

죽는 날까지 이날의 기억을 소중하게 간직할 것을 확신했다.

삶은 단순히 유지하라고 주어진 것이 아니다

조와 나는 이 책을 공동 집필하면서 각자의 서로 다른 경험과 시각을 공유하기 위해 각 장을 번갈아 가면서 썼다. 이 책을 읽다 보면 이 세상에서 남은 시간을 최대한 활용할 수 있도록 삶의 방향을 다시 설정하고 의미 있는 경험을 할 수 있는 방법들을 알게 될 것이다. 이 책은 입으로만 꿈을 따르라고 말하는 싸구려 조언이 아니다. 대신 이 책은 과학적 연구를 바탕으로 실천 가능한 제언들로 가득 채워 풍부한 경험으로 이루어진 삶을 만들기 위한 매뉴얼이다. 우리의 이야기는 당신의 인생을 진정으로 자랑스러워할 만한 것으로 만들 수 있음을 입증하는 수단에 불과하다.

1부에서는 자신을 위해서 당신이 할 수 있는 가장 중요한 일이 경험의 부를 쌓는 것인 이유와 단 한 번밖에 없는 소중한 인생에서 진정으로 원하는 것이 무엇인지를 알아차리는 방법과 그것을 좇아야 하는 긴박감을 발견하게 될 것이다.

2부에서는 사람들이 그렇게 하지 못하는 여러 이유(핑계)를 제시하고 그러한 장애물을 제거할 방법을 알려 준다.

3부에서는 당신의 인생 이야기를 구축할 수 있는 다양한 방법, 즉 무엇에 집중해야 하는지 각각의 경험이 중요한 이유와 그것들을 일상에 통합하는 방법을 살펴보게 될 것이다. 기본적 삶의 유지를 위하여 익숙한 일상(직장, 학교, 돌봄, 집안일)에만 머무르면 그것이 풍요로운 삶을 제한할 뿐만 아니라 타인의 삶과 나아가 이 세상에 더할 수 있는 가치도 제한한다. 그것은 실제 수명도 제한할 수 있다. 그러므로 한 번 사는 인생을 정말 잘 살았다 만족하며 이 세상과 작별하고 싶다면 당신은 단 한 순간도 허투루 낭비할 여유가 없다. 지금이 시작할 때다.

1부

자신만의 보물 지도를
만들어라

지금으로부터 20년 후,
당신은 자신이 한 일보다는
하지 않은 일들 때문에
더 실망할 것이다.

-마크 트웨인Mark Twain

제1장

죽기 전에 꼭 하고 싶은 일을
가장 먼저 하라

조 허프 이야기

풍요롭고 보람 있는 삶을 향한 여정을 시작할 때, 가장 좋은 출발점은 어디일까? 그것은 바로 종착역일 것이다.

태어날 때부터 모두에게 평등하게 부여된 조건이 하나 있다. 바로 죽음이다. 죽음은 누구도 피할 수 없는 운명이다. 그러므로 당신은 죽게 될 것이다. 그렇다. 나는 바로 '당신'의 죽음을 이야기하고 있다.

당신이 무슨 생각을 하는지 안다.

'흥, 나도 그건 알아. 그런데 내가 고작 그런 말이나 듣자고 책을 사서 읽고 있다니 어처구니가 없군.'

이렇게 생각하고 있을 게다. 하지만 당신은 자신이 죽는다는 사실을 정말로 알기는 아는가?

대다수의 사람은 이 사실을 의식의 저편에 묻은 채 그 위에 다른 생각을 쌓고 또 쌓는다. 이곳에서 우리에게 주어진 시간이 유한하다는 사실을 진지하게 고민해 보는 것을 피하기 위해서 말이다. 우리는 인간이 마주해야 하는 불가피한 죽음을 병원이나 양로원에 숨겨 버린다. 흔히 관용어처럼 "인생은 짧다고." 혹은 "한번 사는 인생 뭐 있어."라고 가볍게 말한다. 하지만 정작 자신의 죽음은 애써 외면하고 떠올리지 않으려고 한다.

이런 주제를 거론하는 것 자체가 적절치 않다고 생각한다. 우리 사회는 암묵적 합의 아래 자신의 죽음을 거론하는 것을 금기시해 왔다. 그리고 친구가 자동차 사고를 당하거나 친척이 심장마비로 세상을 떠났을 때조차도 '그런 일이 나에게는 일어나지 않을 거야.'라고 생각할지 모른다.

그런데 불행하게도 인생은 리허설이 아니다. 죽음 역시 모른 척하고 넘어가기에는 너무나 중요한 사건이다. 진짜 인생을 산다는 것이 무슨 의미인지를 받아들이고 이해하기 위해서는 우리와 죽음의 관계와 죽음에 대한 이해가 솔직하고 현실적이어야 한다.

죽음을 두려워하는 것은 자연스럽고 심지어 건강한 것이다. 결국 죽음에 대한 두려움이 우리가 위험에 빠지는 것을 막아 주기 때문이다. 문제는 죽음에 대해 생각하는 것 자체를 두려워하는 것이다. 역설적이게도 죽음을 생각하거나 이야기해 본 적이 없다면 어쩌면 인생을 낭비하게 될 수도 있다. 그냥 기다리다 보면 미래의 언젠가 진정한 삶을 살 수 있을지 모른다는 막연한 믿음으로 자신을 위로할 수도 있다. 물론 그런 미래는 결코 오지 않는다.

당신은 삶의 끝자락에서 지나온 인생을 되돌아보면서 삶을 충실하게 만끽하면서 살았다고 만족할 것인가? 아니면 당신에게 의미 있는 일들을 하기 위해서 시간을 낼 수 없었던 것에 대해 고통과 후회에 몸서리치게 될 것인가? 자신의 죽음을 생각해 보지 않는다면 후자를 경험하게 될 가능성이 높다.

자신의 죽음을 생각한다는 것이 조금 무서운 일처럼 느껴질지 모르지만 사실 그것은 자신의 삶을 바꾸는 지름길이다. 죽음은 삶을 어떻게 살아야 하는지를 놀랍도록 명징하게 보여 주기 때문이다. 죽음의 문턱까지 다녀온 많은 이의 삶이 180도 바뀌는 것도 바로 그 때문이다. 그들은 자신에게 주어진 시간이 그리 길지 않음을 알고 새롭게 눈뜨게 된다. 그래서 가고 싶었던 곳으로 여행을 떠나고 가슴앓이하면서 좋아하던 이성에게 사랑을 고백한다. 머릿속으로 생각만 하던 마라톤 대회에 참가하기도 하고 놀랍도록 아름다운 해돋이를 보기 위해서 아침 일찍 일어나기도 한다.

이처럼 죽음의 문턱까지 다녀오지 않고도 자신에게 주어진 시간이 그리 길지 않다는 사실을 알아야 한다.

죽음은 갑자기 닥친다

내 나이 18살이 되던 해에 아버지가 너무 이른 나이에 갑작스럽게 돌아가시는 경험을 했다.

아버지는 녹록지 않은 어린 시절을 보냈다. 시카고 노동자층이 사는 동네에서 다섯 형제와 함께 산다는 것이 쉽지 않았을 것이다. 아버지는 브레이크 패드를 만드는 조립 공장에서 근무하다가 내 어머니를 만나셨다. 그는 지독한 일 중독자였다. 매일 아침 새벽 5시에 집을 나가서 늦은 저녁이 되도록 직장에서 귀가하지 않았다. 하지만 그는 단 한마디의 불평도 하지 않았다. 대신 같은 세대의 많은 남자들이 그랬던 것처럼 베트남전에서 이루 말로 다 할 수 없는 참혹한 상황을 경험했던 그는 그저 자기 삶에 감사했다.

불행하게도 아버지에게는 베트남 전쟁이 남겨 준 달갑지 않은 훈장도 있었다. 바로 고엽제 노출 때문에 생긴 만성 고혈압이었다. 우리 가족이 캘리포니아로 이주하고 내가 고등학교 들어갔을 즈음이었다. 아버지에게는 또 다른 걱정스러운 건강 이상 증후가 나타나기 시작했다. 의사들은 단순 위궤양 혹은 생명을 위협할 정도는 아닌 가벼운 이상 증상일 뿐이라고 말했다. 그래서 아버지는 오랜 시간 바쁘게 일하면서 종전과 다름없이 치열하게 하루하루를 사셨다.

그러나 아버지의 강행군은 어느 날 아침 갑자기 멈췄다. 어느 날 아버지는 땀범벅이 돼 종잇장처럼 창백한 모습으로 주방 테이블에 구부정하게 축 늘어져 앉아 있었다. 나는 911에 전화를 걸었고 거기 우두커니 앉아서 구급요원들이 도착할 때까지 속절없이 기다려야 했다. 아버지는 급히 병원으로 옮겨졌고 살아 있는 악몽이 시작됐다. 그 악몽은 무려 2달이나 지속됐다.

아버지는 궤양을 앓았던 것이 아니라 심장이 붓고 상처가 생기는 심각한 심근 장애를 앓고 있었던 것으로 드러났다. 상태가 위중했기 때문에 즉시 이식자 명단 맨 위에 아버지의 이름을 올렸다. 생존 확률은 10퍼센트 미만이었지만.

이식받을 기회를 부여받았다는 것은 감사할 일이었지만 기다림은 대단히 힘든 일이었다.

딱 2주째 되던 날이었다. 아버지는 멈춘 심장을 소생시키기 위해 처음으로 제세동기 신세를 져야 했다. 제세동기 신세를 지는 일은 이후로도 몇 차례 더 있었다. 제세동기로 심장을 다시 뛰게 하는 건 메디컬 드라마에선 굉장히 멋진 장면이지만 현실에서는 믿을 수 없을 정도로 고통스러운 과정이다. 특히 이미 약해질 때로 쇠약해진 환자에게는 특히 더 그렇다. 너무나 고통스러운 나머지 아버지는 다시는 심폐소생으로 자신을 살리는 일 같은 건 하지 말아 달라고 부탁하셨다.

체중이 18킬로그램이나 빠지고 혼수상태에 빠졌지만 아버지의 심장은 이후 몇 주 동안 힘겹게 뛰었다. 그때 담당 의사가 아버지의 소생 거부 의사를 정확하게 확인하기 위해서 우리 가족을 불렀다. 의사는 만일 아버지에게 심정지가 또다시 일어난다면 심장 이식을 곧 받을 수 있고 삶의 질이 크게 향상될 수 있으니 아버지의 결정을 번복해도 좋다고 말해 주었다. 우리는 그렇게 하겠다고 말했다. 그리고 바로 다음 주에 의사들은 한 번 더 아버지의 심장에 1천 볼트의 전기 충격을 가했다.

기적을 기다리는 동안 시간은 멈춘 것만 같았다. 병원 통로를 잰걸음으로 서성이며 이것이—존재하지 않을지 모르는 미래를 위해 현재의 삶을 뒤로 미루는 것이—어쩌면 겨우겨우 시간을 내서 휴가를 가고 절대 오지 않을 은퇴를 기다리면서 사는 수많은 이들의 삶의 모습일지 모른다고 생각하니 끔찍하게 느껴졌다.

그러한 상황이 길어지면서 나는 삶을 돌아볼 무수히 많은 시간을 갖게 됐다. 당시 나는 고등학교를 중퇴해야만 했던 이유인 약물 중독에서 헤어 나와 질풍노도의 청소년기를 벗어나려던 참이었다. 어찌 됐든 인생의 전환기를 맞았던 나는 이제 막 승리의 찬가를 부를 채비를 하고 있었다.

하지만 나는 승리의 노래 대신 쉰이라는 다소 이른 나이에 죽음을 향해 조금씩 걸어가는 아버지를 보면서 완전히 무너져 내렸고, 가혹한 현실에 의문을 품었다. 아버지는 평생 그 누구보다 열심히 사셨다. 살면서 한두 번 다녀온 휴가 이외에 해 본 것이 없으셨다. 가족의 부양을 위해 헌신적으로 살아오셨다. 물론 그것이 아무 의미도 없는 일이라고 하기는 어렵지만, 어른으로 산다는 것이 이런 것인가? 미친 듯이 소처럼 일하고 짬 나는 대로 행복의 순간을 도둑질하듯 느끼다가 결국 죽음을 맞는다고?

머릿속으로 이런 생각을 하면 할수록, 점점 더 화가 나기 시작했다. 결국 나는 이런 결론에 이를 수밖에 없었다.

'이런 게 삶이라고? 그건 말이 안 돼!'

마감 시한을 아는 사람은 아무도 없다

아버지의 건강 문제는 어쩌면 피할 수 없는 일이었을지 모른다. 하지만 나중에 할 수 있다고 생각하고 미뤄 두고 하지 못한 많은 일에 대한 후회는 피할 수 있는 일이었다.

무수히 많은 이가 지금 비슷한 상황을 겪고 있을 것이다. 그리고 또 무수히 많은 이가 그들에게 남겨진 시간이 많지 않음을 느닷없이 깨닫고 있을지 모른다. 언젠가 하리라 마음먹고 계획한 일들을 할 그 시간은 절대 오지 않을 수 있다.

만일 그런 일이 일어난다면 당신은 무엇을 할 생각인가? 어떤 기분일까? 이제 마감 시한이 주어진다면, 하고 싶다는 생각만 있고 즉시 실천에 옮기지 못했던 일들을 해 볼 계획을 세울 의향이 있는가?

제한된 시간은 진실을 파악하고 정신을 집중시키는 놀라운 힘을 가지고 있다. 벼락치기 공부로 중간고사를 준비하기, 중요한 회의를 앞두고 밤샘 준비하기, 4월 14일까지 세금 신고 완료하기 등의 예에서 보듯이 마감 시한에는 중요한 일을 어떻게든 완수하게 만드는 놀라운 동기부여의 힘이 있다. 단 그 마감 시한이 구체적이고 촉박하게 느껴질 때만 그렇다.

그러나 인생은 세금 신고일도 아니고 중간고사를 하루 앞둔 날 저녁도 아니다. 이것은 당신의 삶이다. 운전 중이든 자고 있든 깨어 있는 지금 이 순간에도 시간은 흘러가고 있다. 마지막 순간에 모든 것을 암기하듯 머릿속에 때려 넣고 최상의 결과가 나오기만을 바랄 수는 없다.

그러므로 더 이상 미루기를 중단해야 한다. 자, 지금부터는 상황을 객관적으로 볼 수 있도록 사고 실험을 하나 해 보자. 이 장이 끝날 때쯤 좀 더 깊이 들어가서 그것을 메모할 것이다. 하지만 지금은 그냥 머리로만 따라오기를 바란다.

주치의가 전화를 걸었다고 상상해 보자. 그는 당신에게 검사 결과가 나왔다면서 자리에 앉아서 들어 줄 것을 청한다.

"환자분, 앞으로 길어야 1년 정도 남았습니다."

깊게 숨을 들이마시고 그 말의 의미를 충분히 생각해 본다. 갑자기 당신의 시간은 유한해진다. 시간은 언제나 유한했지만 그 사실을 지금에서야 실감하는 것뿐이다. 마치 산더미처럼 쌓였던 현금이 지갑 하나를 겨우 채울 정도의 지폐 몇 장이 된 것 같다. 이제 한 손 안에 그것을 쥘 수 있고 셀 수 있을 정도로 줄어든 것 같다.

이제 그 1년을 어떻게 쓸 텐가? 남은 1년이 가기 전에 가장 하고 싶은 일 10가지는 무엇인가?

이제 자신에게 이 문제를 질문하자.

'그 10가지 중, 현재 노력을 기울이는 일은 몇 가지나 되는가?'

당신이 대다수와 비슷하다면, 질문에 대한 답은 '하나도 없다'일 것이다. 그것이 전 세계인을 대상으로 한 '인생 경험 설문조사 Life Experience Survey'를 포함한 여러 연구의 결과다.

설문조사 결과에 따르면 코넬대학에서 실시한 설문의 참가자들 중 76퍼센트, 우리의 설문 참가자의 80퍼센트 이상이 자신들이 살면서 한 일보다는 하지 못한 일들에 대한 후회가 훨씬 더 많다고 말했다. 다시 말해 설문 응답자들은 달성하지 못하거나 심지어 시도조차 하지 못했던 목표, 늘 가 보고 싶었지만 가지 못한 장소, 언제나 배워 보고 싶었지만 시간을 낼 수 없어서 배우지 못한 것들에 대한 후회를 이야기했다. 우리의 설문에서 응답자들은 늘 이탈리아에 가 보고 싶었고 등산을 하고 싶었고 스페인어를 배우고 싶었고 비영리단체 활동을 시작하고 싶었고 기타 연주하는 법을 배우고 싶었고 등등… 하고 싶었던 일들을 이야기했다.

인생에 엄청난 가치를 더하게 될 것임을 알면서도 그런 경험을 포기하는 사람이 많은 이유는 무엇일까? 그것이 바로 우리가 하게 될 다음 질문이다.

정도의 차이는 있지만, 응답자의 94퍼센트는 그 이유로 '시간이 없어서 하지 못했다.'라고 답했다.

말이 안 되는 이유처럼 들리겠지만 납득은 된다. 우리는 새로운 경험을 찾거나 투자하는 것을 최우선으로 해야 한다는 것을 배워 본 적이 없다. 어린 시절, 학교에서는 만족스러운 삶을 사는 법이나 꿈을 추구하는 법을 가르쳐 주지 않았다. 그래서 살면서 한번 경험한 것은 절대 잃어버릴 수 없는 유일한 것임을 깨닫지 못한다. 더 많은 경험을 하는 것이 더 건강하고 행복한 삶을 사는 길임을 아무도 가르쳐 주지 않았다. 하지만 그것보다 더 값진 것이 있다면 과연 무엇일까?

그럼, 대체 가치란 어떤 의미일까? 구글에서 '가치 있는'이라는 단어를 재빨리 검색해 보자. 그러면 반짝이는 다이아몬드나 기이하게 생긴 황금알, 100달러 지폐로 만든 화장지 등의 이미지를 발견할 수 있다(직접 검색해 보고 확인해 보길 바란다). 그러나 설문 참가자들에게 그들의 삶에서 가장 가치 있는 것이 무엇인지 물어보았다. 그런데 2만 명이 넘는 응답자 중 '골드바', '롤스로이스' 혹은 '다이아몬드 치아 그릴'이라고 답한 사람은 단 한 명도 없었다. 사실 응답자 중 대다수는 가장 가치 있는 것으로 금전적인 것 혹은 물질적인 것을 언급하지 않았다.

그러나 많은 이가 개인의 목표 달성을 이런저런 핑계를 대면서 미룬다. 그러면서 자신에게 거짓말을 한다. 언젠가 그 목표를 달성할 수 있을 것이라고. 그러고 나서 계속해서 미룬다. 결국 너무 늦어 버리는 순간이 올 때까지.

바라건대 주치의가 전화를 걸어서 1년 후 당신이 죽게 된다고 알리는 일은 없기를 바란다. 물론 의사들이 언제 죽을지를 정확하게 예측하는 일은 흔하지 않지만. 만일 그럴 수만 있다면 그 병원은 사람으로 인산인해를 이룰 것이다.

목숨을 위협받는 그런 극적인 상황을 겪지 않고도 죽음을 마주할 수 있어야 한다. 죽음을 의식 안으로 끌어들여서 삶의 유한함을 진솔하게 반추할 방법을 찾아야 한다. 다소 자기 학대적인 것처럼 들릴 수 있지만 전혀 그렇지 않다. 사실 그것은 계획성과 긴박함을 통해서 당신을 새로운 길로 인도하고 진정으로 바라왔던 삶의 경험들을 할 수 있게 하는 방법이다.

모종의 긴박함을 조장할 수 있는 훌륭한 방법 중 하나가 메멘토 모리 차트(죽음을 상기시키거나 경고하는 사물이나 상징)다. '메멘토 모리'는 수백 년 동안 전투 준비 명령을 의미하는 표현으로 사용됐으며 '당신은 틀림없이 죽는다는 것을 기억하라'로 번역된다.

이 표는 그 개념을 시각화한다. 도표는 총 76개의 상자로 이루어져 있으며 상자 하나는 미국인의 평균수명 중 1년에 해당한다. 당신이 이미 산 햇수만큼 상자를 채워라. 남아 있는 상자가 당신

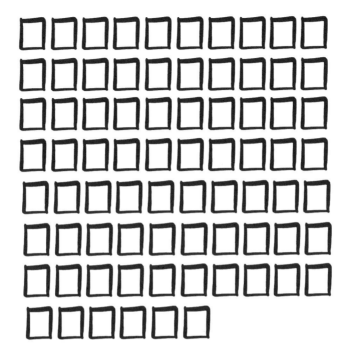

연수로 표현한 인간의 평균수명

이 앞으로 살아갈 햇수이며 인생이 유한함을 확실하게 상기시켜 준다. 그것은 조금 불편할 수 있다. 심지어 공포스럽기까지 할지도 모른다. 하지만 삶이 유한하다는 진실을 무시하고 그것이 속절없이 흘러가게 둘지도 모른다고 생각하는 편이 훨씬 더 공포스럽지 않을까?

그러므로 상당히 공포스러울 수 있겠지만, 이 표를 집 벽에 붙여 둬라. 그런 다음 사진을 찍어서 휴대전화 배경 화면으로 활용할 것을 추천한다. 그것을 매일 보면서 시간이 계속해서 흘러간다는 것을 느낄 수 있도록 무엇인가 해 보라. 그러한 긴박감은 시간을 최대한 활용하는 데 도움을 준다.

메멘토 차트는 긴박감을 조성할 뿐만 아니라, 수치로 인생 경험에 접근할 수 있게 한다(물론 가정된 평균수명하에서).

예를 들어 당신이 현재 40살이라고 가정하자. 이론적으로 당신에게는 36년이 남아 있다. 1년에 몇 번이나 여행을 가는가? 한 번? 만일 1년에 한 번 간다면 당신이 죽기 전에 가 보고 싶은 장소 서른여섯 곳을 골라 본다. 어떤 곳은 한 번 이상 가고 싶을 수 있고 거의 80세가 다 되었을 즈음엔 세계여행을 다닐 수 없을지 모른다는 것도 염두에 두면 좋다(만일 그때도 세계여행을 할 수 있다면 정말 대단한 일이다). 이 계산대로라면 당신은 남은 36년 동안 열다섯 곳 혹은 스무 곳 정도를 더 방문할 수 있다.

혹시 자녀가 있는가? 만일 자녀의 나이가 9살이라면 그 아이가 장성해서 독립하여 집을 나갈 때까지 앞으로 아홉 번의 여름을 그 아이와 함께 보낼 수 있다는 의미다. 만일 대다수 미국의 가정이 거치는 이 과정을 당신도 따를 생각이라면 지금이 그것에 대한 계획을 세울 때다.

당신의 부모님은 어떤가? 그분들은 메멘토 모리 차트의 상자를 몇 개나 채웠나? 가령 부모님의 연세가 65세라고 가정해 보자. 그렇다면 남아 있는 상자는 11개일 것이다. 이는 당신이 부모님을 볼 수 있는 시간도 11년밖에 남지 않았다는 의미다. 당신이 생각했던 것보다 더 짧은 시간 아닌가?

라이프 2.0

다시 세인트 빈센트 병원으로 되돌아가 보자. 심장 이식 대기를 시작한 지 70일 만에 우리 가족은 병원 지붕으로 헬리콥터 한 대가 착륙하는 것을 지켜봤다. 그 헬리콥터 안에는 한두 시간 전 오토바이 사고로 사망한 23살 청년의 심장이 실려 있었다. 뒷마당 바비큐 파티에서 마실 맥주 대신에 누군가의 심장을 운반하는 평범한 붉은색의 이글루 쿨러를 직접 본다는 것은 굉장히 강렬하고 초현실적인 경험이었다. 그의 갑작스럽고 비극적인 죽음으로 아버지가 새로운 삶을 얻게 된 것이다.

이후 몇 주가 어떻게 흘러갔는지에 대한 기억은 희미하다. 수술은 잘됐지만 회복 기간의 상황은 마치 롤러코스터를 타는 것만 같았다. 어쨌든 수술은 성공적이었고 이후에는 순전히 기다리는 것 외는 아무것도 할 것이 없었다. 의사들이 약속했던 것처럼 아버지의 삶의 질이 획기적으로 나아지기를 그저 기다릴 뿐이었다.

그러나 그 약속은 실현되지 않았다. 아버지는 여전히 병약했고 이식 후 두 달이 지나도 여전히 병원 신세를 져야 했다. 마침내 아버지는 퇴원 후 응급상황이 발생할 경우를 대비해서 병원에서 가까운 작은아버지의 아파트로 가셨다. 퇴원 후에도 아버지는 늘 편찮으셨고 극도로 쇠약한 상태를 벗어나지 못했다. 우리가 심폐소생으로 아버지를 살려 내서 다행이라고 생각하지 않느냐고 여쭤봤을 때, 아버지는 푹 꺼진 소파에 누워 계셨다. 병원 냄새가 나는 색 바랜 파란 운동복 바지를 입고 회색 턱수염이 짧게 자란 창백한 얼굴로 나를 바라보며 추호의 망설임도 없이 '아니'라고 답했다. 분명 상황은 기대했던 대로 돌아가지 않았다.

안타까운 상황이 계속되고 있던 당시, 역시 베트남 참전용사였던 작은아버지도 심근증 진단을 받고 불치 판정이 나왔다(그도 곧 심장 이식을 받아야 했다). 그는 더 이상은 안 되겠다고 판단했다. 작은아버지는 그 작고 우울한 도시의 아파트를 떠나서 좀 더 편안한 곳, 근처에 바다가 있고 운전해서 갈 수 있는 거리에 가족이 있는 그런 곳으로 가서 살자고 제안했다. 전부 합쳐서 한 달에 고작 1,600달러의 고정 수입이 있는 두 사람에게 그런 장소는 단 한 곳밖에 없었다. 바로 멕시코였다.

아버지는 내게 조언을 구하셨다. 나는 망설이지 않고 아버지에게 "뭘 망설이세요, 가셔야죠."라고 답했다. 의사들은 깊은 우려를 표했고 내게 직접 전화를 걸어서 온갖 위험 요인과 아버지가 절대 멕시코로 가서는 되는 이유들을 설명했다. 하지만 나와 형제들은 이 문제를 논의했다. 아버지가 캘리포니아 리버사이드에서 수년 동안 끊임없이 병원을 들락거리면서 사는 모습을 보는 것보다는 멕시코 해변에서 단 일주일이라도 즐겁게 사는 모습을 보고 싶다는 데 의견을 같이했다. 아버지가 그냥 숨만 붙어 있는 삶보다는 진짜 사는 것 같은 삶을 사시길 바랐다. 그는 잃을 것이 없었다.

아버지와 작은아버지는 차에 짐을 싣고 지후아타네호 정도를 대략적 목적지로 정하고 해안을 따라 차를 몰았다. 두 분이 참고한 것은 〈쇼생크 탈출Shawshank Redemption〉이 전부였다. 그 영화에서 지후아타네호는 종신형을 선고받은 두 주인공이 해피엔딩을 맞았던 장소였다. 실제로 두 분에게 안성맞춤이었다. 그들 역시도 영화의 두 주인공처럼 받아들이고 싶지 않은 삶을 선고받았고 탈출했다. 그들은 그렇게 먼 남쪽까지 가지는 못했지만, 산카를로스라는 멋진 해안가 마을에 우연히 도착했다. 그들은 월세 400달러에 해변 전망의 작은 집을 한 채 발견했고 6개월 임대 계약을 맺었다.

그들은 궁극적으로 멕시코 어디에 정착하면 좋을지를 파악하는 베이스로 그곳을 활용하기로 하고 '한시적'으로 그곳에 정착했다. 그리고 나서 작은 기적이 일어났다. 불과 몇 주 만에 아버지의 건강은 놀라울 정도로 좋아졌다. 멕시코로의 이주를 만류했던 의사들은 계속된 병원 치료의 스트레스에서 벗어난 것이 하나의 전환점이 되었으리라 추측했다.

우리 가족의 눈에는 그 이유가 분명하게 보였다. 아버지는 새로운 환경에서 생기를 되찾고 이번에는 삶을 허비하지 않을 것이라고 다짐했다.

아버지는 종종 오지 해안가 마을의 특징이기도 한 다양한 사람들에 둘러싸여 살았다. 그는 완전히 새로운 방식으로 삶에 다가가서 과거에는 결코 시간을 내서 할 수 없었던 즐거운 경험들로 자신의 삶을 채워 나갔다. 스피어피싱, 보트 타기, 등산, 하이킹 등 아버지는 다양한 것을 경험했다.

이식을 받기 전에 아버지는 시간을 내서 친구를 만나거나 사교 모임에 참석할 수 없었다. 그런데 처음 아버지를 방문했을 때, 아버지가 이미 많은 사랑을 받는 지역 주민이 되었다는 사실과 다양한 사람들과 꽤 훌륭한 교우관계를 맺고 있다는 사실을 발견하고 적잖이 놀랐다.

마을에서 유일하게 장거리 전화를 걸 수 있는 전화기를 갖고 있었던 아버지는 멕시코에서 사귄 친구들에게 필요할 때 자신의 집 전화를 사용할 수 있게 해 주었다. 그들은 곧 아버지 집에 모여서 낮 시간을 보냈다. 그들은 타국에서 고향집으로 장거리 전화를 걸 때마다 종이에 사용 내용을 기록해서 나중에 청구서가 나오면 아버지에게 사용료를 지불했다.

아버지는 장거리 전화 사용 때문에 어쩔 수 없이 하게 된 이 낮 시간 모임을 자칭 '이스즈 음주클럽(당시 아버지가 타던 차가 이스즈 트루퍼였다)'을 시작하는 구실로 삼았다. 이 모임의 유일한 규칙은 '반드시 이스즈 차량을 소유할 필요는 없다'였다. 이 모임은 언제나 체스 토너먼트 대회, 카야킹, 선셋 디너, 혹은 다른 유쾌한 활동으로 끝나는 것이 대부분이었다. 마침내 그 마을에 인프라가 확충되고 친구들 각자의 집에 전화가 생겼지만, 그들의 모임과 모험은 변함없이 계속됐다.

아버지가 끈끈한 유대감을 바탕으로 친구들에 둘러싸여 자신의 시간을 다양한 경험들로 채워 나가는 것을 지켜보는 것은 즐거운 일이었다.

긴박감이라는 선물

아버지가 살았던 제2의 삶은 나에게 깊은 인상을 남겼다. 그는 '안전'하지만 두려움에 떨며 리버사이드 아파트에 틀어박혀서 병원의 그늘에만 머무를 수도 있었다. 그러나 우리는 변하기 위해서 안전지대를 과감하게 벗어날 필요가 있다. 그래서 그는 변화를 선택했고 자신이 가장 하고 싶었던 것들로 꽉 채워진 새로운 삶을 살 수 있었다.

아버지가 겪은 시련은 내게 위대한 선물을 안겨 줬다. 그것은 바로 긴박감이었다. 덕분에 꿈을 실현하고 목표를 달성하는 데 필요한 시간은 결코 보장되어 있지 않다는 사실을 갑작스럽게 인지하게 됐다. 그 결과 아버지가 보너스처럼 주어진 제2의 인생을 시작할 때(아버지는 멕시코에서의 삶을 이렇게 규정하고 싶어 하셨다) 나는 내가 원하는 모든 것들을 실천할 방법들을 고민하기 시작했다.

나는 여전히 이전과 같은 문제—대다수가 겪는 문제—를 겪고 있었다. 물론 어렴풋하게 하고 싶은 것들이 있었지만 어디에서부터 시작해야 할지 도무지 알지 못했다. 인맥이 있는 것도 아니고 돈이 많은 것도 아니었다. 무엇보다 가장 중요한 것은 나는 내 꿈이 무엇인지 파악하기 위해 시간을 할애하지 못했다는 것이다.

그러나 시간이 많지 않음을 엉겁결에 인식하게 된 나는 하고 싶은 것들을 목록으로 만들고 실제로 그것들을 실천하기 시작했다.

나는 늘 스탠드업 코미디를 하고 싶었다. 두려웠지만 지금 하지 않으면 절대 할 수 없을지도 몰라서 일단 도전해 보기로 했다. 나는 혼자 살면서 어머니의 요리가 그리웠다. 그래서 오래된 요리책을 꺼내서 가장 좋아하는 가족의 레시피 몇 가지를 배우기 시작했다. 두어 달 동안 돈을 모아서 가장 친한 친구 셋과 스카이다이빙을 하러 갔다. 추수감사절에 무료 급식소에서 자원봉사도 했다. 하지 않으면 죽을 때 후회할 것 같은 일들이나 많은 시간 혹은 돈이 필요치는 않지만 긴박함과 의미가 있는 것들을 했다.

나는 좋아할지 아닐지 모르는 활동들을 몇 가지 찾아서 그것들을 시도해 보기로 했다. 나는 절벽 다이빙(너무 즐거웠다), 프리다이빙(진짜 멋졌다), 장거리 사이클링(자전거 타기를 좋아하지만 내 엉덩이가 자전거 시트 위에서 견뎌 낼 수 있는 시간이 그리 길지 않다는 것을 알게 됐다)을 시도했다. 이러한 목표들을 하나씩 달성하는 것이 나에게 상당한 개인적인 만족감을 선사했으며 즉각적으로 내 삶에 가치를 더했다.

그러나 나의 삶은 여전히 방향감이 없었다. 나는 재정적, 개인적 성장을 도모할 기회를 찾기 위해서 온갖 노력을 기울였다. 고등학교 시절을 미래를 위한 계획을 세우는 대신 약물에 빠져 허비한 탓에 내게는 좌표가 될 만한 롤모델이 거의 없었다. 성장기를 함께 보낸 친구들 대부분이 성인으로 이행하는 데 어려움을 겪었고 다수는 여전히 약물 중독에서 벗어나지 못하고 있었다. 몇 명은 감옥에 갔고 또 몇 명은 목숨을 잃었다. 이후 몇 명 더 목숨을 잃었다.

나는 내가 원하는 것이 무엇인지 알지 못했지만 그런 모습이 아니란 것은 알았다.

새로운 어딘가에서 새로 시작하고 싶었다. 그곳에서 나와 비슷한 생각을 하고 더 많은 것을 경험하기를 바라는 사람들을 찾을 수 있기를 바랐다. 하지만 그곳이 어디일까?

우연한 기회에 작은 모임을 위해서 친구의 집을 방문했다. 그는 이웃 고등학교에 다니는 여자 친구 두 명을 내게 소개해 줬다. 우리는 이야기를 나누기 시작했고 그 아이들은 내게 뉴포트 비치로 이사하고 싶다고 말했다. "바닷가로 이사를 간다고? 정말 좋겠다!"라고 말하면서 머릿속으로 내가 조리에 보드용 반바지를 입고 살아가는 모습을 그려 봤다. 나는 자라면서 늘 서핑을 배우고 싶었지만, 원래 시카고 출신인 내 부모님은 우리 집에서 45분 거리에 바닷가가 있었는데도 우리를 바닷가에 데려간 적이 거의 없었다.

나는 그 애들에게 나도 함께 가고 싶다고 말했다. 그들은 웃으면서 이렇게 말했다.

"그거 좋은 생각이다. 우리도 남자 룸메이트가 생기면 좋지."

우리는 전화번호를 교환하고 집으로 돌아갔다. 미성년자들의 전형적인 음주 일탈의 밤 이후, 그저 농담을 주고받았다고 생각해도 무방했다.

하지만 집으로 돌아온 후에도 도저히 멈출 수 없을 정도로 그 생각이 머리를 떠나지 않았다. 어른이 되면 바닷가로 이사 가자고 친구들과 이야기했던 모든 순간에 대해서 생각했다. 그때는 언제일까? 내가 독립했을 때, 왜 나는 도무지 갈 이유가 하나도 없고 심지어 집에서 그토록 가까운 도시로 이사를 간 것일까? 내가 붙잡고 있었던 것은 무엇인가? 과거 우리가 이야기 나눴던 해변으로 이사하지 않은 이유를 말할 때 흔히 내 친구들이 제시할 것 같은 핑계들에 대해서 생각하기 시작했다.

내 안에 있는 긴박함이 소리쳤다.

'지금 하면 안 될까?'

나는 그다음 몇 주간, 장소를 찾고 집주인 후보 십여 명에게 전화를 걸었다. 처음에 무수히 많은 옵션이 있으리라 기대했다. 그러나 그런 옵션들은(조금 이상하지만) 신용 기록이 필요하거나 가족 단위 거주자만 선택 가능하다는(집주인들 다수는 19살짜리 애들 세 명에게 자신의 집을 빌려주고 싶어 하지 않았다) 사실을 곧 깨달았다. 두 가지 파트 타임 일을 하는 사이사이 생긴 얼마 안 되는 시간을 가지고 이 계획을 추진해 나갔다. 당시 나는 트랙터 트레일러트럭의 외장용 자재를 생산하는 공장에서 밤교대 업무를 했고 낮에는 업무 현장에서 품질관리 감독 업무를 하고 있었다.

마침내 해변에서 불과 한 블록 떨어진 곳에 침실 3개가 딸리고 임대비용도 저렴한 안성맞춤인 집을 찾았다. 집주인은 친절했고 내가 문의 전화를 건 첫 번째 사람이었다고 말해 주었다. 그래서 만일 내가 임대신청서와 보증금을 보낸다면 그 집을 우리 세 사람에게 빌려주겠다고 말했다. 그렇게 하겠다고 답했다. 그러고 나서 나는 그 여자애들에게 전화를 걸어서 이 말을 전달했다. 이때 나는 그 애들이 해변으로의 이사를 농담이 아닌 진지하게 한 말이었기를, 아니면 적어도 이 문제를 고려해 볼 가능성을 갖고 있기를 바랐다.

"야, 나 기억해? 그런데 말이야, 혹시 벌써 바닷가로 이사 간 건 아니지? 그래? 정말 잘됐다. 내가 우리한테 딱 맞는 집을 찾은 거 같아."

2주 후 나는 파티에서 만난 여자애 두 명과 바닷가로 이사했다.

긴박감 덕분에 얻은 것

멕시코로 이주하고 10년이 조금 넘어서 아버지는 심장 이식 과정의 일환이었던 면역억제제 부작용으로 의심되는 암을 진단받았다. 아버지는 첫 번째 암과의 싸움에서는 승리했지만 재발했을 때는 상황이 달랐다. 결국 아버지는 비행기에 실려 애리조나 투손에 있는 재향군인 보건관리국 병원으로 이송됐다. 아버지가 죽음을 앞두었을 때 함께 있기 위해서 나는 그곳으로 달려갔다.

그는 여전히 어떻게든 암을 이겨 낼 것이라는 희망을 잃지 않았고 어머니는 밤낮을 기도했다. 하지만 우리는 아버지를 위해서 재택 호스피스 서비스를 찾았다. 아버지는 서서히 기력이 쇠약해져서 결국 낮 시간 대부분을 혼수상태에 빠져서 보내셨다. 겨우 정신이 돌아올 때도 통증을 잊기 위해 모르핀을 더 놔 달라는 말을 하려고 깨어난 것이었다. 우리는 친척과 친구들에게 전화를 걸어서 아버지가 곧 세상을 떠나실 것 같다고 전했다.

다행히 산카를로스에서 절친한 친구 두 분이 아버지를 만나러 왔다. 그들이 도착하자 아버지는 생기를 되찾았다. 기적 같은 그 두 시간 동안, 나는 아버지와 친구분들이 함께 보낸 멋진 시간들을 회상하는 모습을 지켜봤다. 그들은 요트 타기, 추수감사절 저녁 식사, 자동차 충돌사고, 갚지 않은 술집 외상(과 술집에서의 싸움), 라이브 음악, 달밤 수영, 사막 횡단 하이킹, 각자 100달러씩을 기부해서 조성한 자선기금(그 당시까지 그들은 10만 불을 모아서 저소득 가정의 자녀 수십 명을 대학에 보냈다)에 대해서 이야기했다.

그들은 늘 서로에게 짓궂은 장난을 치는 것을 즐겼다. 아버지가 쇠약해질 대로 쇠약해진 상태였지만 그들의 장난은 결코 강도를 늦추지 않았다. 사실 그 어느 때보다 훨씬 높은 강도로 짓궂게 굴었고 그 어느 때보다 강하게 웃었다. 상황이 굉장히 안 좋다는 것을 그들도 모두 알았다. 이것이 내 아버지의 마지막 유희요, 마지막 인사라는 것을.

그들이 과거를 회상할 때, 아버지의 눈에는 사라졌던 빛이 돌아왔다. 몇 시간째 그 방에서 흘러나오는 길고 즐거운 포복절도하는 웃음소리가 세상 걱정 하나 없이 웃고 있는 것처럼 들렸다. 마치 그들이 멕시코의 소기페소 비치 바에서 발가락을 모래 속에 묻은 채 싸구려 플라스틱 의자에 앉아서 바닷가 일몰을 배경으로 앞에 럼주와 콜라를 한 잔씩 두고 있는 것처럼 말이다. 그것이 그들의 가장 친한 친구를 위한 고별 파티라는 것을 아무도 몰랐다. 마침내 작별의 시간이 왔고 모두가 헤어졌다.

그들은 집으로 돌아가서 일상에 복귀했다. 아버지는 그날 밤 돌아가셨지만 지난 10년 동안 자신이 사랑했던 사람들과 의미 있는 경험이라는 값진 보물을 쌓아 왔다는 것을 알 수 있었다. 그래서 마지막 순간에 아주 편안하게 눈을 감으셨다고 믿는다. 나는 그것이 아버지가 삶의 마지막 순간에 도달했을 때, 하지 못한 일들을 후회하는 그런 부류의 사람이 아니었다는 증거라고 믿고 싶다. 그가 덤으로 얻은 삶을 사는 동안 꽤 멋진 시간을 보냈다는 것을 안 것에 만족하려고 한다. 그리고 그것만으로도 내게는 경험이 많은 삶이 중요하다는 것을 믿어야 하는 충분한 증거가 된다.

대다수는 '언젠가'가 사실 오늘일 수 있다는 것을 깨닫기가 어렵다. 나는 다른 많은 사람처럼 나이 100살에 내 침대에서 평화롭게 숨을 거두는 모습을 상상하곤 했다. 하지만 이제는 안다. 현실에서는 그런 방식으로 삶을 끝내는 사람이 거의 없다는 것을. 대부분 시간이 많지 않고 고통스럽고 육체적으로 쇠락한 건강 상태에서 오랜 시간 많은 고통을 받다가 삶을 마감한다. 그리고 사망자의 14퍼센트 이상은 말하지 못하고 완수하지 못하고 심지어 시작도 못 해 본 무수히 많은 것들을 남겨 두고 전혀 예기치 못한 순간에 죽음을 맞는다.

그러나 걱정하지 마라. 이 책의 목적은 당신이 죽기 전에 긴박감 속에서 살아야 한다고 장황하게 설교하는 것이 아니다. 하지만 당신이 지금부터 삶의 긴박함을 이해하게 된다면 그 긴박감이 앞으로 일어날 모든 일에 원동력이 될 것이다. 경험이 풍부한 삶을 구축하고 그 결과 내 아버지처럼 후회 없는(적어도 후회가 훨씬 적은 상태에서) 죽음을 맞을 수 있는 실질적 전략이 되어 줄 것이다.

그러므로 죽음에 대한 새로운 접근이 당신 삶의 전환점이 되도록 해야 한다. 즉 꿈을 미루는 삶의 태도에서 꿈을 위해 적극적인 계획을 수립하는 태도로 바뀌어야 한다. 지금도 시간은 흘러가고 있다.

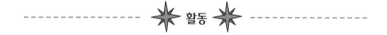

---------------- ✦ 활동 ✦ ----------------

자신만의 보물 지도 만들기

이 활동을 반드시 수행해 보기를 바란다. 그것은 당신이 진정으로 중시하는 것—경험의 보물—이 무엇인지를 확인하는 데 도움을 줄 것이다. 따라서 경험 풍부한 삶의 초석이 될 것이다. 그러한 규명이 없다면 당신은 삶의 바다에서 정말로 하고 싶은 일을 결코 하지 못한 채 파도와 바람의 변화에 따라 여기저기 방황만 하기 쉽다. 우리는 먼저 10년 전에 이 활동을 직접 해 봤다. 그리고 이후 이 활동을 다른 사람들을 대상으로도 여러 차례 실시했으며 매번 놀랄 만한 결과를 얻었다.

시작하기에 앞서서 이 활동이 강력한 감정을 불러일으킬 수 있다는 점을 충분히 인식할 필요가 있다. 즉 이 활동을 통해서 당신이 어떻게 살고 싶은지에 대한 본질을 파악할 수 있다는 뜻이다. 그러나 만일 별다른 감정을 느끼지 못한다면 그것은 문제의 본질을 충분히 깊게 파고 들어가지 않아서일 가능성이 있다.

당신에게 전화를 걸어서 시간이 얼마 남아 있지 않다는 것을 알려 준 그 의사를 기억하라. 사실상 그것이 이 활동의 출발선이다.

이 활동을 하기 위해서는 아무 방해도 받지 않을 장소와 30분에서 1시간 정도의 시간이 필요하다. 이제 준비해야 할 것은 종이 한 장과 볼펜 한 자루가 전부다.

1. 종이를 세 부분으로 접어서 세 개의 세로 칸을 만든다. 첫 번째 칸에는 맨 위에 '1년'이라고 적고 앞으로 1년이 남았을 때 당신이 가장 하고 싶은 일 10가지를 나열한다. 이 문제를 진지하게 생각해 보고 1년이라는 시간 안에 현실적으로 가능한 것들을 목록으로 만든다.

2. 가운데 칸에는 '한 달'이라고 적는다. 살날이 한 달밖에 남지 않았다면 당신이 가장 하고 싶은 일 열 가지는 무엇인가? 몇 가지 활동은 1년이 남았을 때 하고 싶은 일과 겹칠 수 있지만 괜찮다. 마찬가지로 시간을 갖고 현실적으로 곰곰이 생각해 본다.

3. 세 번째 칸에는 '하루'라고 적는다. 당신에게 단 하루가 남았다고 가정하자. 오늘이 이 세상에서의 마지막 날이라면 무엇을 가장 하고 싶은가?

4. 이 세 개의 칸에 기록된 활동들을 본다. 그것들 중 지금 적극적으로 하는 활동은 몇 가지나 되는가? 지금 하고 있는 활동 옆에 별표를 그려 본다. 결과를 보면 충분히 경각심이 들 것이다.

5. 별표를 받지 못한 활동들을 확인하고 스스로 그 이유를 물어본다. 이 목록에 올라올 만큼 중요한 일이지만 아직 시간을 내서 할 만큼은 중요하지 않은 일이 어떻게 있을 수 있는가? 이러한 일들을 하지 못하도록 만드는 것은 무엇인가? 시간인가 돈인가? 아니면 두려움인가? 혹은 추진력이 부족해서인가? 이 책의 2부에서 논의할 예정이니 그러한 장애 요인들을 기억해 두기를 바란다.

6. 이 세 가지 목록을 작성한 후 패턴을 파악한다. 얼마나 많은 것들이 겹치

는지, 세 칸에 모두 등장하는 것은 무엇인지를 살펴본다. 그것은 일종의 빨간 신호로 당신이 가장 가치 있게 생각하는 일이며 서둘러 해야 하는 최우선 순위 목표임을 말해 주는 것이다.

우리는 이 책이 끝날 때까지 이 보물 지도를 계속해서 사용할 예정이므로 이 지도를 잘 보관하고 있기를 바란다. 매일 볼 수 있도록(냉장고나 거울과 같은) 곳에 붙여 둔다. 이 목록에 기록한 것들은 중요한 일이다. 이것들이 당신의 미래이기 때문이다. 이 목록을 매일 보는 것이 중요하다. 그것들은 최우선 목표를 상기시켜 주고 책임감을 가지고 그것들을 실천하는 데 도움을 줄 것이다.

참고: ExperientialBillionair.com을 방문하면 무료 경험 가이드 이외에 이 연습문제의 확장된 버전을 프린트하거나 다운로드할 수 있다.

제2장

풍요로운 삶을 구상하라

브리짓 힐튼 이야기

미시간주 플린트를 떠나고 싶지 않은 사람을 비난하지는 않는다. 하지만 나는 이곳에서 탈출하기 위한 버튼을 찾거나 아니면 그것을 찾다가 죽을 것이다. 나는 어린 시절 근면한 노동자만큼이나 마약중독자와 범죄자가 많고 비참한 경제적 현실에 힘겨워하는 사람이 많은 작은 마을에 살면서 음악과 사랑에 빠졌다. 이곳에 사는 사람들과는 다른 삶을 살 수 있는 길이라고 생각하면서 할리우드로 가는 꿈을 키웠다. 내게 음악은 단순히 배경에 흐르는 소음 그 이상이었다. 그것은 안전한 장소, 친구, 집처럼 느껴졌다. 음악을 통해서 모든 감정을 표현하는 것이 가능했다. 그것을 이용해서 예술가들은 자신의 개인적 어려움을 드러내 놓고 말할 수 있고 꿈을 좇을 수 있었다. 어린 시절 내가 가장 좋아했던 드라마는 캘리포니아를 살기 좋은 매력적인 곳으로 묘사한 〈더 프레시 프린스 오브 벨 에어The Fresh Prince of Bel-Air(1990년대 NBC에서 방영된 시트콤)〉였다.

　그러나 〈라이프스타일스 오브 더 리치 앤 페이머스Lifestyles of the Rich and Famous〉는 나의 흥미를 끌지 못했다. 나는 '다른' 미래가 어떤 모습일지 혹은 어떻게 하면 그것을 달성할 수 있는지 도무지 알 수 없었다. 나는 12살인 7학년에 학교를 중퇴한 후 남은 삶 동안 세계여행을 하면서 살 수 없다는 것 정도는 알 만큼 현실주의자였다. 그런데 학교를 통해 유럽에 가서 호스트 패밀리 집에 머무르며 여름을 날 수 있는 기회가 있다는 소식을 들었다. 당시 나는 학교 공부엔 별다른 관심이 없었다. 그래서 유럽에서 어느 특정 국가의 위치조차 정확히 파악할 수 없었지만, 의외로 그것은 별문제가 되지 않았다. 어찌 됐든 이 여행이 제네시 카운티가 제공하는 것보다 더 많은 것을 보면서 내 삶을 살 수 있다는 약속에 대한 일종의 계약금 같은 것이라는 정도는 알았다.

그런데 나의 계획에는 약간의 문제가 있었다. 내게는 돈이 한 푼도 없었다. 부모님이 당장 현금을 전부 긁어모아 주실 수 있는 형편도 아니셨고 12살짜리가 할 수 있는 합법적 일자리 따위도 없었다.

그래서 나는 첫 '사업'을 시작했다. 샘스 클럽에서 사탕을 벌크로 구매해서 동네 볼링장에서 되팔았다. 전형적인 플린트 지역 볼링장은 언제나 뿌연 말보로 담배 연기와 김빠진 버드 라이트 맥주에 찌든 싸구려 카펫이 특징이었다. 위생상의 문제가 있었지만 볼링장은 초콜릿을 파는 소녀에게 동정심을 느끼는 반쯤 술에 취한 손님들 덕분에 충분히 매력적인 시장이었다.

할머니가 볼링 신발을 신은 나를 발견하시고 뭔가 이상하다는 것을 감지하시기 전까지 내 사업은 몇 달간 꽤 성업 중이었다. 할머니는 곧장 내 방을 뒤져서 내가 훔쳐 온 볼링 신발을 찾아내셨다. 나는 당신이 무슨 생각을 하는지 안다…. 누가 그런 짓을 한 거지? 어찌어찌 해서 나는 볼링 신발이 패셔너블하다고 스스로를 설득했다(분명히 말하지만 나는 어느 모로 보나 절대 유행에 민감한 사람처럼 보이지는 않는다). 이제 막 사업을 시작한 신출내기는 일종의 사기 진작용으로 빌린 여러 켤레의 볼링 신발을 반납하지 않고 갖고 있었다.

할머니는 나를 앞세워 갤럭시 레인 볼링장을 찾아갔다. 그리고 관리자에게 공손하게 사과의 말을 전하고 내가 착복한 신발을 반납하게 하셨다(여기서 슬픈 트롬본 사운드가 삽입되어야 할 타이밍이다). 나는 그 볼링장의 출입을 금지당했다. 나의 첫 사업은 그렇게 막을 내렸다.

하지만 할머니에겐 한 가지 계획이 있었다. 그녀는 나의 첫 사업 실패의 충격을 덜어 주고 반항적인 내 영혼이 신을 찾게 도움을 주고 싶었다. 그래서 할머니는 나에게 용돈을 주는 대신 성경을 읽도록 하셨다. 사실 좀 더 정확하게 말하면 내가 정말 읽었는지 확인하기 위해서 성경을 필사하게 하셨다. 나는 여전히 하느님께서 태양과 별을 창조하기 전 빛을 창조하셨는지를 혼동했던 것을 기억한다.

나는 할머니를 만족시키기 위하여 수 주 동안 늦은 밤까지 성경을 필사했다. 나는 사탕 판매 사업과 성경 필사를 하면서 유럽에 갈 수 있을 만큼 충분한 돈을 모았다. 덕분에 나는 이후 수백 번을 타게 될 비행기에 난생처음으로 몸을 실었다. 런던에 비행기가 착륙할 때 '세관'이란 그 나라의 관습을 가르쳐 주는 곳이라고 생각했던 것을 아직도 기억한다.

나는 한 무리의 학생들과 몇 주간 런던에 머물렀다. 묵었던 숙소가 정확히 기억나지는 않지만 리츠 칼튼 호텔은 분명 아니었고 (리츠란 이름이 붙은 것 중 내가 아는 것은 크래커가 유일하다), 몸에 좋은 맥도날드의 치킨 너깃으로 연명했다. 이 여행에 앞서 내가 알고 있던 영국에 대한 정보는 보잘것없었다. 텔레비전에서 다이애나 왕세자비의 장례식을 보고 윌리엄 왕자에게 첫눈에 반했으며(내 방 벽에는 윌리엄의 포스터가 붙어 있었다) 스파이스걸의 'Wannabe' 가사를 아는 것이 전부였을 정도로.

우리는 영국 다음으로 오랜 시간 버스를 타고 덴마크로 넘어갔다. 그곳에서는 나보다 한두 살 많은 딸을 기르는 호스트 패밀리 집에 머물렀다. 그녀는 마지못해 나를 파티에도 데려갔다. 우리는 자전거를 타고 코펜하겐을 둘러봤다. 그녀는 내게 누텔라라는 새로운 브랜드도 소개해 줬는데 그것은 내가 가장 좋아하는 브랜드가 됐다. 나는 처음 접하는 다른 문화에 대한 경험에서 많은 것을 배웠던 것을 기억한다. 중요도의 순은 아니지만 적어 보자면 이렇다.

첫째, 아침 식사로 초콜릿처럼 생긴 스프레드를 발라서 먹는 것은 멋진 경험이었다. 둘째, 파티에 참석하는 일도 굉장히 즐거웠다. 그리고 셋째, 만일 내가 뭔가를 원한다면, 그것이 현실이 되게 만들 수 있다.

인생에서 무엇을 원하는지와 그것을 원하는 이유를 분명하게 알고 있으면 놀라운 일이 일어난다. 명료함은 당신이 앞으로 가야 할 길, 하지만 이전에는 결코 볼 수 없었던 길을 볼 수 있게 해주고 비록 어렵고 두려운 일이라고 해도 그 길에 발을 내디뎌야 하는 동기를 부여한다. 볼링장과 샘스 클럽은 늘 그 자리에 있었다. 다만 그래야 하는 충분한 동기가 생기기 전까지 돈을 벌기 위해 그것들을 이용한다는 생각을 단 한 번도 하지 못했을 뿐이다. 간단히 말해 사람들은 자신이 원하는 목적지가 어디인지 알 때 그곳에 도달할 수 있다.

이 장에서 당신은 자신에 대한 분명한 비전을 세우게 될 것이다. 앞장에서 만든 '보물 지도'가 좋은 출발점이지만 이제 그것을 좀 더 발전시켜서 당신의 미래 삶이 어떤 모습일지 정확하게 파악할 수 있도록 한다. 이제 머릿속으로 당신의 미래 모습을 그려 본다. 이때 당신은 그것을 달성할 수 있는 힘을 스스로에게 부여할 수 있다.

당신의 나침반을 찾아라

많은 소녀가 그러하듯 음악에 대한 진정한 내 첫사랑은 보이밴드부터 시작됐다. 나는 덥수룩한 금발을 길게 길러서 핸슨의 멤버인 척하고 살았다(그리고 그 당시엔 인터넷이 지금처럼 대중적으로 보급되기 전이라 어떤 사람들은 실제로 내가 핸슨의 멤버라고 믿기까지 했다). 엔싱크 멤버들이 시내 하모니 하우스 레코드 가게에서 앨범 사인 행사를 하고 있을 때, 막 인기 상승 중이던 저스틴 팀버레이크를 나의 열세 번째 생일 파티에 초대했다(슬프게도 내 꿈속의 이상형인 그는 생일 파티에 오지 않았다). 나는 또래 사이에서 소위 말하는 인기가 많은 애는 아니었다(나는 행군 악대와 합창단원에 좀 더 가까웠다). 나는 이러한 상상들을 일종의 탈출구로 활용했다.

다행스럽게도 나와 내 지인들은 부모님이 수집한 음반들을 찾아냈다. 이후 몇 년 동안 록의 신들, 레드 제플린, 비틀즈, 톰 페티, 핑크 플로이드, 에이씨 디씨, 퀸 등을 숭배하기에 이르렀다. 나는 모든 가사와 모든 코드 변화와 드럼 소리, 모든 밴드 구성원에 대한 사실을 모두 알고 있었다. 내 방은 그들의 포스터로 도배가 돼 있었고 밴드 티셔츠만 입었다. 수업 시간에는 공책에 밴드의 로고를 스케치했으며(황당하겠지만) 내 AOL(미국의 인터넷 회사명) 스크린 명칭을 '록스타 광팬'으로 등록하기도 했다. 주말마다 연령 제한이 없는 록클럽 '플린트 로컬 432'에서 시간을 보냈다. 또 용돈을 탈탈 털어서 중고 드럼세트와 기타를 구매하고 어느 시점에서는 로큰롤을 위해 영혼이라도 팔 것처럼 굴었다. 매일 밤 나는 세계 투어를 다니면서 록스타들과 어울리고 내가 상상하는 삶을 만끽하는 꿈을 꿨다. 당연하게도 내가 가장 좋아하는 영화는 〈올모스트 페이머스Almost Famous〉였다.

음악을 제외하고 다른 직업을 생각해 본 적은 없지만, 연줄 하나 없었기 때문에(미시간이 엔터테인먼트 중심지는 아니었다), 제2의 릭 루빈rick Rubin(미국의 음반 제작자)이 될 가능성은 지극히 낮았다. 그래서 나는 나보다 먼저 그 길을 간 사람들을 찾아봤다. 도서관에서 수많은 시간을 들여 내가 꿈꾸는 것을 달성하는 데 성공한 사람들의 전기를 읽었다. 그리고 이들 중 많은 이가 출발점에 섰을 당시 내가 처한 상황보다 훨씬 더 나빴다는 사실을 알았다. 만일 그런 그들이 그 일을 해냈다면 비록 몇 가지 장애물이 있기는 하지만 나도 그렇게 할 수 있을 것이다. 그 장애물이란 첫째, 음악 산업과 조금이라도 관련된 사람을 단 한 명도 알지 못한다는 것. 둘째, 모두가 내 꿈을 비현실적이라고 말한다는 것. 셋째, 내 꿈을 이루는 데 전혀 도움이 되지 않을 곳에 살고 있다는 것이었다.

그래서 로큰롤을 향한 꿈을 실현하기 위해서 상상할 수 있는 거의 모든 일을 했다. 전단지를 수천 장 돌렸고 라디오 방송국에서 커피를 팔고 밴을 타고 돌아다니며 고만고만한 작은 마을들에서 밴드 굿즈를 판매했으며 원형극장에서 보안요원으로도 일해 봤다(슬프게도 이는 록밴드 더 그레이트풀 데드의 팬들에게서 마리화나용 담배 파이프를 압수하는 것을 의미했다). 시급 5달러를 벌기 위해 지저분한 클럽 바닥이나 북미 록 뮤직 투어 '워프트 투어'와 같은 페스티벌에서 치워도 치워도 끝없이 쌓이는 쓰레기를 줍느라고 무도회나 동창회 같은 행사에는 갈 꿈도 꾸지 못했다.

착실하게 학교 수업을 들어 봤자 음악 산업에서 일자리를 얻을 수는 없었다. 그런데 학교 밖에서 오랜 시간 일하면 1년 조기 졸업할 수 있다는 학칙을 찾아냈다. 당연히 부모님은 내가 하루 종일 대마초나 피우면서 시간을 보내는 것을 원치 않으셨다(당시 내 상황은 부모님들이 그렇게 걱정할 만했다). 그래서 나는 지역 커뮤니티 컬리지에 등록했다. 물론 수업을 듣기 위해서가 아니라 도서관에 틀어박혀 밴드 멤버들의 자서전을 탐닉하면서 수업에 들어간 것처럼 꾸미기 위해서였다. 18살이 되던 날, 나는 학교를 그만두었다(수업에 한 번도 들어간 적이 없는데 대학에 다니는 게 무슨 의미가 있을까?). 대신 최저임금을 받는 2가지 시간제 일―지역 콘서트 및 NBA 경기장에서 하는 일과 몰에서 하는 일―에 더 많은 시간을 할애했다. 대학 진학은 내 선택지에는 단 한 번도 없었다.

이제까지 받은 상 중에서 가장 큰 상은 피자헛에서 실시한 독서 장려 프로그램인 '북잇Book It'에서 공짜 페퍼로니 피자를 받은 것이었다.

이것이 내가 생각하는 교육이었고 내가 원하는 경험들을 쌓는 지름길이었다.

어느 마법과도 같은 날, 나는 쇼핑몰 음반 가게 입구 근처에 에미넴의 최신 CD를 채워 놓다가(당시엔 고가의 휴대전화기에 해당하는) 블랙베리로 음반의 해당 음반의 수량을 세고 있는 누군가를 발견했다.

'이런 일이 있을 수도 있는 거야? 정말 내게 기회가 온 건가? 원, 세상에! 와우!'

그 사람은 세계 최대 음반사의 직원으로 에미넴의 음반이 출시된 첫 주에 판매량이 얼마나 되는지를 지역 음반 가게들을 돌아다니면서 체크하고 있었다.

곧바로 할 일을 모두 내팽개치고 그 직원에게 그 음반사에 인턴 채용 담당관이 누구인지 말해 달라고 조르기 시작했다. 그는 결국 회사 이메일 주소를 알려 주고 나서야 비로소 내게서 풀려날 수 있었다.

나는 그 회사에 끊임없이 이메일을 보냈고 마침내 인턴 신청서를 받을 수 있었다. 하지만 이력서에 절대 해서는 안 되는 일을 저질렀다. 거짓말을 한 것이다. 당시 나는 나이를 속여서 〈더 플린트 저널The Flint Journal〉이라는 지역 신문에 음반 리뷰를 기고한 대가로 한 편에 15달러를 받은 15살 이후, 경력을 부풀려서 적는 일에 익숙해져 있었다. 그렇다고 해서 커뮤니티 칼리지 한 학기만을 마친 당신의 이력서에 '하버드 박사' 학위가 있다고 적어도 좋다는 말은 절대 아니다. 하지만 10대 소녀의 이 작은 거짓말은 아무런 해가 되지 않을 것 같았고 그 거짓말 덕택에 꿈꾸는 삶에 좀 더 가까이 갈 수 있었다.

나는 대학에 갈 예정이라고 말한 덕분에 유니버설 뮤직 그룹의 디트로이트 지사 무급 인턴 채용에 응시할 수 있는 자격을 얻었다. 마이크로소프트 페인트 프로그램의 도움을 받아서 커뮤니티 대학장의 추천서를 위조한 끝에 마침내 인턴 자리를 얻는 데 성공했다. 만일 관계자들이 이 글을 읽는다면 약속한다. 거짓말의 결과로 내가 얻은 금전적 이득이 있다면 그것을 모두 돌려줄 의향이 있다.

무급 인턴십을 하는 동안 결국 나는 사무실에서 화장지를 훔쳐 오거나 친구의 소파 쿠션을 들쳐서 동전을 줍고 식사가 제공되는 회의에서 치폴레 부리토를 적정량보다 많이 먹는다거나 착한 동료에게 지갑을 잊고 갖고 오지 않았다고 말하고 점심을 얻어먹는 등 눈물겹도록 궁상맞은 삶을 살았다. 소득이 없는 상태에서 아파트를 빌리기는 어려웠다. 그래서 나는 내 차나 내가 집이라고 부른 각기 다른 13곳에서 잠을 잤다.

오랜 기간 소파 생활을 하던 중, 1월에 난방이 끊기는 일이 일어났다. 그래서 친구들과 나는 각각 20달러씩 내서 실내 난방기를 샀다. 그 추운 겨우내 난방기 옆 바닥에 누워서 잠을 잤다.

그러고 나서 나의 모든 노력이 결실을 맺었다. 해당 음반사에 고용이 돼 우편물실에서 근무하게 됐고 연봉 2만 달러를 받게 됐다. 믿을 수 있는가? 내가 연 2만 달러 연봉자가 된다는 것을. 〈MTV 크립스MTV Cribs(유명인의 집을 구경시켜 주는 미국의 다큐멘터리 프로그램)〉에라도 출연해야 할 판이다. 안 그런가? 19살짜리 나를 보고 한껏 비웃었겠지만 땡전 한 푼 못 벌던 것에 비교하면 연봉 2만 달러는 상당히 대단한 일이란 걸 알아주기를 바란다. 알고 보니 우편물실 근무에 무려 100명이 넘게 지원했다. 나는 마치 복권에 당첨된 것 같았다. 혹은 구름 위를 걷는 것 같은 기분이었다. 나는 아직도 그 순수 득의pure elation의 순간을 기억한다. 야호, 나 취업에 성공했다!

당신은 언제 이런 기분을 경험하는가? 당신은 무엇이 되고 싶은가? 당신이 최선을 다해서 하고 싶은 일이나 혹은 희생을 해서

라도 이루고 싶은 일은 무엇인가?

솔직히 말하면 그 당시 내가 했던 일 중 대부분은 나의 보물 지도에 올라가지 못했을 것이다. 살날이 1년밖에 남지 않은 상태에서 클럽에서 쓰레기를 줍고 추운 겨울날 전단지나 붙이고 돌아다녀야 할까? 그건 분명 아닐 것이다. 하지만 음악 산업에서 일은 하고 싶었고 내 꿈을 실현하게 해 달라고 주문을 외울 요술램프는 없었다. 그러니 그 경험들은 꿈을 실현하기 위한 긴 여정으로 나를 인도했다는 점에서 꼭 거쳐야 하는 과정이었다.

이 보물 지도 훈련은 긴박감을 일으키고 당신에게 중요한 것이 무엇인지를 명확히 규명하는 데 더할 나위 없이 효과적인 도구다. 하지만 이 지도는 장기적 관점이 결여되어 있다. 결국 살날이 단 1년, 한 달, 혹은 하루가 남았을 때, 경력, 가족, 사업과 같은 것을 일굴 시간 같은 것은 없다. 그러므로 어느 날이든 당신의 마지막 날이 될 수 있다. 미래 어느 날까지 당신의 꿈을 연기할 수 없는 건 사실이지만, 그렇다고 마치 내일 죽을 것처럼 삶을 살아야 한다는 의미도 아니다. 만일 당신이 그렇게 한다면 미래를 위해 무엇인가를 일구는 데 투자하지는 않을 것이다.

그러한 장기 프로젝트들은 당신이 지금까지 한 일 중에서 가장 성취감이 크고 매우 인상적인 것이 될 것이다. 당신은 절대로 그런 일들을 미래 계획에서 제외하고 싶지 않을 것이다. 이처럼 긴박하게 반드시 해야 하는 일과 오랜 시간을 들여서 달성해야 하는 원대한 계획 모두를 갖고 있어야 한다. 사람들은 1년 안에 할 수 있는 일은 거창하게 생각하고 10년에 걸쳐서 할 수 있는 일은 과소평가하는 경향이 있다.

그러므로 눈앞에 있는 질문으로 돌아가 보자. 자신을 위해서 하고 싶은 것은 무엇인가? 삶의 전반적 방향을 이끌어 줄 나침반은 무엇인가?

나는 비교적 어린 시절에 인생의 방향에 대해 고민했지만, 대다수는 그렇지 않다. 만약 당신의 유년 시절이나 10대 시절 당신의 마음을 사로잡은 열정이 없다면, 아마도 당신은 그 당시 가장 안전하고 가장 흥미롭게 보이는 길을 따라가거나, 다른 누군가가 당신에게 제안하는 그 길을 따라갔을 것이다. 그 과정에서 열정이 생겼을 수 있지만 그러지 않을 수도 있다. 놀라운 일이지만 30대, 40대, 혹은 그보다 더 높은 연배의 사람들도 여전히 자신의 삶을 위해서 무엇을 하고 싶은지 명확하게 모르는 경우가 일반적이다.

만일 당신도 그렇다면, 시간을 내서 당신의 나침반을 찾는 것이 의미 있는 일이 될 것이다. 우리가 입증했듯이 시간은 소중한 것이고 진정으로 원하는 것을 만들거나 원하는 것이 되기 위해서 시간을 사용할 때 갈팡질팡하면서 시간을 낭비하고 싶은 생각은 없을 것이다. 그 마지막 행위는 다른 사람이 원하는 것이 아닌 당신이 진정으로 원하는 것이어야 한다. 그 사람을 아무리 사랑하고 존중한다고 하더라도 당신이 원하는 것이 우선시 되어야 한다. 삶은 당신의 것이지 그 사람의 것이 아니고 당신은 그러한 삶을 두 번이 아닌 단 한 번만 살 수 있기 때문이다.

당신의 보물 지도를 출발점으로 삼으라. 즉각적으로 확연해지는 주제 같은 것이 있는가? 예를 들어 만일 내가 17살에 보물 지도를 만들었다면 좋아하는 예술가의 공연 보기, 음악 페스티벌에 가기, 기타나 드럼 연주 잘하기, 세계 여행하기, 로스앤젤레스 혹은 뉴욕과 같은 대도시에 살아 보기 등이 포함되어 있을 것이다. 연예계에 대한 동경심을 알 수 있는 징표들이 나의 보물 지도 속에 포함돼 있었다.

당신의 보물 지도에서 미래의 꿈에 대한 방향을 보여 주는 징조들이 보이는가? 자연, 여행, 가족, 스포츠, 예술, 음식과 관련된 경험이나 혹은 이들 경험을 공통으로 묶을 수 있는 몇 가지 끈들이 포함돼 있을 것이다. 만일 그렇다면 당신의 인생이 그 방향을 가리키도록 해야 한다. 당신이 지상에서의 마지막 한 해를 자연에서 보내려고 하지만 현재 사무실 칸막이 안에서 근무하고 있고 콘크리트 정글에서 살고 있다면, 약간의 변화가 필요하다(이 사례가 내 삶의 후반기에 극명하게 분명해졌다).

당신의 나침반을 찾는 또 다른 방법은 당신의 몽상에 주목하는 것이다. 그간의 연구는 우리가 가용할 수 있는 시간의 30퍼센트에서 50퍼센트를 몽상하는 데 쓰고 있음을 보여 준다. 그 시간은 깨어 있는 시간 중 절반을 몽상하는 데 쓴다는 뜻이라 상당히 충격적이다. 그러나 그러한 몽상들이 당신이 실제로 무엇을 하고 싶은지를 알려 주는 하나의 신호일 수 있다. 그러므로 다음에는 머릿속 생각이 정처 없이 헤매고 돌아다닐 때 떠오르는 것들을 메모해 두길 바란다. 이 활동을 며칠 혹은 몇 주간 해 보면 일종의 주제 같은 것들이 떠오름을 알 수 있다.

만일 이러한 활동을 수행해도 아무런 실마리가 잡히지 않으면, 당신의 나침반을 찾기 위해서 좀 더 깊은 사고에 잠겨 볼 것을 추천한다. 시중에는 이 주제와 관련된 도서들이 상당히 많으므로 그것들을 여기에서 반복할 필요는 없다. 이제 알아야 할 중요한 사실은 열정도 방향이 필요하다는 것이다. 그것들을 어떻게 활용해야 하는지 모른다면 세상이 아무리 긴박하게 돌아간다 해도 별 의미가 없을 것이다.

만일 당신이 삶의 나침반을 이미 찾았다면 축하한다. 그것을 당신의 보물 지도 맨 상단에 큼지막하게 대문자로 적어 둬라.

설령 아직 찾지 못했다고 해도 걱정할 필요는 없다. 모든 걸 중단하고 오늘 당장 그것을 찾을 필요는 없다. 이것은 억지로 찾는다고 찾을 수 있는 것이 아니다. 그것은 일종의 탐사 과정이므로 계속해서 파고들어가야 한다. 현재 하는 일을 왜 하는지 스스로에게 물어봐야 한다. 당신의 호기심과 바람이 무엇인지에 주목해야 한다. 계속해서 주시한다면 시간이 지나면서 그림이 점점 더 분명해질 것이다.

보물 지도를 개선하라

삶의 방향이 분명해지면 당신의 보물 지도로 돌아간다. 내가 말했듯이 보물 지도는 당신이 원하는 것을 보여 줄 수 있는 훌륭한 출발점이기는 하다. 그러나 아직은 완벽한 미래상을 그저 보여 주는 정도에 불과하다. 이제 우리는 곧 그것을 완벽한 비전으로 만들 예정이다.

첫째, 방금 분명하게 규명한 장기적 목표와 관련된 활동들을 더한다. 예를 들어 당신의 꿈이 영화감독이라면 영화학교나 비슷한 생각을 지닌 사람들과의 네트워크 형성이 목록에 포함되어야 한다. 만일 당신이 '반쪽'을 찾아서 가정을 이루고 싶다면 장기적으로 자신이 원하는 것이 무엇인지 분명하게 파악하고 해당 기준에 딱 맞는 사람을 찾기 위해서 그런 사람이 참석할 만한 사교 행사에 참여해야 한다.

이제 당신의 보물 지도에 올라온 항목들을 하나씩 자세하게 들여다보라. 이것이 정말로 당신이 원하는 것인지, 이러한 바람이 순전히 당신의 마음이 원해서인지 아니면 당신의 가족, 친구, 소셜미디어, 사회적 기대치, 혹은 당신의 내적 사고가 아닌 다른 외적 요인에서 기인한 것인지를 평가해야 한다. '죽어 가는 사람들이 가장 후회하는 일 5가지'가 말하는 것은 다른 사람의 기대치에 맞는 삶이 아니라 스스로 만족할 수 있는 삶을 살 용기가 없었다는 의미다. 이것은 당신의 인생이다. 그러니 다른 사람이 당신의 인생을 장악하게 둬서는 안 된다.

둘째, 이제 약간 복잡하고 어려운 질문에 답을 해야 한다. 이러한 활동이 당신의 경험이라는 부에 어떤 기여를 하리라 생각하는가? 그러니까 하나의 경험을 풍부하게 만드는 것은 무엇인지를 묻는 것이다. 이 질문에 답을 하는 데 도움을 주기 위해 5가지 중요한 요소를 찾아냈다. 당신의 보물 지도상에서 각 항목을 확인하고 스스로에게 다음 5가지 질문을 해 본다.

1. 그것이 당신의 행복에 기여하는가?
몸을 쓰고 올바른 연료를 공급하며 스트레스를 완화하고 삶을 최대한 즐기면서 살고 싶다면 자신을 돌봐야 한다. 그것은 그 자체로 가치 있는 경험이 될 수 있다.

2. 그것은 중요한 관계를 강화하는 데 기여하는가?

사랑하는 사람들과 행복한 시간을 보내기, 새로운 사람을 만나기, 팀의 구성원이 되기 등 이러한 경험들은 굳건한 사회적 관계를 구축하는 데 큰 도움을 준다.

3. 그것은 당신의 성장에 기여하는가?

탐험, 발견, 도전, 배움, 연습은 때론 힘들 수 있지만 바로 그것이 부분적으로 그 경험을 매우 가치 있게 만드는 것이다.

4. 그것은 당신에게 기쁨을 가져다주는가?

놀이, 오락, 전율, 평화, 경이, 우스꽝스러운 일, 웃음 이러한 것에 비견될 수 있는 것을 당신의 삶에 가져다준다면 끝까지 유지할 만한 가치가 있는 것이다.

5. 그것은 다른 사람들에게 도움이 되는가?

당신의 시간이나 에너지, 돈을 필요한 사람에게 내어 주기, 그것이 결국 당신이 남기게 되는 유산이다.

목록 위의 각 항목은 적어도 한 번의 긍정적 답을 받아야 한다. 아니라면 해당 항목을 제거한다. 그것은 당신의 삶을 더 가치 있게 만들지 못하고 따라서 우선순위가 아니기 때문이다.

당신의 보물 지도 전반에서 위의 5개 질문 중 각 질문에 대해서 적어도 한 번의 긍정적인 답을 얻는 것이 이상적이다. 각 항목은 충만하고 의미 있는 삶을 만드는 데 꼭 필요한 요소를 의미한다. 그러므로 5개 질문 모두 완벽한 균형을 맞출 필요는 없지만 그중 하나라도 완전히 무시하는 것은 현명하지 않다.

지금 당장 그 문제를 해결하는 것에 대해 걱정할 필요는 없다. 나중에 우리는 이 주제들이 왜 중요한지를 알아보고 이 문제들을 당신의 삶에 통합시킬 방법을 알려 줄 것이다.

행동해야 운도 따라 준다

다시 본론으로 돌아가서 이야기하자면 나의 몽상은 현실이 됐다. 우편물실에서 일하면서 열성적인 노년 여성 팬들로 가득 찬 서점에서 스팅의 안전요원 일을 맡거나 가수 리하나를 TGI 프라이데이 레스토랑으로 데려가는 일을 담당했다. 또 가족 친화적인 싱어송라이터들(이름 생략)을 위해서 약국 찾는 일을 했으며 팝 펑크 밴드들(역시 이름 생략)이 소녀 팬들을 분류하는 모습을 지켜봤다. 우리 음반사 최초의 '마이스페이스' 페이지를 구축했으며 LL 쿨 제이를 위해서 생일 케이크를 구매하고 디트로이트의 스트립 클럽들에 나인 인치 네일의 새로운 싱글 음반을 틀어 줄 것을 설득했다. 또한 미국의 코믹 록밴드 스틸 팬더Steel Panther가 회의실에서 우리 CEO의 머리를 심하게 흔드는 걸 목격했다. 특히 카니

예 웨스트의 시끌벅적한 방문 이후 사무실 퇴거 명령을 받는 입장이 되기도 했다. 나는 케이블 VH1 TV에서 에어기타 대회의 심사원이 돼 달라는 요청을 받았는데, 이때가 내 경력의 절정기라고 생각한다.

그러고 나서 내가 21살이 되던 해, 상관의 사무실로 호출을 받았다. 거기서 많은 이들이 친숙하게 들었을 법한 청천벽력과 같은 말을 들었다.

"우리 지사가 문을 닫게 되면서 부득이하게 당신을 해고해야만 할 것 같소."

겨우 살 것 같다고 느낀 시점에 나는 직장을 잃었고 완전히 무너졌다. 다시 원점으로 돌아간 것이다. 내 삶도 나의 꿈도 모두 끝났다고 생각했다. 돌이켜보면 그것은 내게 일어났던 일 중에서 가장 좋은 일이었지만 당시에는 그것을 알지 못했다.

쥐꼬리만 한 실업 급여에 의존하여 6개월을 근근이 버티면서 나는 베이직 코딩과 웹디자인을 배웠다. 마침내 약간 다르지만 좀 더 안정적인 업계에서 꽤 괜찮은 일자리를 제안받았다. 당시 일주일에 며칠은 저녁을 굶은 채 잠을 자야 했지만 그 일자리를 수락하고 싶지 않았다. 음악과 관련된 삶에 대한 꿈을 좀 더 편안하고 안전한 무엇과 바꾼 이후의 내 미래를 그려 보니 그 자리를 받아들이는 것이 꿈을 파괴하는 일처럼 보였기 때문이다.

가죽점퍼 대신 바지 정장을 입고 전혀 공감할 수 없는 사람들로 가득 찬 사무실로 터덜터덜 걸어 들어가서 내가 믿지 않는 상품을 팔거나 마이크로소프트 엑셀 시트를 만지작거리면서 하루하루를 보내는 내 모습을 그려 봤다. 마지막으로 탈출하겠다고 맹세했던 삶에 마지못해 안주하면서 내 꿈이 현상 유지를 위한 삶 속에 묻히는 것을 상상했다. 그것은 내가 바라던 삶의 모습이 아니었다. 그래서 결국 위험을 감수하고 그 일자리 제안을 거절했다. 그 결정에 주변의 모든 사람이 상당히 놀라면서 걱정했다.

실업 급여가 바닥나던 날이었다. 나는 때마침 캘리포니아 버뱅크의 워너뮤직 그룹에서 전화 한 통을 받았다. 일전에 워너뮤직에 새롭게 습득한 디자인 기술이 장점으로 쓰일 수 있는 자리에 지원을 해 놓은 상태였다.

[연봉으로 27,000달러 이상을 드릴 수는 없지만 대신 무료 식품, 음료, 콘서트, 영화 등의 제공을 약속드릴 수 있습니다.]

나는 내 인생에서 가장 큰 결정을 내리고 할리우드를 향해서 나아갔다. 마지막 자산인 100달러를 스피릿 에어라인의 편도, 2회 경유, 중간 자리를 예매하는 데 쓰고 내가 알았던 모든 것을 뒤로한 채 어릴 적부터 꿈꿔 왔던 머나먼 기회의 땅을 향해 떠났다.

로스앤젤레스에서 살아가기엔 이 월급은 턱없이 부족했지만 직감은 옳은 결정을 내렸다고 말했다. 샌 페르난도 벨리의 다 허

물어져 가는 곰팡이 핀 집을 렌트하기 위해서(지역 생활 정보 사이트 크레이그리스트에서 만난) 네 명과 공간을 공유하기로 했다. 하지만 어린 시절 꿈은 이루어졌다. 전 세계 창작과 엔터테인먼트의 중심지에서 나의 우상들과 가까이에서 일할 수 있게 됐으니까. 여기에 덤으로 1년 중 무려 300일이나 따뜻한 태양을 볼 수 있게 됐다. 더 이상 CD 케이스로 차량 앞 유리의 얼음을 긁어내지 않아도 된다.

이후 5년간 나는 미국 전역에서 열린 수천 개의 프로그램과 페스티벌에 참석했다. 밤이면 어린 시절 책자에서 읽었던 전설적인 장소, 예를 들면 라이브 록 공연장 '트루바두르', '더 위스키 어고고', '더 할리우드 볼' 등에서 시간을 보냈다. 게다가 믹 재거, 닐 영, 유투, 더 후 등과 같은 전설적인 가수들도 만났다. 테일러 스위프트, 드레이크, 잭 잭슨, 저스틴 비버, 더 킬러스, 레이디 가가, 에이미 와인하우스, 위크엔드와 같은 떠오르는 별들의 무대를 맨 앞좌석에서 관람했다.

나의 꿈을 좇은 것에 대한 또 다른 보너스는 나에게 영감을 주고 에너지를 주며 한 공동체의 일원임을 느끼게 하는 사람들에 둘러싸여 있다는 사실을 난생처음 실감해 봤다는 것이다. 내 친구들은 허름한 술집에 앉아서 혹은 모닥불 앞에 나와 둘러앉아서 오케이 컴퓨터로 음악을 만드는 작업의 어려움에 대해 열띤 토론을 하거나 코첼라 페스티벌 VIP석에 몰래 들어가기 위해서 리본으로 팔찌를 만들고 혹은 100명만 수용할 수 있는 클럽에서 비밀리에 열리는 푸 파이터스(니르바나 출신의 드러머 데이브 그롤이 결성한 록 밴드)의 공연을 보기 위하여 공연장 밖에서 기꺼이 하루 종일 기다리곤 했던 사랑스러운 음악 괴짜들이었다. 나는 영향력 있는 이사들의 비서로 일했다. 화려한 고급 레스토랑, 영화 프리미어, 할리우드 힐에서 열리는 파티에 그들과 동행했다. 이것은 만일 내가 안전지대에 머물러 있기로 했다면 결코 꿈도 꿀 수 없는 일이었다.

물론 여전히 파산 상태였다.

하지만 이제 무엇이든 가능할 것처럼 보였다.

나는 신중을 기해서 모두가 말하는 것처럼 고향에서 좀 더 안정인 사무직을 선택할 수도 있었고 실제로 거의 그럴 뻔했다. 그러나 그런 잘못된 길을 선택했을 때 그려질 끔찍한 먼 미래를 생각하니 도저히 편안함에 안주할 수 없었다. 결국 위험하기는 하지만 진정으로 원하는 길을 선택했다.

시각화는 어떤 일이 마술처럼 현실이 되게 만들어 주진 않지만 굉장히 효과적인 도구가 될 수 있다. 어려운 선택에 직면했을 때 구체적이고 명확한 무엇인가를 보여 준다. 시각화는 당신의 목표를 달성하는 데 꼭 필요하면서도 어려운 일을 할 수 있는 동기를 부여한다. 또한 당신 자신이 누구인지와 당신의 능력에 대한 제한적인 생각을 하지 못하도록 해 준다. 당신은 스스로를 위대하고 유명한 사람이라 생각하지 않을 수 있다. 그러나 자신이 그런 일을 하는 것을 더 많이 머릿속으로 그려 보면 볼수록 그 일을 하는 것이 가능할 수 있겠다는 느낌을 점점 더 많이 받을 것이다.

시각화는 이러한 방법으로 당신이 꿈꾸는 이상적인 삶을 규정하고 달성하는 데 도움을 줄 수 있다. 그리고 다행인 것은 누구나 장소와 시간에 구애 없이 시각화를 할 수 있다는 것이다. 시각화 기술은 마음속으로 구체적인 그림을 만들어 내는 것을 말한다. 이 그림은 당신에게 동기를 부여하고 당신의 결정을 명확하게 해 주며 불안을 완화하고 집중력을 높이는 데 도움을 줄 수 있다. 인간의 뇌는 현실과 상상을 구별할 수 없다. 어떤 활동을 하는 사람의 뇌 주사 사진은 동일한 활동을 시각화하는 사람의 뇌 주사 사진과 같은 모습처럼 보인다.

시각화는 사람이 생각하는 방식이나 감정에 실질적인 영향을 미칠 수 있으므로, 원하는 미래를 마음으로 그려 보는 것이 상당히 중요하다. 그 미래가 달성하기에 너무 멀거나 어렵다고 느껴질 때 특히 그렇다. 구체적으로 당신의 미래를 상상해 보면 굉장히 실질적인 방식으로 그 꿈에 가까이 갈 수 있다.

다시 말하자면 당신이 꿈꾸는 목표는 행동으로 이어지지 않는

한 그다지 쓸모가 없다. 원하는 것을 시각화하는 것은 집중력과 명료함을 제공한다. 하지만 시각화는 뇌에서 도파민을 분출시킨다. 그 환희의 순간에 자아도취에 빠질 수 있다. 마치 마음속으로 상상하는 것만으로도 충분한 것처럼. 분명히 말하지만 그것만으로 충분하지 않다.

그러므로 당신의 목표를 그저 상상하는 것에서 그쳐서는 안 된다. 목표에 다다르는 과정 역시 시각화해야 한다. 예를 들면 그 과정에서 마주할 수 있는 난관이나 실패들도 생각해 보는 것이 바람직하다. 내가 해고를 당한 이후 지루한 사무직 제안을 수락할지 고민할 때 그랬던 것처럼 당신의 꿈을 이루기 위한 행동을 취하지 않았을 때 일어날 일에 대해서도 상상해 본다. 그러한 부정적 시각화도 성공을 상상하는 것만큼이나 중요하다. 사실 실패 혹은 아무 행동을 취하지 않는 것에 대해 생각해 본 사람들이 자신의 목표를 이룰 가능성이 2배 정도 높다는 것이 밝혀졌다.

이 장의 끝에서 당신의 보물 지도에 설계한 원대한 꿈들을 시각화하는 연습을 통해서 이것을 실습해 볼 것이다.

계속해서 꿈을 더 크게 키우라

시간이 가면서 나는 나이가 들면 나의 우선순위도 바뀔 수 있음을 깨닫기 시작했다. 나는 원래 음악계에 영원히 머무르는 것을 시각화했었다. 하지만 사무실과 매일 이어지는 회의, 뒤 이어지는 할리우드 클럽에서의 섹스, 마약, 로큰롤로 달궈진 광란의 밤을 5년간 경험하고 난 후 이런 생활을 이후에도 계속할 수 없음을 깨달았다. 마음 깊숙한 곳에서 더 넓은 세상을 보고 싶고 연예계 밖의 문화와 비즈니스를 경험하고 싶다는 열망을 느꼈다. 그러고 나서 쥐꼬리만 한 내 봉급을 대체할 만큼의 충분한 돈을 벌 수 있는 방법들을 브레인스토밍하기 시작했다.

그러던 어느 날 사무실에서 우연히 29살 슬론이란 여성에 관한 유튜브 동영상 하나를 보았다. 그녀는 특수 제작된 청각 보조 기구의 도움으로 난생처음 들을 수 있었다. 그것은 그 무엇에 비교할 수 없을 정도로 즐겁고 감동적인 장면이었다. 이 동영상은 사람들 사이에 퍼져 나갔고 그녀는 미국의 유명 토크쇼인 〈엘렌 디제너러스 쇼〉에까지 등장했다.

슬론의 경험은 강력했다. 이 동영상을 본 사람들은 그것이 그녀의 인생을 바꾼 경험이었지만 거기에서 멈추지 않았다는 사실을 분명하게 알았다.

그 동영상을 보면서 나는 만일 소리를 들을 수 없다면 내 삶이 지금과 얼마나 달랐을지를 상상해 봤다. 음악이라는 나침반 때문에 내 삶의 경로가 어떻게 바뀌었는지도 상상해 봤다. 그러면서 아이디어 하나를 얻었다.

나는 이 동영상을 조에게 보냈다. 조는 당시 과테말라에서 학교 세우는 일을 돕고 있었다. 자선사업에 참여하는 이들 중 내가 아는 유일한 사람이었다. 그를 만나기 전의 나는 자선활동을 만불짜리 테이블과 턱시도를 입은 신사들로 가득한 금단의 정원, 슈퍼 엘리트들의 전유물로만 여겼다. 하지만 조도 나도 그런 부류의 사람들이 아니었다. 그래서 우리는 처음 만나자마자 마치 가족을 만난 것처럼 느꼈다. 아마도 둘 다 가난한 집안 출신이었기 때문인지도 모른다. 우리는 출신 성분이 가하는 제약 이상을 성취하기를 원했고 어려운 삶을 살아가는 사람들을 돕고 싶다는 생각을 끊임없이 하고 있었다.

조는 이 동영상을 보고 헤드폰과 스피커 브랜드를 론칭해서 동영상에서처럼 그 판매 수익금으로 가난한 사람들의 청각 보조 기구를 지원하자는 나의 구상에 귀를 기울였다. 실현된다면 세계 최초로 사회적 선을 추구하는 전자 회사가 될 터였다. 그는 즉각 내 생각에 동의했다. 나는 회사에 사직서를 제출하고 유니버설 뮤직 그룹에 근무하면서 모아 온 퇴직연금을 받았다. 그때까지 누적된 연금은 고작 5,000달러였다(슈퍼스타들과 일해 왔다고 해서 나의 은행 잔고가 슈퍼스타들의 그것과 같다는 의미는 결코 아니라는 사실이 입증됐다).

우리는 아무런 사업 계획이나 중국 전자 산업이 어떻게 돌아가는지에 대한 사전 지식도 전혀 없는 상태에서 굳게 결의하고 새로운 사회적 기업 LSTN, 즉 '리슨'의 상품 제조업자를 찾기 위해서 중국행 비행기에 몸을 실었다. 우리는 내 아파트 주방에 구매할 수 있을 만큼의 물품을 사서 채우고 동네 마이클스 공예품점에서 구매한 상자로 헤드폰 포장을 직접 손으로 만들었다. 또 웹사이트 하나를 엉성하게 제작했다. 그렇게 할 수 있는 최선을 다해서 노력했고 최대한 간절하게 기도했다.

불과 4년 후, 우리의 상품을 애플에 30억 달러에 팔았다.

절대 농담이 아니다. 우리는 닥터 드레Dr. Dre(음악 프로듀서)가 아니다. 이것은 헤드폰을 팔아서 수십억 달러를 모은 가난뱅이의 자수성가에 관한 이야기가 아니다.

대신 다른 종류의 자수성가에 관한 이야기다.

슬론의 동영상을 처음 보고 나서 비슷한 일을 시각화한 지 정확하게 거의 1년 후, 조와 나는 페루 피우라의 한 체육관에서 마리아라는 어린 소녀를 만났다. 페루 전역에서 어려운 환경에서 살면서 먼 길을 한걸음에 달려온 그곳에 모인 수백 명의 다른 이들과 마찬가지로 그녀는 난생처음 들을 수 있다는 희망을 품고 그곳에 왔다. 이날은 우리 회사의 자선사업 파트너사인 스타키 청각 재단과 공동으로 자원봉사를 시작한 첫 번째 날이었다. 우리

부스가 가장 마지막 부스로, 이곳은 청각 보조 장치를 맞추고 테스트하는 곳이었기 때문에 특별히 감정이 고조돼 있었다. 긴장과 불안, 희망으로 가득한 마리아가 우리 앞에 놓인 딱딱한 플라스틱 의자에 앉았다. 청각 보조 장치를 끼워 주는 일을 담당했던 내가 마리아의 두 귀에 차례로 각각의 장치를 부드럽게 밀어 넣었다.

그다음에 일어난 일은 감정이 폭발해서 2차원의 종이 위에는 전부 설명할 수 없을 만큼 인생에서 몇 번 없는 순간 중 하나였다.

마리아의 두 눈이 휘둥그레지더니 순수한 경이로움을 경험한 듯한 감정이 얼굴 전체에 퍼졌다. 그녀의 경이로운 즐거움이 진실의 순간을 말해 줬다. 마리아가 드디어 소리를 들을 수 있게 된 것이었다.

안도감으로 바닥에 털썩 주저앉은 마리아의 부모님 얼굴에서 눈물이 흘러내렸다. 극도로 감동한 우리 역시 눈물을 흘렸다. 헛된 망상처럼 시작됐던 우리의 구상은 이제까지 경험해 보지 못한 기적에 가까운 일로 현실이 됐다.

이 일이 가능했던 것은 시간이 갈수록 나의 꿈이 진화하고 성장했기 때문이다.

나의 꿈처럼 당신의 목표도 돌에 새겨진 것이 아니다. 당신의 목표는 나이가 들면서 바뀔 것이고 새로운 것을 발견하게 될 것이고 새로운 사람들을 만나게 될 것이다. 그리고 그것은 결코 문제가 되지 않는다. 수년 혹은 수십 년간 하나의 목표를 향해 달려온 후, 당신이 할 수 있는 것을 다 이루었다거나 혹은 그것이 기대했던 것과 다름을 깨달을 수도 있다. 혹은 그것이 과거와 달리 더 이상 당신의 흥미를 끌지 못한다는 사실을 깨달을지도 모른다.

그러한 감정에 적절히 대응해야 한다. 경로를 바꾸는 것이 위험한 것처럼 느껴지거나 더 이상 옳은 일이 아니라고 여겨질 때조차도 기존의 관계, 사업, 직업을 그대로 유지하는 것이 훨씬 더 위험하다. 하지만 대부분은 늘 그렇게 살아간다. 그들은 황금 수갑에 결박된 채, 훗날 그들이 즐길 수 있다는 보장이 없는 혜택을 받는 대가로 수년간의 끔찍한 삶을 산다. 또는 늘 거기까지 오는 과정에 자신이 투자한 노력과 시간을 되돌아보고 그 시간과 노력이 휴지 조각이 되는 꼴을 지켜보는 것을 견딜 수 없어 한다. 아니면 그들은 뭔가 새로운 것을 시작하는 도전을 두려워한다.

사람들은 자신이 얻게 될 것보다는 잃게 될 것을 떠올리기 쉬우므로 이런 두려움을 느낀다. 그들은 기회비용을 생각하지 못한다. 즉 현재 상태를 그대로 유지한다면 그들은 수년 동안 경험할수도 있는 즐거움, 성취감, 성장 등을 포기하는 셈이다. 내가 사랑하는 어떤 것을 하면서 보내는 최악의 날이 내가 혐오하는 일을 하면서 보내는 최고의 날보다 더 낫다.

그러므로 당신의 비전이 변화하는 것에 대한 두려움을 갖지 마

라. 경로를 바꾼다고 해서 이전에 당신이 기울인 노력이 모두 무가 되는 것은 아니다. 그 노력들이 지금의 당신을 있게 했고 여기까지 끌고 온 것이다. 그러한 경험들은 늘 당신 역사의 한 부분을 이루고 있을 것이며 당신의 남은 인생에도 계속해서 영향을 미칠 것이다. 당신은 자신이 그러한 일들을 했다는 사실을 아는 것에서 위안을 삼을 것이다. 비록 더 이상 그것들을 하지 않게 된다 하더라도 애초에 당신이 그 일들을 했다는 사실을 절대 후회하지 않을 것이다.

꿈을 좇아 행동해야 하는 이유

사전경고: 우리가 사회적 기업을 출범시키고 성장시킨 과정은 커다란 성취감과 더불어 엄청난 좌절감을 수차례 경험해야 하는 거칠고 힘든 길이었다. 그러나 무엇을 성취하고 싶은지에 대한 목표가 뚜렷했기 때문에 우리는 그 롤러코스터와 같은 시간을 견뎌 낼 수 있었다.

아마존, 스포티파이, 페이스북과 같은 거대 기업들이 우리 회사가 진행하는 자선활동 프로그램에서 가치를 확인하기 시작하면서 회사의 대중적 인지도가 급상승했다. 우리는 구글이나 델타항공이 진행하는 광고에 등장했다. 또한 〈투데이쇼〉, 〈굿모닝 아메리카〉, 〈뉴욕타임스〉 등과의 인터뷰도 진행했다. 그뿐만 아니라 역대 미국 대통령들과 킴 카다시안으로부터 편지도 받았다. 미국 홈쇼핑 채널 QVC에서도 우리 상품을 판매했다. 어떤 사람들은 자신의 몸에 우리 제품을 문신으로 새기기도 했다(사실 그럴 필요까지 있나 하는 생각이 드는 아이디어였지만). 이전에는 내가 꿈을 좇아서 따라갔다면, 이제 내 꿈이 나를 따라오는 것 같았다.

나는 〈포브스The Forbes〉와 〈잉크 매거진Inc. Magazine〉에 30세 이하 30인 명단에 올랐을 때 정말 깜짝 놀랐다. 30달러가 채 안 되는 현금을 보유한 30인이 아닌 이상 30인에 뽑힐 이유가 전혀 없었기 때문이다. 내가 살면서 다양한 분야에서 만났던 사람들이 연락해서 이렇게 말했다.

"너 잘나가고 있구나. 사실 고등학교 이후론 연락한 적 없지만 말이야, 혹시 돈 좀 빌릴 수 있을까?"

"아니, 빌려줄 돈이 없는데."

사실 나는 아직도 자동차에 연료를 채우기 전에 은행 잔고를 확인해야 할 정도로 돈이 없다. 많은 스타트업 창업자가 너무나 잘 알듯이 회사의 장부상 가치와 실제 회사가 소유한 자산 사이에는 엄청난 괴리가 있다. 무려 수천만 달러의 차이가 난다. 우리는 살아남았고 행복했지만 수익으로 가져가는 돈보다 자선사업 파트너에 기부하는 돈이 훨씬 더 많았다. 우리는 우주에서 가장 유명한 브랜드가 되지도 못했고 엄청난 자본을 모으거나 글로벌 대기업에 매각되지도 않았다.

하지만 그런 것들은 우리가 우간다로 향하는 비행기에서 다짐했던 목표가 아니었다. 이 특별한 날, 우리는 오전 6시부터 오후 11시까지 9일 연속으로 진행된 전도 활동을 위해서 전쟁으로 폐허가 된 우간다 굴루에 있는 시스터 로즈마리 여학교를 방문하고 있었다.

조와 나는 찌는 듯한 더위 속에서 먼지가 뽀얗게 쌓인 플라스틱 의자에 앉아서 스타키 테크놀로지스의 창업자이자 자수성가한 억만장자 빌 오스틴과 식사를 하고 있었다. 나는 28살이었고 그는 73살이었지만 하루 종일 나보다 훨씬 더 활력 넘치게 뛰어다녔다. 그날은 특히 힘든 날이었다. 환자들의 나이가 대체로 8살 미만이었지만 그들은 이미 반군 사령관 조지프 코니의 로드스 레지스탕스 아미가 만들어 낸 끔찍한 시기를 겪었다. 그들은 팔다리를 잃었고 가족들이 살해당하는 모습을 지켜봤다. 그 아이들의 소중한 유년 시절은 다시 돌아오지 않는다. 그날의 분위기는 너무 암울했다.

그전까지 나는 이런 비슷한 장면을 텔레비전에서나 봤지, 실제로 이러한 장면을 마주할 준비가 되어 있지 않았다. 그 모습은 나의 영혼을 완전히 흔들어 놨고 정신적 육체적으로 지쳤다.

마음이 나약해지려는 순간 빌에게 물었다. 마음만 먹으면 뭐든지 할 수 있음에도 이런 오지까지 달려와서 다른 사람을 돕는 데 자신의 모든 시간을 쏟는 이유가 무엇인지, 왜 휴가나 즐기면서 마사지나 받고 몇 달간 보라보라의 아쿠아 비치에서 초가지붕 아래 누워 테킬라나 마시면서 유유자적 시간을 보내지 않는 이유가 무엇인지를.

그는 답했다. 그리고 그의 답은 이후 내 삶을 떠나지 않고 계속해서 맴돌았다.

"언제든 더 많은 돈을 버는 것은 가능하지만 더 많은 시간을 내는 것을 결코 할 수 없죠."

그는 할 수 있는 한 더 많은 사람의 인생을 바꾸기 위해서 시간과의 싸움을 하고 있는 것이라고 설명했다. 그리고 덤으로 대다수가 절대 경험할 수 없는 이 세상의 구석구석을 보게 됐다는 설명도 덧붙였다. 그것이 빌 오스틴의 나침반이었다. 그는 자신에게 남겨진 시간을 이 목표를 달성하는 데 사용하는 것으로 자신의 이상적인 삶을 실현하고 있었다.

그의 답은 우리가 꿈을 따라야 하는 동기를 더욱 강화시켜 줬다. 우리는 빌 오스틴만큼 많은 금전적인 부를 축적할 수 없을지는 몰라도 스스로 경험 부자라고 생각한다고 답했다. 그는 의도

된 농담에 호탕하게 웃으면서 우리가 앞으로 해야 할 일이 있다고 말했다. 그의 말에 체력은 바닥났지만 곧 충분한 동기를 부여받았다. 그리고 이후 6년 동안 빌 오스틴과 스타키 청각 재단과 전 세계를 돌아다니면서 자선 프로그램을 진행했으며 전 세계 5만 명이 넘는 사람들에게 청력이라는 선물을 안겼다. 음악 혹은 빗소리를 듣거나 누군가 "당신을 사랑해요."라고 말하는 것을 처음으로 들었을 때, 아이들의 눈이 밝게 빛나는 모습을 지켜본 후 내 삶과 내가 세상을 바라보는 방식이 영원히 바뀌었다고 말하는 것만으로는 그 순간의 경험을 충분히 설명하기에 부족하다.

---------------- ✴ 활동 ✴ ----------------

당신의 미래를 그려 보라

1. 다시 당신의 보물 지도를 본다. 이 장에서 읽은 것을 바탕으로 눈에 띄는 변화를 발견했는가? 더하거나 바꾸고 싶은 것이 있는가? 만일 아직 발견하지 못했다면, 당신의 나침반을 나타내는 단어를 1개 혹은 2개로 지도 맨 위에 기록한다. 일반적 사례로는 '가족', '여행', '외부 활동', '평화 찾기' 혹은 '새로운 기술 습득'을 꼽을 수 있다. 경로에서 이탈한 것 같을 때는 당신의 나침반을 기억하라.

2. 당신의 보물 지도에서 가장 크고 가장 야심 찬 꿈에 집중한다. 두 눈을 감고 최대한 상세하게 자신의 꿈을 그려 본다. 예를 들어 사업을 시작하고 싶어 한다고 가정하자. 레스토랑을 개업하는 것인가? 부티크 옷 가게를 여는 것인가? 아니면 디자인 대행사? 뭐가 됐든 좋다. 그 일을 하는 것을 상상한다. 사업체의 위치는 어디가 가장 좋을까? 당신이 꿈꾸는 삶 속에서 하루를 시작하는 자신의 모습을 상상할 수 있는가? 당신의 하루 일과는 어떤 모습인가? 무엇을 듣고 보고 느끼고 무슨 냄새를 맡고 어떤 맛을 느끼는가? 당신이 경험하는 감정은 무엇인가?

3. 그러고 나서 그 꿈을 이루기 위해 조처하지 않는다면 어떤 일이 일어날지를 상상한다. 당신은 꿈을 상상만 하면서 지금 있는 그 자리에 그대로 있을 것이고 이는 상황을 더욱 악화시킬 것이다. 왜냐하면 그 꿈을 이루었을 때 어떤 기분일지 알기 때문이다. 당신의 꿈을 따라가지 않는다면 나중에 벌어질 최악의 시나리오를 상상한다. 꿈을 따르지 않기로 했을 때 보내게 될 하루를 당신이 꿈꾸는 삶에서 상상했던 하루만큼 최대한 상세하게 상상해 본다.

4. 당신이 상상한 것을 기록한다. 이 꿈에 대한 집중력을 잃었을 때, 당신이 메모한 내용을 다시 확인하고 그것을 다시 상상해 본다.

5. 만일 당신의 꿈을 이루는 과정이 어떤 모습일지 잘 알 수 없다면(선택), 다른 사람들의 사례에서 실마리를 찾는다. 당신의 꿈이 킬리만자로 등반인데 이 산의 등반에 성공한 사람을 전혀 알지 못하는가? 당신이 살고 있는 지역에 비영리단체를 세우는 것이 꿈이지만 자선단체에서 근무하는 사람을 알지 못하는가? 이제 새로운 멘토와 의논할 시간이다. 유튜브와 책을 통해서 새로운 멘토를 찾아본다. 당신보다 먼저 그 일을 한 사람들의 경험담을 들어 보고 그들은 꿈을 이루기 위해서 어떻게 했는지를 메모하고 그들에게 도움을 청해 본다. 사람들이 당신이 꿈을 이루는 데 얼마나 기꺼이 도움의 손길을 내미는지를 확인하면 아마도 상당히 놀라게 될 것이다.

참고: ExperientialBillionaire.com에 방문하면, 무료 경험 가이드와 더불어 이 연습의 확장된 버전을 다운로드 및 인쇄할 수 있다.

2부

길을 찾아라

자신을 절제하는 힘을 지닌 사람이
가장 강한 사람이다.

-세네카Seneca

제3장

꿈만으로는
아무것도 할 수 없다

조 허프 이야기

"유감이지만 널 퇴학 처분하기로 했단다."

9월 중순 어느 날 아침 9시 15분, 1교시가 반쯤 흐른 시간이었다. 다른 애들은 지난 2주간과 똑같은 모습을 하고 있다. 하지만 나는 고등학교 2학년에 등록하기 위해서 방금 막 학교에 왔다. 무려 2주나 늦게.

담당 상담사는 퇴학은 더 이상 내게 옵션이 아니라고 분명하게 말했다. 짧은 머뭇거림 끝에 그녀는 당혹감보다는 안타까움 혹은 단순히 슬픈 표정으로 나를 바라다보다가 갑자기 일어나서 내게 집으로 돌아가라고 말했다.

그것은 아버지가 심장 이식을 받으시기 몇 해 전의 일이었다. 나는 내 행동의 잠재적 결과에 대해 전혀 알지 못했고 부모님 역시도 나의 일탈을 알지 못하셨다. 그때까지 나는 무수히 많은 잘못된 행동들에 대한 책임을 회피하기 위해서 그럴싸한 핑곗거리를 차곡차곡 쌓아 왔다. 그 핑계들은 내가 나의 삶을 송두리째 바꾸어 놓은 마약에 푹 빠져 있었을 때까지는 상당히 유용했다.

나의 마약 중독은 처음에는 겉으로 보기에 아무런 해가 없는 아주 사소한 행동에서 시작됐다. 불행하게도 나의 일탈이 학교에서 친구들하고 몰래 마리화나를 피우던 때로부터 새벽 3시에 훔친 부모님의 차를 몰고 코카인 거래소에 가서 50달러어치의 코카인을 사려고 엄마의 결혼반지를 팔아 치우기까지 고작 2년여 정도밖에는 걸리지 않았다. 그것은 내가 잊고 싶은 경험 중 하나다. 그러나 이 이야기는 마약에 관한 것이 아니다. 그것은 핑계에 관한 이야기다. 핑계 대기는 내가 끝내주게 잘했던 일이었다.

나는 핑계를 잘 대면 야단맞지 않을 수 있다고 믿었다. 그것은 그 시점까지는 정말로 유용했다. 하지만 핑계들은 내가 언젠가 갚아야 하는 막대한 부채만을 쌓고 있었을 뿐이다. 그 빚을 갚아야 할 그날은 결국 오고 말았다. 집 안으로 걸어 들어갈 때 나는 퇴학을 당했다는 사실을 합리화할 수 있는 핑곗거리가 단 하나도 생각나지 않았다.

지금쯤 당신은 "네 부모는 어디에 있었니?"라거나 "네가 이 지경에 이를 때까지 부모님은 아무것도 모르고 계셨냐?"라며 의아해할지 모른다. 물론 부모님은 진심으로 최선을 다하셨다. 그러나 내가 살던 지역의 많은 다른 부모님과 마찬가지로 그들은 하루 종일 일을 해야 했고 내가 무심한 형들의 감시를 받으면서 집에서 잘 지내리라고 믿으셨다. 그 당시엔 그것이 일반적인 일이었다. 적어도 내 고향에서는 그랬다. 그리고 그러한 방식이 대체로 별문제가 없었다.

그날 퇴학 소식을 전하면서 나는 부모님의 얼굴에서 하늘이 무너지는 듯한 실망감을 발견했다. 그 모습을 절대 잊을 수 없다. 엄마는 눈물을 흘리셨고 아버지는 아무런 말씀을 하지 않으셨다. 그들은 자녀들을 부양하기 위해서 혼신의 힘을 다해 일하셨고 나의 형들은 학교를 졸업하고 독립적인 성인이 됐다. 내 인생의 대부분에서 학교가 문제가 됐던 적은 없었다. 나는 늘 집에 훌륭한 성적표를 가져왔다. 하지만 2학년이 되면서 상황은 바뀌었다. 나는 성적이 떨어진 것을 성적표 위조나 다른 거짓말로 감췄다. 짐작하겠지만 내 마음속에서는 핑계로 그 거짓들을 정당화시켰다.

그때가 이후 내 삶의 길잡이가 된 근본적인 진실을 깨달았던 순간이었다. 핑계는 중요하지 않다. 핑계는 아무것도 개선해 주지 않는다. 핑계는 오히려 진정으로 원하고 필요로 하는 것으로부터 멀어지게 할 뿐이다. 핑계는 문제를 해결하기보다는 해결해야 하는 순간을 지연하는 것뿐이다.

그렇게 지연하면 나와 친구들이 꿈꾸던 미래, 즉 우리가 TV로 본 그런 부유한 삶으로 언젠가 도착하리라 믿었다. 비싼 차, 호화로운 휴가, 값비싼 저녁 식사를 즐기는 그런 삶으로. 그러나 나는 그 핑계 때문에 내 삶이 감옥, 실업, 재활 기관, 건강 문제, 재정적 불안정으로 얼룩질 것임을 갑작스럽게 깨달았다.

나는 그런 삶을 살고 싶지 않았다. 반항아가 되는 것이 정말 쿨

한 일이라고 여겼던 탓에 스스로의 삶을 망치고 있다는 생각을 하지 못했던 것 같다. 그래서 나는 스스로에게 아주 힘든 질문을 해야 했다. 어쩌면 이제까지 내가 했던 질문 중 가장 어려운 질문이었을지 모른다.

'만일 내가 핑계 대는 것을 멈추고 하나뿐인 내 삶에 대한 책임을 진다면 무슨 일이 일어날까?'

과연 실수를 딛고 일어나서 내 미래를 구원할 수 있을까? 이런 의문만으로도 최선의 노력을 기울여 볼 만한 가치가 있었다.

우선 약물 사용을 중단하기 위해 도움을 받아야 했다. 다행히 나는 친구, 가족, 전문가에게서 도움을 받을 수 있었다. 특히 나 때문에 고통스러운 불면의 밤을 무수히 견뎌 내야 했던 어머니는 무한한 지지와 무조건적인 사랑을 보여 주셨다. 마약을 중단하는 것은 길고 험난한 길이었다. 그러나 다시 올바른 길로 되돌아가고 훨씬 더 큰 장애물을 극복하기 위해서, 즉 고등학교 졸업 문제를 해결하기 위해서 꼭 필요한 과정이었다.

퇴학 처분을 받았지만 여전히 대안학교에는 등록할 수 있었다. 내가 살던 지역에서 대안학교는 주로 고졸 학력 인증서 취득이나 정규 교육기관 중퇴를 위한 선택지로 활용되었다. 그러나 이론적으로 고등학교 1학년, 2학년 교육과정을 1년 안에 줄여서 마칠 수 있다면 다시 일반 고등학교 3학년으로 재입학해서 같은 학번 동기들과 제때 졸업이 가능했다. 어렵지 않을까? 그렇다. 어려운 일이었다. 가능할까? 어쩌면 가능할 수도 있다.

나는 이 일을 해내기 위해서 모든 노력을 기울였다. 모든 교과서를 빛의 속도로 읽었다. 그해 대부분의 시간을 매일 시험을 치르는 데 썼다. 단 하루도 학교에 결석하지 않았다. 핑계를 대는 대신 계획과 목표를 세웠다.

아무도 믿지 않았지만(나를 포함해서) 나의 노력은 결실을 거뒀다. 마침내 일반 고등학교에 3학년으로 복학할 수 있었으니까. 나는 고등학교를 졸업했고 이로써 힘든 상황을 극복할 수 있는 능력이 있음을 친구들과 내가 속한 공동체와 부모님 무엇보다 소중한 나 자신에게 입증해 보였다. 핑계 대는 습관을 끊어 냄으로써 어려운 일을 해낼 수 있었다.

나는 핑계 뒤에 숨지 않을 것이고 내 인생이 망가지게 버려두지 않을 것이었다. 내가 고등학교를 졸업했다는 사실이 그리 중요한 일처럼 들리지 않을지 모른다. 하지만 나에게 그것은 예일대학을를 수석 졸업하는 것이나 마찬가지였다.

여기서 내가 얻은 교훈은 간단하다. 당신은 자신의 삶을 통제할 수 있는 힘을 갖고 있다는 것. 그 힘은 당신이 인지하는 것보다 혹은 때때로 당신이 인정하고 싶은 것보다 훨씬 더 대단하다. 물론 세상에는 통제 밖에 있는 일들이 무수히 많다. 하지만 당신의 행동에 대한 선택권은 늘 당신이 쥐고 있다.

대체로 길을 막는 것은 우리의 내적 목소리다. 우리는 자기 자신에게 할 수 없는 것에 대해 이야기하고 스스로 탓하는 대신 다른 사람, 경제, 세상을 탓한다. 할 수 있지만 하지 않기로 한 것을 인정하는 것보다 핑계를 대는 게 더 쉽다.

정정: 그 순간에는 더 쉽지만 장기적으로 보면 핑계를 대는 것은 문제를 더욱 복잡하게 만들고 당신의 가능성을 제한한다.

고등학교 2학년 때 나는 공부하지 않거나 학교에 결석하곤 했다. 그리고 그러한 선택의 책임을 나를 제외한 모든 것, 다른 모든 이에게 돌렸다. 그 행동이 행동의 결과로부터 나를 보호해 주지 않았듯이 핑계도 당신을 보호해 주지 않을 것이다. 그 사실을 깨달을 때 비로소 당신은 미루거나 불만을 토로하기를 중단하고 소중한 당신의 삶에 대해 철저하게 책임을 지기 시작할 것이다. 그러지 않으면 아무도 당신의 삶을 책임져 주지 않을 테니까.

그러면 당신의 핑계는 무엇인가? 여기 단골손님처럼 등장하는 대표적인 핑계를 소개한다.

"전 돈이 없어요."

"시간이 없어서요."

"실패가 두려워서 그럽니다."

"그걸 할 시간이 없었습니다."

꽤 친숙하지 않은가? 아마도 그럴 것이다. 이는 전 세계 2만 명이상이 참여한 '삶의 경험 설문조사'에서 하고 싶지만 하지 못한이유를 물었을 때 응답자가 가장 많이 내놓은 답변들이다. 우리는 삶에서 진정으로 원하지만 그것을 실천에 옮기는 것을 미루는행동을 정당화하는 데 이러한 핑계들을 사용한다. 이 답변들은핑계라는 동일한 질병의 다양한 변주에 불과하다.

그러니 외면하고 싶은 문제, 즉 돈과 시간 문제부터 해결하자.돈과 시간에 관한 핑계들은 떨쳐 버리고 앞길에 놓인 장애물을 치우자. 이 문제들은 진정으로 원하는 삶으로부터 당신을 멀어지게할 뿐이다. 이 장에 소개된 이야기들은 그러한 진실을 뒷받침하는 증거이며 이 장 끝부분에서 하게 되는 활동은 핑계를 대는 짓을 중단하고 미래를 위한 실제 계획을 세우는 행동으로 바꾸는 방법에 대해 알려 줄 것이다. 반드시 계획을 세워야 한다. 영감을 받는 것도 멋진 일이지만 실행은 경험 부자의 삶을 꿈만 꾸는 것과실제로 그런 삶을 사는 것 사이에 차이를 만들 것이다.

'돈 문제' 극복하기

나는 27살에 개인파산을 신청했다.

여러분은 고등학교를 졸업하고 난 후 삶의 모든 일이 마술처럼 술술 풀리는 동화 같은 이야기가 아니었다는 사실에 충격을 받았을 것이다. 나는 핑계를 대는 것에 대한 교훈을 얻었고 아버지의 건강 문제로 긴박감을 느꼈으며 내 삶을 최대한 활용하게 되었다. 그러나 나는 이후에도 실수를 저질렀고 그해에도 많은 실수가 더해져서 재정적 재앙을 일으켰다.

나는 직장에서 해외로 보내는 재활용 자재 더미들에 대한 품질 관리 임무를 수행하면서 돌아다녔다. 그것은 그냥 듣는 것만큼이나 실제로도 근사한 일이었다. 꽤 많은 봉급을 받았고 시간도 탄력적으로 쓸 수 있었다. 그러나 나는 계약직으로 근무했고 이는 내가 직접 세금을 내야 한다는 의미였다. 하지만 당시 나는 세금 신고에 소홀했다. 3년이 지난 후에야 비로소 장기적으로는 세금을 신고하는 것이 올바른 전략임을 깨닫고 밀린 세금을 처리하기로 마음먹었다.

계속해서 좋은 결정을 내렸던 기록을 끊고 싶지 않았던 나는 세금 신고를 대신해 줄 타투 토니라는 사람을 고용했다(예상대로 그는 엄청나게 많은 문신을 하고 있었다). 나는 나의 모든 수익을 인정하고 그것을 IRS(국세청)에 신고한 후 곧 그것에 대해 까맣게 잊어버렸다. 이후 IRS가 나를 감사 대상으로 생각한다는 사실을 뒤늦게 깨달았다. 그걸 소위 소 잃고 외양간 고친다고 하는 것이다.

감사 통지를 받은 것은 모든 세금 신고 양식을 작성해서 보낸 지 약 1년 뒤였다. 감사를 받는 일이 달가울 리 없지만 어쨌든 나에게 아무 일도 없는 것인지 파악해야만 했다. 결국 내 세금 신고를 한 사람은 타투 토니였다. 무슨 일이 잘못된 것일까? 감사를 받게 된 것은 타투 토니가 신고를 하는 과정에서 사무적인 오류를 몇 가지 범했기 때문이었다. 하지만 일단 국세청 직원들은 감사를 시작하고 지난 3년의 기록뿐 아니라 그 이상을 들여다보고 싶어 했다. 나는 그들이 원하는 증빙서류를 제시할 수 없었다. 국세청 입장에서 증빙서류가 없다는 것은 세금을 내지 않았다는 뜻이고 이는 내가 엄청난 세금과 벌금을 내야 한다는 것을 의미했다.

세금을 낼 수 있었을지 모르지만 하필 그 시기에 지역 산악 지대로 1박짜리 야간 스노보딩 여행 중이었다. 또 공교롭게도 블랙 아이스 위에서 내가 탄 차량이 미끄러져서 완전히 박살이 났다. 게다가 불행하게도 이틀 전 실수로 자동차 보험이 만료된 상태였다. 안 그래도 이미 불안 불안했던 나의 재정 상태에 그 사고는 결정타가 됐고 모든 것이 한꺼번에 와르르 무너졌다.

나는 마지막 필사의 조치를 고려하고 있었다. 바로 개인파산이었다. 한번 신청하면 나의 재정 상태와 신용을 완전히 회복하는 데 무려 10년 정도가 걸린다. 채무를 변제하고 신용점수를 쌓으려면 10년간 열심히 돈을 벌면서 극도로 절약하는 삶을 살아야 한다. 파산 전문가를 찾아갔다. 그는 내게 파산을 신청하는 데 2,500달러의 수수료가 필요하다고 차분하게 설명했다. 그의 말을 듣자 이미 쓰러진 상태에서 엉덩이까지 걷어차인 것 같은 기분이 들었다. 하지만 수확도 하나 있었다. 바로 스탠드업 코미디 공연 해서 써먹을 수 있는 대사 하나를 얻었다는 것이다.

"이제 파산하고 싶다고 말하고 돌아다녔는데, 젠장, 파산할 돈이 없네요."

적은 비용으로도 할 수 있는 건 많다

나는 완전히 파산했다. 파산은 아무것도 하지 않아도 되는 완벽한 핑곗거리였다. 하지만 나는 이미 핑계를 대는 행위의 결과에 관해 너무나 잘 알고 있었다.

대신 나는 내가 할 수 있는 것에 집중했다. 매일 아침 해가 뜨면 산타모니카산을 하이킹하기 시작했다. 일하는 시간 사이에 집으로 돌아와 자신을 골든레트리버라고 생각하는 180파운드짜리 로트와일러 구조견 코디베어와 함께 할리우드 힐스의 나무로 덮인 구불구불한 길을 스케이트보드를 타고 누볐다. 그리고 나는 매일 밤 일기를 쓰기 시작하면서 장문 글쓰기에 진지하게 관심을 갖게 되었다.

무일푼이라는 사실이 내가 해야 할 일을 미루는 핑계가 될 수는 없었다. 어떤 원대한 목표를 달성할 수 있을 만큼 충분한 돈을 모을 때까지 내 삶을 볼모로 잡거나 기다리지 않기로 했다. 당시 갖고 있는 쥐꼬리만 한 돈(무일푼)으로 할 수 있는 일을 했다.

오늘까지 그것들은 내가 이제껏 경험한 것 중에서 가장 가치 있는 경험이 됐다. 이른 아침 하이킹은 내게 하루를 파이팅 넘치게 시작할 수 있는 힘을 주었다(그것은 내 삶을 재건하는 힘든 싸움을 하기 위해서 꼭 필요한 것이었다). 그뿐만 아니라 훌륭한 몸을 만드는 데도 도움을 주었다. 스케이트보딩은 고도의 집중력을 요구했다. 아름다운 경치 속에 함께 있다는 것만으로도 힐링이 되는 내 반려견과 밖에 있다는 것 이외에도 마음을 평온하게 하는 방법으로서 치료 효과도 높았다.

일기 쓰기는 정화작용의 효과가 있었으며 힘든 시기를 헤쳐 나가는 데도 도움이 됐다. 당시 그러한 활동들이 나의 순자산을 증가시키는 데 직접적으로 기여하지는 않았다. 하지만 내가 정신적, 육체적으로 성장하는 데 도움을 주었으며 이것이 나를 기다리고 있을지 모르는 난관에 대처하는 데 도움이 될 걸 나는 알았다. 그래서 나는 그러한 활동 모두를 진심으로 즐겼으며 그러한 건강한 습관을 들이면서 알찬 시간을 보냈다.

아시다시피 빈 지갑이란 달갑지 않은 것이다. 내야 할 돈을 내지 못할 때 따라오는 특별한 유형의 스트레스가 있다. 돈은 분명 당신의 행복에 영향을 미친다. 돈이 있어야 잘 먹을 수 있고 자녀들을 교육시킬 수 있으며 자동차에 연료를 넣을 수 있고 병원 진료를 받을 수 있다. 다시 말해 돈은 삶에서 중차대한 일들을 해결해 준다.

즉, 돈은 수단이지 목적은 아니다. 부는 우리가 느끼는 행복의 정도에 작으나마 영향을 미칠 수는 있지만 부를 추구하는 것 자체가 행복을 가져다주지는 않는다. 가장 중요한 것은 경험이 풍부한 삶을 살기 위해서 반드시 많은 돈을 가지고 있을 필요는 없다는 점이다. 가장 기억에 남고 가치 있는 경험 중 몇몇은 완전히 파산했을 때 실천했던 것들이다.

마치 내가 당신을 회유하는 것처럼 들릴 것이다. 하지만 오해는 하지 말기를 바란다. 만일 누군가가 나에게 "당신은 사파리에 갈 필요가 없으니 대신 동물원에나 가라."라고 말한다면 아마도 그 사람의 얼굴에 주먹을 날릴지 모른다. 나는 분명 크고 많은 돈을 주고 할 수 있는 경험들이 가장 멋진 경험일 수 있다는 것과 그런 경험을 하기 위한 방법들을 찾아서 계획하고 달성해야 함을 분명히 알고 있다. 예를 들어 르완다에서 고릴라 트래킹을 하려면 많은 돈이 필요했다. 그것을 달성하기 위해서는 계획을 세우고 돈을 모으는 데 오랜 시간이 걸렸다. 그러나 그것은 정말 어디에도 견줄 수 없는 멋진 경험이었던 것을 부인할 수 없다.

그렇다고 해서 돈이 많이 드는 버킷리스트를 만드는 것이 올바른 시작점이라고 말하는 것은 아니다. 그저 소파에 앉아서 그러한 마술과 같은 멋진 경험이 가능해질 때를 끝없이 기다리면서 인생을 낭비할 수도 있다. 그러한 함정에 빠지지 말아야 한다. 앞으로 나아가는 방법이란 당신이 할 수 있는 범위 안에서 가능한 것을 하는 것이다. 공짜 혹은 적은 비용으로 할 수 있는 것들을 열심히 찾아보라. 한편으로는 미래에 할 수 있는 값비싼 경험들에 대해서 계획을 세우는 것을 시작할 수도 있다. 돈이 많이 드는 근사한 것들을 그저 앉아서 기다리지 마라. 왜냐하면 만일 그렇게 한다면 나중에 굉장한 가치를 지니게 될, 일상에서 할 수 있는 쉬운 것들을 모두 놓칠지도 모르기 때문이다. 오스카 와일드는 다음과 같이 말했다.

"자신의 분수에 맞는 삶만을 사는 사람은 상상력 부재에 시달린다."

예를 들어 미국 국립공원 입장료는 얼마인가? 35달러다. 그럼, 켄터키주 버번 트레일(켄터키주 버번위스키 산업을 홍보하기 위해 켄터키 증류소 협회가 후원하는 프로그램)의 참가비는 얼마인가? 20달러다. 매사추세츠 마서스 비니어드섬까지 가는 페리 탑승료는? 17달러다. 캘리포니아의 게티 센터 입장료는 얼마인가? 15달러다. 네바다주 후버댐 입장료는? 10달러다. 전 세계 수백 개가 넘는 유명 박물관의 입장료는? 주차비만 내면 된다. 가족을 위한 멋진 인도식 저녁식사를 만드는 법은 유튜브에서 공짜로 차근차근 알려 준다. 하이킹은 아무 데서나 무료로 즐길 수 있다. 조금만 창의적으로 생각하고 자신이 거주하고 있는 지역을 둘러보면 적은 비용으로 즐길 수 있는 값비싼 경험들이 무수히 많다는 사실을 확인하게 될 것이다.

경험이 돈벌이가 될 수 있다

만약 돈이 가장 큰 장애물이라면 잘된 일이다. 지금만큼 부업이나 소규모 사업을 시작하기에 좋은 기회는 없다. 그리고 그것이 가장 가치 있는 경험 중 하나가 될 수 있다.

만일 당신이 귀중한 기술이나 자산을 갖거나 배울 수 있게 된다면, 돈을 벌 수 있다. 오늘날 그런 기술이나 자산을 입수하는 방법을 알려 주는 플랫폼들이 그 어느 때보다 많다. 남는 방이나 자동차, 도구나 장비, 심지어 주차 공간까지도 임대할 수 있다. 온라인 강좌를 만들 수 있고 개인지도를 할 수 있으며 프리랜서로서 당신의 기술을 팔 수도 있다. 온라인 숍을 시작해서 직접 만든 상품이나 다른 사람의 상품을 리셀할 수도 있다.

가장 좋은 점은 당신이 좋아하는 것을 찾아서 그 일을 하여 돈을 벌 수 있다는 점이다. 그러한 방식으로 다른 사람들과 함께 당신이 좋아하는 일을 공유하면서 그 일을 더욱 즐기면서 돈을 벌 수 있다.

파산 후 내가 그렇게 했다. 나는 계속해서 품질관리 일을 했고 식당과 술집에서 부업도 했지만 그것만으로는 충분하지 않았다. 그래서 사람들이 기꺼이 내게 돈을 지불하게 만들 수 있는 일이 또 뭐가 있을지를 궁리했다.

아무도 나에게 재정적 조언을 구하지는 않았지만 모두가 내게 피트니스에 대한 조언을 구했다. 어린 시절 내내 나는 작고 삐쩍 마른 몸을 가지고 있었다. 하지만 고등학교 졸업 이후 한 이웃이 내게 낡은 운동기구를 주면서 근육이 9킬로그램 정도가 증가했다. 나는 운동하는 것을 좋아해서 그 운동기구를 이사 가는 곳마다 가지고 갔다. 여기에 빡빡한 예산 안에서 먹는 것(참치 통조림과 구운 감자, 다들 친숙하지 않은가?)과 하이킹과 스케이트보드를 타는 것까지 합쳐지자 내 모습은 좀 더 날씬하고 건강하게 바뀌었다.

무일푼의 파산 상태였지만 나는 수중에 있던 몇백 달러를 싹싹 긁어모아서 자격증 과정을 듣고 내 차고 안에 페인트칠을 한 다음 바닥에 고무 매트를 깔고 벽에는 거울을 달았다. 그러고 나서 일반 체육관에 지불해야 하는 돈보다 살짝 싼 수강료만 받고 운동하는 법을 가르쳐 준다는 입소문을 냈다. 그 후 약 6개월 안에 나의 '자유 시간'을 포기하고 하루 두어 시간을 더 일하는 대신 연 소득은 2배가 증가했다.

나는 좋아하는 일을 하면서 재정 상태를 회복하는 중이었고 잃어버린 시간을 다시 되돌리는 중이었다.

그 가치는 거기서 멈추지 않았다. 그렇다. 나는 건강하고 행복하고 돈을 벌고 있었다. 하지만 이후 몇 년 동안, 체육 사업을 키우는 사이 일반적인 사업에 대해서 더 많은 것을 배웠다. 그리고 그것은 나중에 상당히 유용하다는 사실이 입증됐다. 내 고객 중 다수가 평생 친구가 됐다. 내 사적, 직업적 네트워크가 확대되면서 더 많은 사교적, 직업적 기회들이 생겼다.

돈보다 중요한 것

돈 자체는 가장 중요한 것이 아니다. 풍부한 경험을 쌓는다는 것이 경험에 돈을 쏟아붓고 그런 경험이 당신의 삶을 좀 더 의미 있게 만들어 주리라 기대하는 것을 의미하지는 않는다. 경험의 부를 쌓는다는 것은 마음가짐과 우선순위를 바꿔서 매일, 매 순간, 귀중한 경험을 할 수 있는 기회를 찾는 법을 배우는 것이다. 경험을 중심으로 삶의 방향을 바꾸면 엄청난 돈을 투자하지 않고도 거머쥘 수 있는 무수히 많은 기회가 눈에 들어오기 시작할 것이다.

당신이 물질적 부가 아닌 경험적 부라는 렌즈를 통해서 삶을 바라보면 다른 사람에 대해서도 무엇이 가장 중요한지를 보는 훈련을 하게 된다. 당신은 동료 존을 '롤렉스를 차고 렉서스를 모는' 남자가 아니라 스쿠버 다이버이자 훌륭한 초밥 요리사이면서 3개국어를 구사하고 국경 순찰과 관련한 어떤 일로 멕시코 북서부의 티화나에서 체포된 적이 있는 남자로 바라보게 될 것이다. 당신은 그런 존을 좋아한다. 우리 모두 그런 존을 좋아한다. 그런 그와 비교했을 때 롤렉스를 걸치고 렉서스를 모는 존은 상당히 지루해 보인다.

당신이 롤렉스를 찰 수 있고 렉서스를 몰 수도 있지만 중요한 것은 그러한 물건들은 당신이 누구인지를 정의하지 못한다는 점이다. 당신의 경험이 당신이 누구인지를 정의한다.

그렇다고 돈을 적대시할 필요도 없다. 우리는 이것이 돈을 버는 것과 가치 있는 삶의 경험을 만드는 것 사이에 선택하는 문제가 아니라고 책의 앞부분에서 말했다. 더 많은 돈을 버는 것이 더 많은 경험을 할 수 있게 한다는 사실을 우리는 안다. 그러나 돈을 버는 데만 집중하는 것은 잘못된 전략이고 결국 공허함만을 안겨주리란 사실을 깨달아야 한다.

그러나 이 진실을 받아들이고 이해하기는 어렵다. 미국인은 마치 부자가 되면 자동으로 무한히 행복해지는 것처럼 일하고 돈을 벌고 행동한다. 그것은 심리적 매트릭스의 오류와 비슷하다. 돈은 그 자체가 목적은 아니다. 이 점을 기억해야 한다. 그러지 않으면 당신은 종잇조각을 쫓는 데 모든 시간을 허비하고 진짜 삶을 사는 방법을 잊어버릴지 모른다. 그러므로 돈을 핑곗거리로 삼는 일을 그만두고 당신의 가용범위 내에서 할 수 있는 경험을 시도하기 시작하고 당신이 진정으로 하고 싶은 더 멋진 경험들을 위해서 돈을 저축하기 시작하는 게 바람직하다.

시간 도둑을 잡아라

시간 도둑은 우리에게 '난 시간이 없다.'라는 가장 큰 핑곗거리를 들이밀어 준다.

매일 아침 일어나면 당신의 은행 계좌에 1,440달러가 예치된다고 상상해 보자. 매일 그 돈을 어떻게 활용할지를 선택해야 한다. 그런데 거기에는 한 가지 문제가 있다. 만일 그 돈을 쓰지 않아도, 그 돈이 다음 날로 넘어가지는 않는다. 누군가 혹은 어떤 다른 것이 그 돈을 가져간다. 말 그대로 당신은 그 돈을 도둑맞는 것이다. 영원히 잃어버린다는 의미다. 다음 날 당신에게는 또다시 1,440달러가 생긴다. 다음 날에도, 또 다음 날에도 딱 그만큼의 돈이 은행 계좌에 생긴다. 그러나 하루가 지나고 다음 날이 되면 다시 1,440달러부터 시작한다.

그러면 당신은 매일 그 1,440달러를 그날 소비할 것이 분명하다. 그렇지 않은가? 그러면 당신은 창의력을 발휘해야 한다. 그것을 투자할 곳을 찾아야 한다. 그래야 부가 속절없이 사라지지 않고 축적되기 때문이다.

그것이 시간이 작동하는 방식이다. 다른 사람들과 마찬가지로 당신은 매일 1,440분을 얻는다. 시간은 위대한 평형추다. 우리는 모두 매일 동일한 시간을 가지고 일한다. 그러나 당신이 시간을 어떻게 쓸 것인지 신중하게 선택하지 않으면 당신이 아닌 다른 누군가 혹은 어떤 무엇이 선택하게 된다. 만일 당신이 오늘을 허비해 버리면 그것은 영원히 사라진다. 당신이 하고 싶지 않은 일을 하면서 2주를 허비한다면 그 2주라는 시간은 당신의 삶에서 영원히 도둑맞게 된다. 그럼 무슨 일이 생길지 상상해 보라. 시간은 환불되지 않는다.

시간은 가장 귀중한 자원이다. 하지만 우리는 시간을 그런 방식으로 대하지 않는다. 사실 사람들은 자신의 시간이 어디에, 왜 쓰이는지 별로 의식하지 못한다. 그래서 사람들은 해가 떠서 질 때까지 바쁘게 살지만 정작 진짜 하고 싶은 것은 하나도 하지 못한다. 마치 더 많은 시간이 있을 것처럼(그릇되게) 행동하면, 꿈이나 목표를 달성할 시간을 확보할 수 없다.

'시간'은 역설이다. 어린 자녀의 부모들이 늘 하는 말은 "세월은 짧지만 하루는 길다."이다. 그리고 사실 그게 인생이다.

만일 당신이 이 장의 끝에서 활동을 해 본다면 스스로 원하는 경험을 할 수 있는 시간이 자신에게 있음을 알게 될 것이다. 그러나 당신의 메멘토 모리 차트(표)를 보면 당신이 생각하는 것보다 더 짧은 시간이 남아 있다는 것을 알게 되리라 믿는다.

그것이 모래시계와 비슷하다고 생각해 보라. 모래 알갱이는 당신의 인생을 구성하는 하루하루를 의미한다. 각자에게는 그 알갱이가 떨어지기 전에 경험 부자가 될 수 있는 엄청난 잠재력이 있다. 하지만 그 모래 알갱이들이 모래시계를 통해서 빠져나가서 바닥에 떨어지고 나면 되돌릴 방법이 전혀 없다. 시간은 한번 쓰고 나면 그걸로 끝이다.

그러므로 당신이 원하는 방식으로 시간을 쓸 수 있도록 해야 한다. 당신의 자유 시간은 당신이 정말로 중요하게 생각하는 우선순위들을 반영하는 활동을 하는 데 사용할 수 있다. 즉 의도적으로 선택하거나 진정으로 하고 싶은 것들을 하는 데 사용할 수 있다는 의미다. 그러지 않으면 시간은 도난당해서 낭비될 것이다. 시간을 훔쳐 가는 가장 유력한 용의자가 무엇인지 찾아보자. 바로 기술과 사람 그리고 노동이다.

기술

만일 당신이 동굴에서 살고 있는 게 아니라면 기술은 여러 방면에서 이점이 있지만 동시에 거대한 시간 도둑이기도 하다. 우리의 일상은 기술과 연결돼 있다. 문제는 원하든 원하지 않든, 기술이 우리의 집중력을 사로잡을 수 있도록 공들여서 설계돼 있다는 점이다. 평균적인 노동자는 11분마다 방해를 받는다. 우리는 하루 300회 이상 하던 일을 바꾸고 하루 중 3분의 1을 집 나간 정신을 되찾아오는 데 낭비한다. 이렇게 산만한 시대에 집중력을 유지하는 것은 엄청난 능력이다.

이메일, 메시지, 소셜미디어, 게임, 뉴스, 텔레비전 등 정신을 산만하게 하기 위해 기다리고 있는 것들이 많다. 이런저런 것을 들여다보는 데 몇 분씩 쓴 게 별거 아닐 거로 생각하겠지만 자신의 스크린 타임 기록을 보면 그렇게 몇 분씩 들여다본 것이 얼마나 불어나 있는지 알 수 있다. 아침에 일어나서 한 시간 안에 자신들의 휴대전화를 확인한다고 답변한 사람들이 86퍼센트다. 더 심각한 것은 이런 스크린을 보는 행위가 시간에 대한 자각을 방해하고 인생이 좀 더 빠르게 지나가는 것처럼 느끼게 만든다는 점이다. 그런 기분을 결코 느끼고 싶지 않아도 말이다.

현실적으로 현대 기술과 완전히 결별하는 것은 힘들다. 그런 시기는 이미 지나갔다. 기술은 정보의 발원지가 되었다. 그렇다고 그것이 통제권을 포기했다는 의미는 아니다. 여전히 어떤 정보를 소비하고 그것을 소비하는 데 얼마나 많은 시간을 쓸 것인지는 스스로가 통제할 수 있다.

그것을 위해서 의도적인 기술 사용과 무의식적으로 정보의 소용돌이 속에 갇힌 것의 차이를 구별할 수 있어야 한다. 대화나 당신이 소비하는 콘텐츠는—가족과 사진을 공유하고 잠재적 고객과 채팅을 하거나, 당신에게 중요한 무엇인가를 리서치한다거나 우스꽝스러운 틱톡 비디오를 보고 배꼽이 빠질 것처럼 웃는 것—당신의 삶에 막대한 가치를 더할 수 있다. 그러나 만일 주의를 기울이지 않으면 그러한 장치들이 터보 엔진을 장착한 시간 잡아먹는 하마로 돌변한다. 심지어 당신에게 해를 가할 수도 있다.

이 모든 것들은 바꿀 수 있는 습관이다. 하나의 예로 TV에 대해 이야기하려고 한다. 물론 TV 대신 화면 스크롤링, 게임, 기술과 관련된 다른 어떤 것에도 적용할 수 있다. 나는 나이를 먹으면서 TV를 굉장히 많이 봤다. 하지만 바닷가로 이사를 가면서 TV 시청 시간 대부분은 새로운 활동으로 대체됐다(스케이트보딩, 바이킹, 서핑 연습). 그러한 활동들은 내 인생에서 가장 중요한 습관이 되었고 지금은 그러한 활동을 하지 않을 때조차도 소파에 앉아서 TV를 보는 대신에 다른 새롭고 활동적인 취미 거리를 찾는다. 가끔 TV 쇼를 시청하고 저녁 시간에 하는 가족 영화를 즐겨 보기는 하지만 전적으로 TV를 보면서 시간을 보낼 생각을 하지는 않는다. 그 한 가지 습관을 바꾼 것이 나를 삶의 구경꾼이 아니라 진정한 삶을 살도록 하는 데 얼마나 많은 영향을 미쳤는지 가늠조차 하기 어려울 것이다.

그러므로 당신이 시간을 소비하는 대상이 무엇인지, 그 활동이 당신에게 어떤 가치를 가져다주는지를 주의 깊게 들여다봐야 한다. 예를 들어

- 문자 메시지나 포스트가 당신과 당신의 친구나 가족과의 유대감을 유지하는 데 도움을 주는가? 그런 것들은 좋다. 화려한 인플루언서 스타일의 포스팅은 당신이 뭔가 부족하다고 느끼게 하고 부러움을 자아내지 않는가? 그런 것들은 바람직하지 않다.

- 업무 관련 이메일은 당신이 임무를 마치는 데 도움을 주는가? 그렇다면 아주 바람직하다. 비정상적 루트로 접하는 드라마는 집중력을 분산시켜 중요한 업무를 수행하는 것을 지연시킨다.

- 공들여 만든 편견 없는 콘텐츠가 당신이 중요하게 생각하는 것들에 대한 정보나 지식을 제공하는가? 물론이다. 당신이 통제할 수 없는 것에 대한 분노, 공포, 좌절감을 주는 콘텐츠가 있는가? 그렇다면 그런 것들은 바람직하지 않다.

- TV, 영화, 게임이 당신이 편안하게 휴식을 취하는 데 도움과 즐거움을 주고 다른 사람들과 연결돼 있다는 느낌을 받게 하는가? 그렇기를 바란다.

몇 시간 동안 목적의식 없이 스크롤링하는 것은 소파 좀비 같다는 느낌만 들게 할 뿐이다. 그렇다면 멀리하는 것이 바람직하다.

계속할 것과 중단해야 하는 것을 정확하게 파악할 수 있는 한 가지 방법은 기술 휴식을 취하는 것이다. 꼭 필요한 것이 아닌 기기 기반의 모든 활동을 삶에서 제거한다. 다시 말해 TV를 끄고 컴퓨터는 일할 때만 사용하고 당신의 전화기를 2004년도로 돌려보내라. 즉 꼭 필요한 통화나 문자 메시지의 전송 용도로만 휴대전화기를 사용한다. 이외 다른 모든 애플리케이션을 숨김 처리하거나 삭제한다.

과거 소셜미디어, TV, 비디오 게임, 혹은 다른 기기 기반의 활동을 하면서 소비한 모든 시간을 이제는 다른 활동을 하는 데 사용할 수 있다. 테니스 수업을 받는 것은 어떤가? 아니면 당신의 애완견과 여행을 가는 건 또 어떤가? 만두를 만들어도 좋겠다. 혹은 가족과 모노폴리 게임을 하는 것도 좋은 생각이다. 이제야말로, 하고 싶었지만 시간이 없어서 하지 못했던 일들을 할 기회가 찾아온 것이다.

이것을 일주일간 실천해 보면 당신이 하지 못했던 활동들과 기술 가운데 정말로 그리워하는 것이 무엇인지 분명해질 것이다. 좋아하는 비디오 게임을 너무 하고 싶다면 주저하지 말고 플레이스테이션 게임에 접속하라. 당신은 인스타그램을 하는 데 매일 30분씩을 허비하기보다는 매일 수영을 하러 가는 것이 낫다고 생각할지 모른다. 그렇게 하면 아마도 그 애플리케이션은 삭제된 상태를 유지할 것이다.

결국 중요한 것은 팔로우 취소, 구독 해지, 필터링, 차단, 삭제 등의 행위를 통해서 기기를 통제하는 것이다. 알림 설정과 일정표를 활용해서 방해 요소를 최소화하고 충동적 기기 사용을 일으키는 요인들을 제거한다. 모든 수단을 활용해서 눈앞에 보이는 것들을 선별한다. 그것이 기술로부터 시간을 지키는 방법이다. 기억하라. 만일 당신이 돈을 지불하지 않았다면, 당신의 시간을 대신 지불하고 있었던 것이다. 그러니 그것을 그냥 포기하거나 누군가 훔쳐 가게 두지 말아야 한다.

사람

아무런 대가를 치르지 않고 당신의 시간을 먹어 치우는 것은 그것이 뭐가 됐든 시간 도둑이다. 심지어 사람까지도. 모든 관계는 노력과 시간을 투자할 필요가 있다. 그리고 시간과 노력의 투자는 아무런 문제가 되지 않고 응당 그래야 하는 것이다. 하지만 어떤 관계는 그러한 투자에 대해 엄청난 보답으로 돌아오고 또 어떤 관계는 그렇지 않다.

불량한 사람이 좋은 예다. 늘 가져만 가고 절대 주지 않는 사람이 있다는 것을 알 것이다. 그런 사람은 친구일 수도 있고 가족 구성원일 수도 있고 직장 동료일 수도 있으며 심지어 애인일 수도 있다. 그들은 시간, 에너지, 관심을 요구하고(심지어 돈과 사랑을 요구할지도 모른다), 당신에게서 모든 것이 빠져나간 것 같은 허탈한 기분이 들게 한다.

핑계를 대고 현상 유지만 하려는 사람들에게 둘러싸여 있으면 당신 자신도 핑계의 굴레를 벗어날 수 없는 사람이 되어 간다. 변화를 위해 아무런 노력을 기울이지 않는 고등학교를 중퇴한 친구와 절교해야 한다고 말하면 너무 잔인하게 들릴 수 있다. 그러나 인생은 그렇게 호락호락하지 않다. 당신은 여전히 그런 사람들에게 연민을 느낄 수 있지만 만일 그들이 당신의 에너지를 고갈시키거나 당신을 맥 빠지게 만든다면 그들과 보내는 시간을 최소화하는 것이 중요하다.

자산 포트폴리오에서 불량자산과 마찬가지로 이러한 사람들에 대한 잘못된 투자는 하지 말아야 한다. 그러한 자산은 성과를 내지 못하기 때문이다. 이들은 돈 먹는 하마와 비슷하다. 이러한 자산은 계속해서 더 많은 투자만을 필요로 하고 결코 수익으로 돌아오지 않는다. 이미 많은 돈을 낭비한 곳에 돈을 더 쓰는 것은 바람직하지 않다. 그러므로 시간을 계속해서 낭비시키는 사람에게 당신의 귀중한 시간을 내어 주는 것을 멈춰야 한다.

그런 사람을 지금 당장, 영원히 쳐 내라고 말하는 것이 아니다. 간혹 그렇게 할 수 있지만 그것이 늘 쉬운 건 아니다. 내 말의 취지는 그런 사람과의 관계에 대해서 좀 더 신중하게 접근하라는 의미다. 명확하고 합리적인 경계선을 세우라는 것이다. 그들이 1마일을 요구한다면 단 1인치도 주지 마라. 그들에게서 최대한 당신의 시간을 보호해야 한다. 그들은 기회가 된다면 언제든 당신의 시간을 훔쳐 갈 것임을 알고 있기 때문이다.

파레토 원칙에 따르면 많은 결과물에서 거의 80퍼센트의 결과가 20퍼센트의 원인에서 기인한다. 그것을 당신의 인간관계에 적용해 보자. 당신이 맺고 있는 상위 20퍼센트의 관계가 당신이 느끼는 행복과 즐거움의 80퍼센트를 담당한다는 결론에 도달할 수 있다. 반대로 하위 20퍼센트의 관계는 당신이 느끼는 부정적 생각이나 감정의 원인에서 80퍼센트를 차지한다.

그러므로 당신의 시간을 정기적으로 훔쳐 가고 당신으로 하여금 긍정적 기분보다는 부정적 기분을 더 많이 느끼게 하는 사람을 생각해 보자. 그들은 당신을 실망시키고 자신감을 꺾는다. 만일 당신이 맺고 있는 인간관계의 하위 20퍼센트를 파악하고 그들과의 관계를 점진적으로 정리하면 인간관계에서 느끼는 부정적 감정의 80퍼센트가 사라짐을 알 수 있다.

잔인한 소리처럼 들릴 것임을 잘 안다. 하지만 다른 사람 때문에 당신이 원했던 삶을 살지 못했다는 느낌이 드는 것보다 더 잔인한 일이 있을까? 그런 일이 당신에게 일어나게 해서는 안 된다.

일(노동)

당신의 일은 어떤가? 당신은 먹고살기 위해서 일을 해야 한다. 우리도 그렇다. 그러나 당신의 직장이 지속적으로 당신을 비참하게 만든다면 그것을 바꾸는 게 좋다. 풍부한 경험에 기반을 둔 인생을 만들고자 한다면 직업은 일상의 부 축적에 이바지하는 하나의 자산이 되어야 한다. 사람은 평균 9만 시간을 직장에서 보내는데 이는 인생의 3분의 1에 해당한다. 그러므로 가능하다면 즐길 수 있는 것으로 만드는 게 바람직하다.

고용주와 협력해서 당신이 현재 하는 일의 특정 측면에 변화를 주어 기존의 직장을 더 나은 곳으로 만들 수 있다. 아니면 직장에서의 역할을 바꾸거나 일정을 조정하거나 혹은 다른 지역으로 전근을 갈 수도 있다. 당신은 더 많은 책임과 도전을 원할지 모른다. 나쁜 상관이나 동료한테서 멀리 떨어질 필요가 있을지도 모른다. 만일 작은 변화가 큰 차이를 만들 수 있다면, 그냥 기다리지 말고 그것이 가능한지를 문의해 보는 게 좋다.

하지만 그런 변화들이 불가능하거나 충분하지 않을 때가 간혹 있다. 이런 경우 새로운 일자리를 찾아야 한다. 그것은 미친 제안이 아니다. 사람들은 언제나 새로운 직업을 찾는다. 이력서를 다듬어서 링크드인에 올려놓고 구인 공고를 체크한다. 혹시 개인사업을 시작하고 싶은가? 리서치를 해 보고 대출을 받을 수 있는지 확인해 본다. 동업할 사람이 있는가? 당신에게 투자할 만한 사람이 있는지도 알아본다. 이런 것들을 주저하지 말고 당당하게 물어보라.

물론 이런 일들이 결코 쉽지는 않다. 직장이 시간 도둑이라면 그 문제를 하루아침에 해결할 수 없을지 모른다. 하지만 사람들에게 알리기 시작하고 행동으로 옮길 채비를 하기 시작하자마자 앞으로 나아가야 할 길이 이내 분명해질 것이다. 만일 직업을 바꿔야겠다고 마음을 먹고 나면 이후에 이어지는 상황을 보며 놀랄지도 모른다. 나는 분명 그러리라 확신한다.

파산 이후, 여러 가지 일을 하고 심지어 PT 비즈니스에도 손을 댔는데도 여전히 재정적 여유가 없이 하루하루 근근이 살아가고 있었다. 로스앤젤레스에서는 생활비가 너무 많이 들었다. 은행 잔고가 없는 상태에서 연애하는 것은 완전히 불가능한 것은 아니지만 몹시 어려운 일이었다.

PT 개인지도 비즈니스의 성공을 지켜보면서 열정을 가지고 돈을 벌 수 있는 일이 더 없는지 생각해 봤다. 나는 늘 멋진 그래픽이 그려진 티셔츠를 좋아했다. 내 옷장을 갖게 된 이부터는 쭈욱 그래픽 티셔츠를 입었다. 고등학교 1학년 때 스크린 프린팅 수업을 들었다. 순진하게도 나는 그 수업을 들었기 때문에 패션 디자이너가 될 자격이 생긴 것이라고 해석했다. 그래서 오래된 고등학교 친구에게 우선 고가의 그래픽 티셔츠를 필두로 의류 브랜드를 론칭하자고 제안했다. 프리랜서 한 명에게 우리의 남부 캘리포니아의 영감(펑크 록, 멕시코, 서핑)을 기반으로 한 디자인을 의뢰했고 제작된 멋진 샘플을 근사한 봉투에 담아(당시에는 이러한 방식으로 새로운 브랜드를 홍보했다) 전국 남성복 부티크에 우편발송을 했다. 한 달 안에 수십 개 상점에서 주문을 받았다. 서둘러 다운타운 LA 공장들을 찾아가 제품 생산에 들어갔고 제2의 돌체 앤 가바나가 되는 꿈을 꿨다.

우리는 새로운 의류 사업을 위해서 작은 창고가 필요하다고 판단했다. 그래서 산업단지에서 약 28평(93제곱미터) 정도의 낡은 창고를 찾아서 1년 임대 계약을 했다. 임대한 공간의 10분의 1만 필요했지만 사업이 번창하면 그곳에 스케이트보드 램프를 설치하면 되겠다는 계산으로 필요 이상의 큰 공간을 임대한 것을 정당화했다. 일거양득이라고 생각했다.

몇 주 후, 또 다른 친구가 소규모 신발가게의 첫 상품을 보관하고 배송할 공간이 필요하다고 말했다. 그는 우리에게 6개월간 자신의 상품을 배송할 창고를 빌려준다면 돈을 지불하겠다고 제안했다. 그의 제안을 받아들였고 스케이트보드 램프 설치는 잠시 미뤄 뒀다. 의류 브랜드를 운영하는 또 다른 친구가 이 소식을 듣고 동일한 조건으로 계약을 제안했다. 우리는 그의 제안도 받아들였다.

이러한 임대 방식은 이후 3년간 지속됐다. 그 기간에 우리는 의류 브랜드보다 훨씬 커진 배송 사업을 수용할 수 있는 더 큰 빌딩으로 두 차례나 이사했다. 결국 의류 브랜드를 정리하고 배송 사업에만 집중하기로 했다. 이후 우리의 배송 사업은 직원 100명과 수입 천만 달러를 올리는 회사로 성장했다.

그 무렵, 회사는 내가 애초에 생각했던 것을 훨씬 능가하는 재정적 성공 가도를 달리고 있었다. 나는 우리가 일구어 낸 것에 대해 엄청난 자부심을 느꼈다. 하지만 사업이 확장하면서 회사의 생존을 위해 24시간 쉼 없이 일하고 있음을 깨달았다. 돈 문제를 해결했지만 삶에서 중요한 다른 것들에 소홀해지기 시작했다. 결혼, 직장 밖에서의 인간관계, 건강 모두 악화되기 시작했다. 잘 먹지 못했고 잠도 거의 자지 못했다. 스케이트 램프는 여전히 설치되지 않았을 뿐만 아니라 더 이상 스케이트도 타지 않았다. 내가 즐겼던 활동 중 대부분을 하지 못했다.

문제가 생기기 전까지 모든 것이 좋았다. 나는 극도의 번아웃을 경험했다. 상황은 눈에 보이는 것과 늘 같은 것은 아니다. 이때, 나는 '성공의 척도가 무엇인가?'라는 질문을 하기 시작했다. 결국 성공적인 배송 사업을 하게 된 건 의류 사업이 실패했기 때문이었다. 그러나 의류 브랜드를 유지해 온 그 3년 동안 일본과 홍콩에서 프로모션 투어를 하면서 난생처음 풍부한 경험이란 것을 보상으로 받았다. 고급 백화점 블루밍데일스, 삭스, 노드스트롬의 관계자와 미팅을 하기 위해서 뉴욕과 시애틀에 출장을 가기도 했다. 미국 전역을 돌아다니면서 멋진 부티크를 방문했으며 오랜 낮 시간과 그보다 더 긴 밤 시간을 무역박람회에서 보냈다. 또 그들이 주최하는 상징적이고 독특한 의류 브랜드 파티에 참석해서 해당 브랜드를 사랑하는 배우, 음악인, 운동선수와 우정을 쌓았다.

성공적인 배송 사업이 내게 금전적 성공을 가져다줬으며 그것의 의미가 결코 작다고 할 수는 없다. 그러나 그 성공은 내게 엄청난 스트레스를 주었다. 또한 의류 사업을 하면서 짧게나마 누릴 수 있었던 경험 부자의 삶을 거의 살지 못하게 했다. 전형적인 하루는 새벽 5시에 출근을 위해서 집에서 출발하여 2시간을 운전해서 직장에 도착한 후 하루 12시간을 일하고 다시 2시간 넘게 운전해서 귀가하는 패턴으로 이루어졌다. 여러 질문이 수면 위로 떠오르기 시작했다.

온몸이 지칠 대로 지친 어느 날 저녁, 주방 식탁에 앉아서 첫 번째 질문들을 메모하기 시작했다. 이 질문들은 나중에 보물 지도 활동이 됐다.

나는 무엇을 위해서 지금 이렇게 살고 있는가? 이러한 삶이 내가 원하는 삶의 모습인가? 혹은 앞으로 5년 혹은 10년간 이런 모습으로 살고 싶은가?

그 질문에 대한 나의 답은 '절대 아니다'였다. 그 결과는 큰 깨우침을 주었으며 강력했고 한편으로는 무서웠다. 나는 무에서 유를 창출한 것, 안정적 소득을 확보한 것, 다른 사람들에게 일자리와 혜택을 제공할 수 있는 것에 감사하고 큰 자부심을 느꼈다. 물론 배송 회사의 성공이 믿을 수 없으리만큼 소중한 경험을 무수히 가져다줬지만 남은 내 인생을 그렇게 보내고 싶지는 않았다.

이런 생각이 든 것은 아버지의 병이 마지막으로 재발했을 때였다. 죽음이 눈앞에 왔을 때 아버지가 편안하게 눈을 감으실 수 있었던 것은 자신의 삶을 바꾸겠다는 결정 때문이었다고 믿는다. 그것을 지켜본 덕분에 내 삶에 대해서 뭔가 심오하고 분명한 것을 얻을 수 있었다.

아버지의 결정은 나에게 내 삶을 다시 면밀하게 들여다볼 기회를 주었다. 내가 정말로 원하는 것은 무엇인가? 내가 진정으로 중시하는 삶의 가치는 무엇인가? 나는 어떤 사람으로 기억되기를 바라는가?

내 인생에서 가장 중요한 한 가지가 분명해졌다. 그것은 다른 이들을 위해서 내가 할 수 있는 일이었다. 그것은 과거에는 진부하게 들렸다(지금도 여전히 그렇다). 하지만 나는 세상을 좀 더 나은 곳으로 만드는 일을 하고 싶었다.

나는 인생의 끝에서 자선가로 변모한 몇몇 억만장자 CEO들의 모델을 따르는 것이 아니라 일상의 삶을 획기적으로 바꿀 수 있는 일을 하고 싶었다.

아버지의 선례 덕분에 나는 지금 당장 시작하지 않을 핑곗거리가 없다는 것을 알았다. 아버지는 자신의 월 소득 716달러 중에서 단돈 100달러를 가지고 멕시코에서 자신이 거주하던 동네 어린이들의 교육을 위한 자선단체를 만들었다. 사실 그것이 처음 시작됐을 때 심지어 자선단체도 아니었다. 그저 여섯 자녀와 함께 실제 쓰레기 매립지에서 살고 있던 한 가족을 돕는 데서 시작됐을 뿐이다. 아버지는 그들의 궁핍함을 발견하고 그 가족이 식료품을 구입하는 데 도움을 줘야겠다고 결심했다.

그러고 나서 그의 친구들이 소식을 듣고 비슷한 상황에서 어려움을 겪는 더 많은 가족을 돕는 데 동참하기를 원했다. 곧 그것은 이사회와 모든 것을 갖춘 하나의 온전한 조직으로 성장했다. 이

단체가 발족하고 가장 먼저 어린아이들이 도움을 받았다. 이후 수백 명의 어린이가 장학금, 학용품, 구호품을 받았다. 그들이 지금은 자라서 대학을 졸업했고 그들의 가족을 극한 빈곤에서 구출했다. 아버지는 가용할 만한 소득이 거의 없었지만 한 가족을 돕기로 결정했다. 그것이 하나의 운동으로 확장되었으며 아버지가 세상을 떠난 후에도 그가 생각했던 것보다 훨씬 더 많은 이들에게 도움을 줄 수 있었다.

인생이 끝나는 날 가장 중요한 것은 '세상을 더 나은 곳으로 만들기 위해서 내가 한 일'이라는 것을 알면서 왜 매일 매일 그것을 위한 노력을 하지 않고 있었던 것일까?

내가 그 질문을 스스로에게 하고 나자, 인생에 대한 나의 시각이 완전히 바뀌었다. 나는 배송회사의 내 지분을 매각하고 회사를 나와서 좀 더 의미 있는 일을 하기 위해 움직였다. 그 후 결국 브리짓과 함께 리슨LSTN을 시작했다.

그렇게 한 것을 내가 지금 후회하고 있을까? 아니다. 나는 배송회사를 만들고 운영하면서 내가 얻을 수 있는 모든 가치 있는 것들을 모두 경험했다는 것을 알았다. 거기에 안주한다면 내 가슴이 내게 시키는 것의 실행을 의도적으로 미루게 되었을 것이다. 나는 예측 가능하고 수익을 낼 수 있지만 성취감이 없는 일을 하는 10년 대신 재정적으로 불안정하지만 흥미진진한 모험을 할 수 있는 10년과 맞바꾸고 전 세계 국가에서 자선활동을 수행했다.

내면의 핑계에 귀 기울이지 마라

위대한 모험의 시작은 수천 개의 가능한 미래로 가득 차 있다.

청소년기 일탈에서부터 고등학교 졸업까지, 계약직 노동자에서 파산까지, 개인 주차장을 개조해서 시작한 개인 PT 강사에서부터 직원 100명과 천만 달러 매출을 올리는 회사 CEO까지 변모하는 과정에서 한 경험들은 내 삶에서 가장 멋지고 가장 가치 있는 것들이다. 그 과정에서 한 걸음을 뗄 때마다 매번 하나의 생각과 그것이 실패할 수밖에 없고 내가 그것을 해서는 안 되는 무수한 핑곗거리와 마주한다. 하지만 그러한 핑곗거리에 귀를 기울여서는 안 된다. 대신 당신의 가슴이 시키는 대로 하면서 자신의 삶을 적극적으로 책임지기 시작해야 한다.

시간과 돈

우리 경험은 단순히 원하는 것이 아니다. 그 경험은 실제로 꼭 필요한 것이다. 그렇기 때문에 그에 따라 경험하는 데 필요한 자원을 배당할 필요가 있다. 그 자원은 바로 우리의 시간과 돈을 의미한다.

이 연습문제들은 큰 희생을 하거나 정상적인 삶을 중단하지 않고도 삶의 질을 의미 있게 변화시킬 수 있음을 증명하고 있다.

시간 기록

시간은 가장 귀중한 자원이다. 그러나 연구에 따르면 사람이 시간을 어떻게 쓰고 있는지를 돌이켜 추정하려고 할 때, 터무니없는 결과를 얻는 일이 많다고 한다. 따라서 정확한 사실을 밝혀내기 위해서는 시간을 쓰고 있을 때 그것의 기록이 필요하다. 그것이 시간 도둑을 체포하고 감옥에 처넣을 수 있는 가장 좋은 방법이다.

1. 시간 추적 도구를 설치한다. 무료 앱이 무수히 많지만, 달력이나 종이 일정표를 사용할 수도 있다(우리 웹사이트에서 자원 섹션에 들어가서 인쇄해서 사용할 수도 있다). 당신이 매일 24시간을 어떻게 사용하는지를 명확하고 정확하게 보여 줄 수만 있다면 도구의 형태가 중요한 것은 아니다.

2. 5일 동안 당신이 한 모든 행위를 기록한다. 이렇게 기록하는 목적은, 막연한 추정이 아니라 사소하고 어리석은 활동까지도 모두 빠뜨리지 않고 기

록하기 위해서이다.

3. 각각의 활동을 할 때 당신이 쓴 모든 시간을 합산한다. 직장, 수면, 요리, 몸단장, 교통수단 이용, 소셜미디어, TV 시청, 심부름, 양육, 운동, 취미활동 등에 사용한 시간을 모두 합산한다. 이 활동을 하고 난 뒤, 쓴 시간을 모두 더한 다음 남아 있는 시간이 얼마인지 파악한다.

4. 놀랄 만한 사실을 발견했는가? 당신의 행동은 당신의 우선순위와 일치하는가? 당신의 자유 시간은 당신이 의도적으로 선택하고 진정으로 하고 싶은 걸 하는 데 쓰이고 있는가, 아니면 당신의 자유 시간은 낭비되거나 탈취당했는가?

경험을 위한 용돈 모으기

어릴 때, 원하는 걸 할 수 있는 용돈을 받았을 것이다. 원하는 경험을 할 수 있도록 자신에게 용돈을 주면 어떨까? 우리가 개인 재정 전문가는 아니다. 좀 더 심도 있게 알아보고 싶다면 시중에 나와 있는 여러 서적을 참고할 수 있다(라밋 세티Ramit Sethi의 《부자가 되는 법을 가르쳐 드립니다I will Teach You To Be Rich》부터 읽어 볼 것을 추천한다). 그러나 경험이 진정으로 우선순위가 되면 소비 습관이 바뀌는 일이 많다는 것을 알아 두라.

1. 하고 싶지만 금전적 이유로 미뤄 뒀던 경험들을 목록으로 만든다. 각각의 경험을 하기 위해서 얼마의 비용이 필요한지를 확인해서 구체적인 저축 목표를 세운다.

2. 그러한 경험을 하기 위한 비용을 비축할 장소를 만든다. 집에 있는 돼지저금통 혹은 은행 계좌 등이 될 수 있다. 일부 은행들은 개별 계좌를 개설하지 않고도 특정 목표를 위한 돈을 모을 수 있는 가상 저축 버킷 서비스를 제공하기까지 한다.

3. 당신의 지출을 면밀히 들여다본다. 꼭 필요하지 않은 항목들 혹은 필요 이상으로 지출하고 있는 항목이 무엇인지를 찾아본다. 이 지출과 스텝1의 리스트상에 있는 경험을 실행하는 데 필요한 지출과 비교한다. 어떤 것이 당신에게 더 중요한가? 매일 아침 카페에 가서 라테를 사 마시는 대신에 집에서 커피를 내려 마실 수도 있다. 당신에게 필요한 스트리밍 구독 서비스는 4개가 아닌 단 1개면 족할 수 있다. 애인과 화려한 고급 레스토랑 식사 대신 공원 피크닉을 선택하는 것도 방법일 수 있다.

4. 이전 소비에서 절약한 것은 뭐가 됐든 이제 경험을 위해 투자할 수 있다. 만일 사 먹는 대신 직장에 도시락을 준비해서 간다면 일주일에 50달러를 절약할 수 있고 그 50달러를 경험 용돈에 넣을 수 있다. 만일 당신이 30달

러짜리 셔츠 구매를 생각하다가 경험을 우선순위에 놓는다면 그 경험을 위해 30달러를 저축할 수 있다.

참고: ExperientialBillionaire.com에 접속하면 자신의 현재 소득과 지출을 평가해서 경험을 위한 예산을 확정하는 법에 대한 상세한 워크시트를 다운로드할 수 있다.

가장 깊은 두려움에 자신을 노출시켜라.
그러면 두려움은 힘을 잃고 자유에 대한
두려움도 줄어들다가 사라진다.
당신은 자유로워진다.

-짐 모리슨Jim Morrison

제4장

들어가기 두려워하는 그 동굴에
당신이 찾는 보물이 있다

브리짓 힐튼 이야기

로스앤젤레스 시내 에이스 호텔 극장의 측면 무대에 섰다. 밖을 슬쩍 내다보니 수백 명의 기자와 참석자가 한 남자를 응시하고 있었다. 그는 음악 산업과 항공 산업을 혁신하고 수십억을 벌었으며 열대 섬을 사고 열기구를 타고 태평양과 대서양을 횡단했다. 우주에 다녀왔고 100개가 넘는 회사를 설립했다. 게다가 이런 대단한 업적을 쌓으면서 통 큰 기부를 해 왔다. 그는 버젓한 학위나 유산 없이 그저 원대한 꿈과 그 꿈을 이루겠다는 진취적 기상만으로 가장 꼭대기까지 올라간 이단아였다. 그런 그를 나는 너무나 닮고 싶었다.

　그는 바로 리처드 브랜슨 경이다.

　이 놀라운 순간을 받아들이면서 무대 뒤에서 기다리고 있는 나를 나의 영웅이 쳐다보면서 이렇게 말했다.

　"브리짓 힐튼을 소개합니다. 그녀는 사업을 모험으로 만드는 진정한 영감을 주는 여성입니다."

　나는 관객의 박수와 카메라 플래시 세례를 받으며 멋진 무대를 향해 걸어 나갔다. 관객석에서 친구 몇 명이 나를 향해 환한 웃음을 보내 주었고 웃고 있는 나의 영웅 옆에 앉아서 대화를 나누는 나를 감탄 어린 눈길로 바라보고 있었다.

그것은 모든 기업가가 꿈꾸는 순간이었다.

한 가지 문제가 있었다. 아주 큰 문제가.

나는 대중 앞에서 말하는 것을 극도로 두려워했다. 어린 시절 수업 시간에 순서대로 교과서를 읽어야만 했을 때, 나는 내 앞에 몇 명의 학생이 남아 있는지 세어 보고 내가 읽게 될 부분을 미리 연습했다. 초등학교 시절의 나는 학예회에서 대사가 없는 '나무' 같은 역할을 하곤 했다. 연필을 깎기 위해서 교실 앞으로 걸어 나가는 것도 두려워했다. 첫 사무직을 할 때는 회의 시간에 용기 내서 발언한 적이 단 한 번도 없다. 그리고 억지로 의견을 말해야 할 때면 내 얼굴은 마치 비트처럼 새빨개졌다. 한번은 여러 동료 앞에서 뮤직비디오 하나를 소개해야 했는데 발표 전날 밤, 공황발작이 일어날 뻔한 적도 있다. 가끔 기업들이 내게 강연을 부탁하는 경우가 있지만 핑계를 만들어 제안을 거절했다. 심지어 가족의 사망을 이유로 들어 행사에서 빠져나온 일까지 있다.

이는 나 혼자에게만 적용되는 것은 아니다. 글로소포비아 **glossophobia** 혹은 무대공포증은 전체 인구의 약 75퍼센트가 경험하는 것으로 알려져 있다. 몇몇 연구는 대중 연설에 대한 공포가 죽음(그리고 거미)을 누르고 공포증 1위에 올랐음을 보여 준다.

그러나 5년 전, 여전히 우리 집 주방에서 리슨을 운영하던 시절이었다. 조와 나는 처음으로 보물 지도 활동을 하고 있었다. 그 리스트에 있던 항목 하나는 리처드 브랜슨 경과 맥주 한 잔을 들이켜는 것이었다. 당시 그 꿈이 너무 허황된 것처럼 보였던 탓에 그 항목을 적으면서 크게 웃어넘겼다. 그게 실제로 실현됐을 때 어떤 반응을 보일 것인지조차도 상상해 보지 않았다.

그래서 그 행사에 연사로 초대를 받았을 때 손바닥에서는 땀이 나고 심장이 쿵 내려앉았지만 나는 그 초대를 수락했다. 그는 나의 영웅이었으니까. 그 꿈을 이루기 위해서는 공포증을 극복해야만 했다.

고맙게도 사회자가 사전에 질문 목록을 내게 보내 줘서 안도감을 느낄 수 있었다. 나는 늦은 밤까지 강연 내용을 모두 암기하고 거울을 보면서 인상적인 답변과 재미있는 일화들을 준비했다. 그러한 작은 준비가 무대에 설 용기를 낼 수 있게 해 준 유일한 이유였다.

그러나 사회자가 메모지를 잃어버렸는지 아니면 나에 대한 은밀한 앙심을 품고 있었는지 모르지만 내가 준비한 것은 단 한 가지도 물어보지 않았다. 폭탄을 맞은 듯 머릿속이 하얘졌고 행사 내내 심장이 가슴 밖으로 튀어나올 듯이 뛰었다. 진땀이 나기 시작했고 완전히 블랙아웃이 됐다.

그러한 증상들을 알아차린 것은 오로지 나뿐이었다. 아무도 뭔가 이상한 일이 일어나고 있음을 알아차리지 못했다. 사실 내가 무슨 말을 할 것인지에 대해서 아무도 신경 쓰지 않았을 것이라고 확신한다. 리처드는 놀라운 이야기를 해 주었고 관객은 그의 카리스마에 매료됐으며 나의 꿈은 실현됐다.

이후 나는 그와 맥주도 한잔할 수 있었다(그날 찍은 사진을 보면 사실 여러 잔을 마신 것 같다). 우리는 리처드 역시 열의를 보여 왔던 대의 중 하나인, 가난한 사람들에게 청력을 선물해 준다는 공통된 경험을 통해서 유대감을 쌓았다. 강연 행사 내내 두려움에 시달렸음을 고백했고 리처드 자신도 무대공포증이 있다는 말에 적잖이 놀랐다. 그러나 그는 그 과정에서 자신의 여정과 실수에서 다른 사람이 무엇인가 배움을 얻는 데 도움을 줄 수 있다는 사실을 즐긴다고 했다. 그저 부담감을 더하는 연설 리허설을 하는 대신에 그냥 마음에서 우러나오는 진솔한 이야기를 하고 거대한 회의실 대신에 친구랑 카페에 앉아 담소를 나눈다고 생각하면서 강연한다고 말했다.

나는 행사에서 강연할 기회가 생길 때면 내 머릿속에서 들리는 목소리에 대해서 생각했다.

'넌 이 강연을 할 자격이 없어.'

'넌 이 강연을 하는 걸 좋아하지 않아.'

'넌 이걸 할 수 없어.'

이런 목소리는 마구 날뛰었고 내가 대중 앞에서 이야기하는 것 자체를 포기하도록 설득하려 했다. 나는 늘 사기꾼임이 곧 들통 날 것 같은 기분이 들었다. 리처드 경과 대화를 나눈 후에야 내 머릿속에서 들리던 목소리가 틀렸다는 것을 깨달았다.

엄청난 성공을 거둔 누군가도 나랑 비슷한 기분이 든다는 말을 듣고 나니 나에게도 희망이 있는 것처럼 느껴졌다. 이는 나처럼 경험이 없는 초보자만 경험하는 것이 아니었다. 다음에 무대에서 긴장할 때는 우리 모두 인간이고 긴장해도 괜찮다는 사실을 기억할 것이다.

그날 저녁 뒤풀이 때였다. 관객들이 내게 다가와서 리슨에 대한 이야기에 깊은 감명을 받았으며 행사 뒷부분 두어 시간은 타인을 돕기 위해서 자신들이 할 수 있는 일이 무엇이 있을지 생각하면서 보냈다고 말했다. 한 참석자는 내게 사회적 선을 자신의 비즈니스에 어떻게 접목할 수 있는지 브레인스토밍하기 위해서 본사에 회의를 이미 소집해 둔 상태라고 말했다. 또 다른 참석자는 다가오는 주말, 자녀와 함께 난민 수용소로 자원봉사를 다녀올 계획이라고 말했다. 이때 처음으로 강연 행사를 좀 더 많이 해야 하는지를 고민했다. 나의 이야기가 사람들의 공감을 이끌어 낸 것 같았기 때문이다.

그때까지는 사람들이 나에게 감동하는 이유가 들을 수 없는 이들에게 청각을 선물했기 때문이라고 믿었다. 그런 경험을 이야기하는 것만으로는 나의 영향력이 확대될 수 있으리라고 생각해 본 적이 없다. 만일 내가 한 방에 모인 사람들에게 진심으로 이러한 이야기를 공유할 수 있다면, 이를 통해서 또 다른 누군가가 이전에는 생각해 보지 못한 방식으로 타인을 도울 수 있다. 한편으로 나의 불안증이 그러한 잠재적 연쇄반응을 막는 것은 어떤 면에서는 이기적인 것처럼 보였다.

이것은 하나의 딜레마였다. 뭔가 큰 대의를 추구하고 나의 능력보다 더 큰 것을 하거나, 두려움 속으로 후퇴하거나 둘 중 하나를 선택해야 했다.

내가 그러한 방식으로 이 문제를 생각하자 무엇이 올바른 선택인지가 선명해졌다. 오랜 시간 앓아 온 공포증을 떨쳐 내야 했다. 그래서 나는 계획 하나를 준비해서 작은 한 걸음을 뗐다. 목표들을 달력에 표시하고 수천 명 앞에서 강연하는 모습을 상상했다. 기조연설의 개요를 만들기 시작했다. 애플리케이션 하나를 다운로드해서 말하는 속도 등을 조절하는 데 도움을 받았다. 나는 친구들에게 내 강연을 읽고 들어 보게 했다. 그리고 강연하는 모습을 찍어서 영상을 검토했다(영상을 검토하는 과정은 정말 괴롭기 짝이 없었다). 주의력을 흔들기 위해서 메탈 음악을 크게 틀어 놓은 상태에서 벽을 보고 연설하는 훈련도 했다. 나는 지금도 정기적으로 연설문을 큰 소리로 암송하면서 바닷가를 산책한다(그런 내 모습을 본 사람들이 걱정 어린 시선을 보낸다).

나는 강연에 대해서 점점 더 진지해졌고 나의 장점과 단점을 냉철하게 찾아내서 개선해 줄 선생님을 고용했다. 그리고 강연자 커뮤니티에 가입해서 내 인생 여정에서의 부침에 대해서 허심탄회하게 이야기할 수 있는 공간도 얻었다. 이러한 모든 행동을 통해서 내 공포를 몰아낼 수 있다고 확신하게 됐다. 불과 몇 년이 흐른 지금, 강연은 내가 열정을 갖고 임하는 일이자 생계 수단이 됐다. 들어가기 주저했던 그 동굴 안에 내가 찾던 보물이 숨겨져 있던 것이다.

나는 여러분도 마찬가지라고 생각한다. 두려움 때문에 주저하고 있는 일은 무엇인가? 그것을 피하게 할 만큼 당신을 불편하게 만드는 것이 무엇인가? 당신은 두려움을 느낀다고 생각할 수도 있고 아니면 핑곗거리를 만들고 있는 것인지도 모른다. '나는 잘 못 해.', '난 그걸 할 자격이 없어.', '그것은 노력을 기울일 만한 가치가 없어.' 등등 그러한 작은 거짓말들이 자아를 달래고 거기 여전히 도사리고 있는 두려움을 가리며 당신이 앞으로 나아가는 것을 막고 있다.

우리는 두려움에 대해 다르게 생각하고 행동할 필요가 있다.

두려움은 따라야 할 안내자일 수는 있어도 역병처럼 피해야 하는 괴물은 아님을 알게 될 것이다. 두려움은 당신을 더 크고 더 바람직하며 더 의미 있는 경험들로 이끌어 줄 것이며 그 경험들은 가장 좋은 방향으로 당신의 삶에 영향을 미칠 것이다.

두려움은 방어기제에 불과하다

두려움은 생물학적 반응이다. 그것이 실제 위협이든 부정적인 생각이든 들어온 정보를 뇌가 위협으로 해석하면 뇌의 감정적 반응의 진원지인 편도체를 자극한다. 그러한 자극은 스트레스 호르몬의 화학적 연쇄반응을 일으키고 몸 안에서 생리학적 반응을 일으킨다. 심장 박동과 호흡이 더 빨라진다. 혈액이 뇌와 핵에서 빠르게 빠져나와 주요 근육군에 산소를 공급하고 동원한다. 땀을 흘리고 몸을 떨고 혹은 목이 멜 수도 있다. 입이 마를 수도 있고 현기증을 느낄 수 있다. 넋이 나간 것 같은 기분이 들 수도 있다.

이러한 불편한 느낌은 실제로 수백만 년에 걸쳐 이루어진 진화가 작동한 결과로 투쟁-도피 반응을 통해서 목숨을 구하기 위한 필사적인 시도다. 이 시스템은 우리의 안전을 확보하는 데 필요한 조치를 할 준비를 한다는 점에서 꼭 필요하다. 실제로 우리가 위험에 처했을 때 상상도 할 수 없던 반응을 하게 하는 것이 이 시스템이다. 사고 후 차 안에 간힌 운전자를 탈출시킨 행인이나, 자녀를 구하기 위해 공격하는 동물에 맞서서 싸운 엄마처럼 위기 상황에서 초인적인 힘이나 용기를 보여 준 사람들에 관한 이야기를 들어 본 적이 있을 것이다.

그러나 오늘날 우리가 마주하는 상황 대부분은 목숨을 건 노력이 필요하지 않다. 이제 인간의 편도체는 신체적 안전에 실제적 위협이 아닌 사고에 의해 자극되는 경우가 많다.

'이것을 하거나 혹은 실수를 하면 사람들은 무슨 생각을 할까? 만일 이걸 해내지 못하면 어쩌지? 실패하면 어떻게 하지? 그들이 나를 욕하면 어떻게 하지?'

이러한 종류의 두려움은 도움이 되지 않는다. 그러한 두려움은 당신을 볼모로 잡을 뿐이다. 그러한 두려움 때문에 사람들은 싫어하는 직장을 떠나지 못하고 파티에 가지 않고 여행을 하지 못한다. 이는 투쟁=도주 시스템이 실질적 위험이 없는데도 그들에게 위험에 처해 있다고 신호를 보내기 때문이다.

투쟁=도주 반응은 상상, 즉 실제 무엇인가 일어나서가 아니라 미래에 대한 부정적 예측 때문에 일어나는 일이 많다. 그러한 예측은 '만일 ~라면 어쩌지'와 같은 생각 혹은 '난 절대 그 회사에 들어갈 수 없을 거야.' 혹은 '난 언제나 무대공포증이 있었어.'처럼 '모 아니면 도' 식의 믿음일 수 있다. 당신의 운세 판단이나 최악의 시나리오를 예상하는 것이 당신의 두려움을 활성화하고 당신의 목표에 해를 가하는 선택을 하게 한다.

  우리가 실시한 설문조사에서, 2만 명의 설문 참가자들에게 꿈을 달성하는 것을 방해하는 두려움에 대해서 말해 달라고 요청했다. 다음은 응답자들의 답변이다.

  "제가 충분한 체력을 갖췄는지 확신할 수 없어서 우리 시에서 주최하는 하프 마라톤에 참가 신청을 하기가 두렵습니다."
  -세인트루이스의 마크

  "제 꿈은 전문 사진작가가 되는 것이지만 내가 찍은 사진을 다른 누군가에게 보여 줄 만큼 잘 찍는 것 같지 않아요." -아이다호의 리디아

  "저는 스탠드업 코미디를 하고 싶지만 내 코미디를 듣고 사람들이 웃지 않을까 봐 걱정됩니다." -시카고의 릭

  "전 숙박업을 해 보고 싶었지만 가족들은 제가 잘 다니던 직장을 그만두고 싶어서 그런다고 생각할까 봐 두려워요." -프로비던스의 클레어

"혼자서 장기 유럽 여행을 가고 싶지만, 혼자라는 것이 무섭
긴 해요." -오마하의 로리

이들은 가상의 부정적 결과에 매몰되어 있어서 시도조차 하지
않는 선택을 한다. 생물학적 두려움 반응은 그들에게 잠재적 손
실에만 초점을 맞추게 한다. 그래서 그들은 잠재적 이득이나 각
각의 결과에 대한 실질적 가능성을 고려하지 않는다. 당신의 두
려움은 당신을 보호하는 데 그 목적이 있다. 그런데 당신의 꿈을
따르지 않았을 때 따라올 손해에 대해서는 생각해 봤는가? 당신
의 야심 찬 꿈을 상상할 때, 마음속에 떠오르는 불안한 예상이나
'만일 ~라면 어쩌지' 유형의 사고나 두려움은 무엇인가?

당신은 무엇이든 할 수 있다

어렸을 때는 무엇을 하기 위해 사사건건 허락이 필요했다. 텔
레비전을 보기 위해서 부모님의 허락이 필요했고 화장실에 가려
면 선생님의 허락이 필요했다. 손을 들고 줄을 서고 순서를 기다
린다. 나이가 들면서 허락이 필요 없어지지만 모두 그런 것은 아
니다. 자신이 원하는 것을 하기 위해서 여전히 허락을 기다리는
것처럼 행동하는 성인이 많다. 쉽게 달성할 수 없는 일을 하고 싶
을 때 특히 그렇다. 그들은 온갖 이유를 갖다 대면서 자신은 할 수

없다고 말한다. 지금은 때가 아니라고, 아직 준비가 돼 있지 않다고, 충분한 자격을 갖추지 못했다고, 그것을 시도하는 것은 멍청한 짓이라고, 신중하지 못한 처사라고, 주변의 그 어떤 누구도 그런 짓을 하지 않는다고. 그것을 시도하는 것은 이기적이고 무모하며 오만한 것이라고 말한다.

만일 우리가 지금 당장 당신에게 승인이 떨어졌다고 말한다면 당신은 어떤 기분이 들까?

여기 흑백으로 된 허가서가 있다. 연극 수업을 들어도 좋고 방콕에 가도 좋고 산수화를 그려도 좋고 에티오피아 요리를 배워도 좋고 승진을 요청해도 좋고 새로운 일을 시도해도 좋고 변화를 시도해도 좋고 심지어 실패해도 좋다는 허가서를 받아 들었다.

실패해도 좋다는 마지막 말이 가장 강력하게 다가올 것이다. 대부분 문화권에서는 실패에 호의적이지 않다. 사람들은 자신의 실수를 감추는 데는 급급하지만 실수를 인정하는 데는 더디다. 실패를 인정했다고 칭찬을 받는 사람은 거의 없다. 실수와 결함은 조롱과 비판의 대상이지 찬사의 대상은 아니다.

그것은 안타까운 일이다. 우리는 실수를 통해서 배우기 때문이다. 당신은 토머스 에디슨이 상용화할 만큼 오래가는 전구를 발명하기 전에 다양한 재료로 수천 번 실패했다는 이야기를 익히 들어 알고 있을 것이다.

"나는 만 번을 실패한 것이 아니라, 제대로 작동하지 않는 방법을 만 가지나 발견한 것이다."

그는 명명백백하게 실패처럼 보이는 것이 사실은 한 발짝 전진하는 것임을 알았다. 왜냐하면 바로 그 한 번의 실패가 그에게 다음에는 무엇을 시도해야 하는지에 대한 더 많은 정보를 주었기 때문이다.

이는 당신이 경험 풍부한 삶을 구축할 때도 적용된다. 목표는 완벽함이 아니다. 우리 사회는 완벽함에 지나치게 집착한 나머지 내가 어릴 땐 심지어 '완벽'이라고 불리는 게임도 있었다. 정해진 시간에 완성을 못 하면 게임판이 말 그대로 폭발해 버리는 그런 게임이었다. 그 게임을 통해서 애들이 뭘 배울 수 있을까? 과연 무엇이 완벽한 것일까? 처음부터 일이 척척 순조롭게 진행되는 것일까? 그것은 완벽이 아니다. 그것은 실제로 감수할 가치가 있는 더 큰 위험과 도전을 회피하는 것에 불과하다. 그것은 익숙한 것에서 잘못된 위안을 추구하는 것이다.

자신에게 실패를 허용할 때 당신은 시도할 수 있는 기회를 얻는다. 즉 실패를 허용한다는 것은 시도하고 노력하고 창의적으로 생각하고 넘어졌을 때 다시 일어나는 것을 말한다. 팟캐스트를 시작하고 싶은가? 아무도 그 팟캐스트를 듣지 않는 상황도 감수해야 한다. 축구팀에 들어가고 싶은가? 그 팀에서 제일 못하는 선수가 될 각오를 해야 한다. 미술 전시회에 출품하고 싶은가? 당신의 작품이 큐레이터에게 거절당할 것도 불사해야 한다.

그것은 모두 당신의 자존심을 내려놓는 것에 해당한다. 실패한다고 실패자가 되는 것은 아님을 배우는 것이다. 그리고 당신이 그러한 꼬리표를 쓰레기통에 처넣어 버리면 예상치 못한 기회를 잡을 수도 있다.

우리는 몇 년 전 베이징행 비행기에 몸을 실었을 때 놀라운 방식으로 그 사실을 상기하게 됐다. 리슨에서 함께 일하는 동료들과 함께 무역박람회에 가는 중이었다. 기내에 탑승한 사람들 모두가 한 가지 공통점을 갖고 있었다. 델타 항공과의 파트너십 덕택에 탑승객 전원이 우리 제품을 착용하고 있었다는 것이다.

수년 전 내 아파트에서 직접 디자인한 로고가 줄줄이 보일 때 시차 때문에 비몽사몽 상태였던 나는 자부심을 느꼈다. 그 광경은 많은 이들이 우리에게 해 온 질문 하나를 하게 했다. 어떻게 이렇게 작은 회사가 세계 최대 항공사와 계약을 체결할 수 있었던 것일까?

내가 좋아하는 많은 이야기와 마찬가지로 이 모든 것은 한 작은 파티에서 시작됐다. 친구의 친구가 델타 항공의 이사였다. 리슨의 활동에 대해서 나눈 일상적 대화가 그의 관심을 끌었다. 그는 곧장 휴대전화를 꺼내서 헤드폰 한 벌을 구매했다. 그 정도로 그는 친절한 사람이었기(물론 지금도) 때문이다. 그는 그 헤드폰을 마음에 들어 했고 우리는 함께 무엇을 할 수 있을지에 대해서 논의하기 시작했다.

만일 우리가 작은 사무실, 거의 텅 빈 은행 계좌를 보유한, 직원 6명의 스타트업과 8만 명의 직원을 거느린 항공사를 비교했다면 결코 이 파트너십을 체결하는 데 성공할 수 없었을 것이다. 보스, 소니, 비츠의 이사들이 우리 앞에서 프레젠테이션을 했다는 걸 알고 있던 우리는 예정된 제안 미팅을 위해서 로비에서 기다렸다. 이 회사들은 개인 제트기를 보유했고 열 자릿수 시가총액을 자랑했으며 프로 선수들을 TV 광고에 등장시키고 있었다. 만일 우리가 이 기회를 잡을 자격이 있다거나 준비가 되어 있는지를 자문했다면 곧장 포기하고 말았을 것이다.

대신 우리는 자존심을 내려놓고 진심을 보여 줬다. 3년의 협상 끝에 우리는 델타 항공에 수백만 개의 헤드폰 공급 계약을 따냈다. 우리는 상상했던 것보다 훨씬 더 많은 돈을 받기로 하고 계약서에 사인했다. 그리고 곧바로 그 돈을 모두 기부했다. 계약의 수익금은 전부 자선단체로 보내졌다. 우리 파트너십의 실질적 결과가 오래가기를 바랐기 때문이다.

그렇게 수익금 전액을 기부하기로 한 결정은 눈덩이처럼 불어나 절대 잊을 수 없는 거대한 경험으로 돌아왔다. 파트너십을 발표하기 위해서 델타 항공은 페루에 거주하는 2명의 환자를 집중 조명한 서사적 광고를 제작했다. 이 어린 형제는 리슨과 스타키 청각 재단의 도움으로 들을 수 있게 됐다.

촬영팀과 우리가 그 형제들을 데리고 페루 남부 도시 아레키파를 돌아다니는 것 자체가 모험이었다. 이 광고를 통해서 전달된 그들의 이야기는 수백만 건의 조회수를 기록했고 무수히 많은 이들을 감동시켰다. 광고 제작 당시 현장에 있던 델타 항공의 이사 한 분은 크게 감동받은 나머지 그녀의 남은 삶을 자선사업에 바치기로 결심했다. 또 다른 이사는 델타 항공의 기부 활동에 더욱 박차를 가하겠다고 약속했다. 그들의 관대함으로 인해서 그렇게 많은 친절과 자선 행동이 이어질 것이라고 상상이나 했겠는가?

그 광고는 새로운 경험의 연쇄작용을 일으켰다. 그 광고 덕분에 나와 조는 시상식 무대에서 벤 애플랙과 에어로 스미스 사이에 서서 가면증후군(자신이 사기꾼이고 모든 사람이 그 사실을 알게 될 것이라는 불안)에 관한 연설을 하기도 했다. 우리는 우리 둘이 제일 좋아하는 디스크자키 퀘스트러브Questlove(지금은 오스카상에 빛나는 퀘스트러브)와 함께 9,000미터 상공에서 최초의 사일런트 디스코 파티를 공동 주최하기도 했다. 또 로스앤젤레스에서 가장 좋아하는 요리사 존과 비니와 런치 파티를 열었다.

이 모든 것은 우리가 그것을 '시도했기' 때문에 가능했다. 비록 그것을 한다는 것이 두렵고 성공 가능성이 희박하기는 했다. 그리고 내면의 비판자가 묻는 말에—'당신은 여기에 있을 자격이 있다고 생각하는가?'—귀를 기울이는 게 더 안전해 보였지만 시도했다. 수년간 계속된 협상 기간에도, 사소한 것들이 우리의 집중력을 흐트러뜨리고 목표에서 멀어지게 만드는 일이 없도록 했다. 우리는 우리보다 '훨씬 더 쟁쟁한' 경쟁자들과 정정당당하게 맞서 싸울 때, 의기소침해지지 않기 위해서 노력했다.

우리는 그 목표를 달성하고 싶었다. 그래서 그것이 현실이 되게 하는 데 필요한 것을 했다. 부정적 결과에 대한 예상 때문에 뒷걸음질 치기보다는 '우리가 할 수 있는 최선은 뭐지?'라는 질문을 했다. 이제 우리는 우리가 그 일을 했더라면 어떤 일이 일어났을까 궁금해할 필요가 없다.

당신은 스스로에게 어떤 허락을 내줄 생각인가?

두려움의 실체 알기

당신이 투쟁=도주 모드에 돌입하면 당신이 하는 모든 것 혹은 하지 않는 모든 것이 뇌에 인지된 두려움에 대한 뭔가를 교육시킨다. 위협적인 상황을 피하거나 도피할 때, 당신의 뇌는 일련의 안도감을 경험한다. 편도체는 언급된 상황을 회피하는 것이 그 위협에서 당신이 안전할 수 있는 법임을 배우게 된다.

만일 우리가 회색곰을 맞닥뜨리는 위험에 빠진다면 뇌가 바로 이렇게 반응하기를 바란다. 예를 들어 인지된 위협이 다른 사람의 평가를 받거나 괴롭힘을 당할 것에 대한 두려움처럼 생물학적으로 덜 적응된 것이라면 어떨까? 가령 당신이 모르는 사람들만 참석하는 파티에 초대받았는데 당신은 멍청해 보이고 실수를 하고 다른 사람의 비난을 받는 상황을 상상해 왔다고 생각해 보자. 두려움 반응이 일어나고 당신은 그 파티에 가지 않기로 한다. 다행이다. 당신은 이제 타인의 비판을 당할 필요가 없어진다.

파티(심지어 테킬라를 마시지 않는 파티조차)는 위험하며 파티에 가지 않는 것이 안전을 보장하는 방법이라는 것을 당신의 뇌에 가르치게 된다. 결국 차후 파티나 이벤트에 참석해야 할 때, 불안 반응은 더욱 강도가 세질 것이고 당신의 뇌는 당신을 필사적으로 그곳에서 달아나게 할 것이다. 왜냐하면 과거에 그렇게 해서 당신이 안전할 수 있었기 때문이다.

당신이 그것을 피하고 심지어 일반화하기 시작하면 불안은 점점 더 악화된다. 파티에 대한 두려움은 모든 사교 행사, 심지어 커피숍에서 바리스타와의 짧은 대화에도 적용된다. 두려움은 점점 더 악화되어 정말로 하고 싶은 일도 할 수 없게 만든다. 당신이 실질적인 위험이 없을 때 경보를 울리도록 뇌를 훈련시키면 바로 그런 일이 일어난다.

하지만 불안하지만 실질적인 위험에 빠져 있지 않을 때 다르게 행동한다고 가정해 보자. 당신은 두려움을 느끼고 있음을 인지하고 그것을 받아들이고 그 파티에 가기로 했다. 사실 당신은 당신의 투쟁=도주 반응이 활성화됐을 때조차도 무수히 많은 파티에 간다.

뇌는 무슨 일이 일어나는지에 대한 데이터를 수집하고 곧 깨닫는다.

'잠시만, 나쁜 일이 일어나지 않았어! 아마도 이건 실질적 위험이 아닌 모양이구나!'

시간이 지나면서 무엇이 안전한지에 대해서 편도체를 다시 교육시키고 나면 당신의 두려움 반응은 강도가 약화되거나 사라지게 된다.

만일 당신이 그냥 앉아서 편안해지길 기다린다면 평생 기다려야 할 것이다. 뇌는 마술처럼 스스로를 재훈련시키지 않는다. 당신이 행동을 취한 이후에야 뇌는 편안함을 느끼고 준비가 됐다고 느낀다. 당신은 두려움을 느끼는 일을 할 수 있다. 즉 두려움을 느끼지만 어쨌든 행동할 수 있다. 두려움을 피하면 당신의 세계는 점점 더 작아진다. 두려움을 마주해야만 당신의 세계가 비로소 확장된다.

어쩌면 당신은 파티=불안 시나리오를 연관시키지 못할 수 있다. 하지만 나는 당신이 인생에서 실패를 두려워하는 분야가 적어도 하나는 있을 것이라고 장담한다. 그것이 일일 수도 있고 돈일 수도 있고 관계일 수도 있으며 몸, 명성, 유산일 수도 있다. 당신이 실패하고 싶지 않은 분야는 다양하다. 우리는 모두 망치고 싶지 않은 뭔가를 갖고 있고 그러한 두려움이 다음 단계로 발전하기 위해서 반드시 해야 하는 일을 하지 못하게 한다.

올바른 훈련을 통해서 당신의 뇌는 사실상 거의 모든 것에 대한 두려움을 학습하지 않을 수 있다. 심지어 일반적으로 이론의 여지가 없는, 사자와 같은 대상에 대한 두려움을 느끼지 않을 수도 있다.

조와 나는 마사이족 공동체에서 자선활동을 위해 케냐에 머물렀다. 이때가 우리의 꿈인 사파리 여행을 할 수 있는 완벽한 기회였다. 자선활동을 끝마친 다음 날 아침, 우리는 해가 뜨기 전에 일어나서 평야에 도달했다. 그것은 코끼리와 고양잇과 맹수들에게 가까이 접근하기 위해 문이 없는 랜드 크루저를 타고 세렝게티를 돌아다니는, 험난하고도 다소 위험한 여행이었다.

우리는 실제로 너무 가까이 접근했다.

밤새 폭우가 퍼부어서 땅은 무릎까지 올라오는 진흙탕으로 변해 있었다. 가이드가 작지만 급박한 목소리로 "움직이지 마세요. 조용하시고."라고 말할 때 우리는 진흙에 빠진 차량 바퀴를 끄집

어내는 작업을 하고 있었다.

차량 오른쪽으로 거대한 암컷 사자가 침을 흘리면서 나를 향해 곧장 걸어오고 있었다. 사자와 나 사이는 1미터도 안 되었고 아무 것도 없었다. 심지어 차량의 문도 없었다. 〈라이언 킹〉보다 훨씬 공포스러운 이 상황에서 날라(라이언 킹의 히로인)가 웅크리고 앉았다. 우리는 시선을 고정했다. 차의 바퀴가 진흙에서 막 빠져나온 순간 나는 암사자가 내 다리를 스쳐 지나간 것 같은 느낌이 들었다. 지나온 나의 삶이 주마등처럼 스쳐 지나갔다. 나는 소변을 지렸다. 동시에 '브리깃은 죽음에 이르러서 살면서 가장 원하던 것이 됐다. 바로 일용할 양식이 됐다.'라고 쓰인 부고를 상상했다.

"하쿠나 마타타(모든 게 다 잘될 거야)!"

덩치 큰 암사자가 노려보는 무시무시한 눈이야말로 진정한 공포의 구체화라고 생각했지만 실제로 그 눈빛을 본 적은 없었다. 그날 오후 늦게 키가 높게 자란 풀숲을 차츰 빠져나온 우리는 인적을 찾고 있었다. 이때 먼 곳에서 우리를 향해 다가오는 한 형체를 발견했다. 그 형체는 동물처럼 보이지는 않았다. 그러나 수백 마일 이어진 그 방향에는 도로도 마을도 전혀 없었다. 20분 후 마사이족 여성 한 명이 나타났다. 그녀가 입고 있던 밝은 레드와 블루 패턴의 전통의상 슈카가 갈색이 도는 푸른 초원과 대비되어 눈에 확 띄었다.

우리는 깜짝 놀랐다. 기온은 거의 38도에 육박했고 물은 발견할 수 없었다. 우리는 광활한 계곡에 있었다. 이 지역에서 언제든 커다란 고양잇과 동물과 조우할 것이라고 예상했는데 그녀가 우리를 향해 걸어오고 있었던 것이다. 그런데 그녀의 등에 뭔가 업혀 있었다. 잠깐, 그것은 아기가 아닌가?

그녀는 우리에게로 걸어왔고 이야기를 나눴다. 나는 아주 가까이서 사자를 본 것에 대해 이야기하면서 믿기지 않아 물었다.

"여기 혼자 걸어오면서 사자를 만날까 봐 무섭지 않았어요?"

그녀는 나를 보며 웃으면서 이렇게 말했다.

"아뇨, 전 하마만 무서워요."

이 마사이 여성은 사자가 게으른 데다 위협을 느끼지 않는 한 인간을 공격할 가능성이 낮다는 것을 경험으로 알고 있었다(사자들이 나를 놀렸을 수 있다). 반대로 하마(맞다, 거대한 물속에 사는 돼지)는 굉장히 공격적이다. 매년 사자, 코끼리, 표범, 버펄로, 코뿔소를 모두 합친 것보다 더 많은 사람을 죽인다. 굶주린 하마는 더욱 위험하다.

그러므로 두려움을 느끼는 게 당연한 것처럼 보이는 대상도 실제로는 그렇지 않을 수 있다. 당신이 특정 대상을 이해하면 할수록 그것에 대한 두려움은 덜해진다.

가까워지면 두렵지 않다

"소의 피, 소고기, 소의 우유."

이는 내가 마사이족 전사에게 먹는 것 중 무엇을 좋아하는지 물었을 때 돌아온 답이었다.

"잠깐, 그게 전부입니까?"

"그래요, 그거면 충분해요."

내 질문에 그가 웃으면서 답했다. 태양 빛을 받아 번들거리는 그의 근육에 감탄하면서 나는 소 피 한 모금을 마셨다(괜찮았다). 그래서 잠시 식단을 바꿔 볼까 생각하다가 LA의 건강식품 매장에서 다량의 소 피를 팔 가능성이 지극히 낮다는 것이 기억났다.

외면적으로 마사이족은 나와 완전히 다른 사람들처럼 보였다. 복장, 먹는 것, 일상적 활동, 언어, 환경, 공동체 등, 우리는 그 어떤 공통점도 없는 것처럼 보인다. 마사이족과 보내는 시간이 늘어날수록 나는 이런 생각이 얼마나 사실과 거리가 먼지를 깨닫게 됐다.

이 전사는 마을을 찾은 우리를 진심으로 친절하게 환영했다. 우리는 내 첫사랑이자 마사이 문화의 거대한 한 축을 담당하는 음악이라는 공통점을 발견했다. 그들은 우리에게 전통 음악과 춤을 가르쳐 줬다. 또 마사이 리듬을 자주 자신들의 음악에 접목하는 탄자니아와 케냐 힙합 아티스트들에 대해 이야기해 줬다. 마사이 족 여성들은 관광객에게 판매하는 화려한 보석 액세서리를 제작하는 법을 보여 줬다. 우리는 함께 불을 피우고 높이뛰기 대회(난처참하게 패배했다)를 열고 흥미진진한 숲속에서의 삶에 대한 이야기를 들었다. 그렇다. 그들은 겉보기는 우리와 다르지만 가치라는 관점에서 보면 생각했던 것보다 더 많은 것을 공유하고 있었다. 우리는 음악, 우리의 공동체, 야외 활동, 모험가 정신을 사랑한다. 그리고 당연히 육즙 가득한 스테이크도 사랑한다.

인간으로서 우리(우리 민족)와 그들(다른 민족) 사이에 선을 긋는 것은 그저 본능이다. '다른' 사람은 우리가 이해하지 못하거나 공감할 수 없는 사람이다. 따라서 우리는 그들을 사실 여부와 무관하게 두려움의 대상 혹은 위협으로 받아들일 가능성이 훨씬 높다. 이런 상황의 반복을 역사를 통해 전 세계적으로 끊임없이 보고 있다. 물론 오늘날에도 계속되고 있다.

이러한 두려움을 없앨 수 있는 해결책은 간단하다. 가까워지면 된다. 타인에 대해 알면 알수록, 그들을 악마화하기가 더 어려워진다.

나는 미국의 50개 주를 여행할 때마다 거듭해서 이 사실을 깨닫는다. 그것은 2016년 대선 이후 미국이 그 어느 때보다 분열됐다고 느끼고 진지하게 시작한 하나의 프로젝트였다. 나는 이미 어린 시절 장거리 자동차 여행과 음악 산업에 몸담으면서 투어를 해 봤기 때문에 상당히 유리한 위치에 있었다. 나는 미국의 모든 주를 최소한 맛보기라도 하려고 노력해 보기로 했다. 그 방식을 통해서 '자유의 땅'이 정말로 무슨 의미인지를 좀 더 잘 이해할 수 있으리라 여겼기 때문이다.

미국을 여행하면 마치 하나로 묶인 여러 개의 다른 나라를 방문한다는 기분이 든다. 시애틀 시내와 캔자스의 농가 마을에는 공통점이 전혀 없다. 다른 나라에서 온 누군가는 '미국' 하면 뉴욕이나 할리우드 혹은 실리콘 밸리를 떠올릴 것이다. 현실은 미국 국토의 95퍼센트가 농촌으로 분류된다.

미국에는 넓게 개방된 공터가 굉장히 많다. 그 공간 안에는 믿기 어려우리만큼 다양한 풍경, 생활방식, 민족, 언어, 믿음이 포함돼 있다. 불행하게도 미국인의 절반이 평생 10개 주가 채 안 되게 경험한다.

나는 각 주의 독특한 문화를—전통 음식, 특별한 자연 명소, 대표적 활동—경험하기 위해 노력했다. 나는 뉴멕시코 해치 밸리에서 키운 고추를 먹어 봤고 뉴멕시코 리오그란데에서는 열기구를 타 봤다. 매사추세츠에서는 랍스터잡이 배를 타고 조업을 했으며 알래스카에서는 순록고기를 먹고 야간 빙하 하이킹을 해 봤다. 다코타에서는 미국 원주민 보호구역을 방문했고 인디애나에서는 모래언덕을 타고 내려가 봤다. 뉴올리언스에서는 튀김 요리 벤예이를 먹어 봤고 재즈 공연도 봤다. 와이오밍주에서는 밧줄로 황소를 묶어 봤고 하와이에서 스팸 무스비(스팸을 초밥처럼 얹어서 만든 간단한 음식)를 먹고 양봉을 배우는 것으로 나의 프로젝트를 마감했다.

각 주에서 나는 여러 방면에서 나와 정반대 쪽에 있는 사람들과 이야기를 나눠 보려고 노력했다. 가능하리라 생각했던 것보다 더 많은 화물자동차 휴게소, 회전초(가을이 되면 줄기 밑둥에서 떨어져 공 모양으로 바람에 날리는 잡초), 로드사이드 술집을 봤다. 뉴스를 통해서 알고 있었던 것과는 상당히 달랐다. 뉴스를 보고 있으면 이 나라를 걱정하는 것이 타당해 보인다. 그러나 TV 뉴스를 통해서 알 수 없는 것들도 있다. 그것들은 직접 보고 듣고 느껴야만 알 수 있다. 만일 미국 전역을 차로 여행한다면 각각의 장소에서 발견할 수 있는 장점이 있다. 그것이 풍경이든 사람이든.

이렇게 미국 전역을 돌아다녀 본 후, 모두가 그들만의 방식으로 생각하고 살아가는 데는 다 이유가 있음을 알 수 있었다. 대다수 사람은 미친 것도 아니고 악마도 아니다. 그들은 각자의 경험과 주어진 정보에 기반을 두어서 특정한 형태의 결론에 도달했을 뿐이다.

나는 이제 대다수를 아직 만나지 못한 친구라고 굳게 믿는다. 미국인 절대다수는 근본적으로 친절하고 인정이 넘치기 때문이다. 당신이 이 사실을 깨닫는다면 당신은 꼬리표와 두려움을 떨쳐 버리고 공감과 열린 마음으로 다른 사람의 목소리에 귀를 기울일 수 있다(불가능할 것 같지만 가능하다).

그럼, 안 될 게 뭐가 있어

궁극적으로 가장 중요한 의견은 당신 자신의 의견이다. 책을 써 보면 안 될 게 뭐 있는가? 피아노를 배워서 안 될 이유가 있나? 보트 면허증을 따면 안 될 이유는?

당신의 자존심을 완전히 통제할 수 있고 타인의 판단과 부정적 결과의 가능성에 대한 걱정을 멈춘다면 두려움은 사라지고 당신은 포기를 종용하는 마음의 목소리가 얼마나 빨리 사라지는지를 확인하고 놀라게 될 것이다.

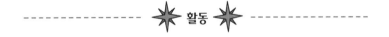

--------------- ✴ 활동 ✴ ---------------

원하는 모든 것은 두려움 너머에 있다

두려움 때문에 당신이 포기하고 있는 특별한 한 가지는 무엇인가? 아래 공통으로 언급되는 사례들이 있다.

- 새로운 나라 여행하기
- 새로운 직장 혹은 새로운 경력 쌓기
- 새로운 도시로 이사
- 새로운 기술을 배우거나 사용하기
- 연애에 헌신하기
- 새로운 친구나 인간관계 맺기

한 가지 두려움에 초점을 맞추고 아래 질문에 답한다.

1. 만일 당신이 두려워하는 일을 한다면, 어떤 부정적인 일들이 일어날까?

2. 그 일은 얼마나 나쁜 일인가? 만일 당신의 두려움이 현실이 된다면, 그것
   이 당신에게 얼마나 큰 의미가 있는가?

3. 이것이 당신이 생각하는 당신의 안전, 가치, 능력, 평판에 무슨 의미가 있
   는가?

4. 어떤 부분에서 당신에 대해 이러한 생각을 하게 되었는가?

5. 이러한 믿음은 어떤 방식으로 당신이 꿈을 추구하는 것을 방해하고 있는가?

6. 당신 자신에 대해서 잘못 알고 있었다면 당신은 무엇을 하겠는가?

참고: ExperientialBillionaire.com에 접속하면 미시간대학의 불안 전문가 크리스틴 살바토레와 협력해서 개발한 이 활동의 확장된 버전을 다운로드할 수 있다.

제5장

언젠가를
오늘로 만든다

조 허프 이야기

운송회사의 내 지분을 매각한 후 나는 난생처음으로 몇 개월간 휴식했다. 서류상으로 보면 모든 게 그럴싸해 보였다. 10여 년간 회사를 운영한 후, 내 마음은 마침내 선명하고 고요해졌으며 건강도 되찾았다. 결혼도 하고 가족도 생겼다. 이는 늘 원하고 학수고대했던 것이었다. 재정상으로 보면 그 어느 때보다 안정적인 상태였다. 마침내 제때 청구서의 요금을 낼 수 있게 됐고 원하면 외식도 할 수 있었다. 이제 나는 기업가로서 다음번 큰 목표를 실천에 옮길 준비가 돼 있었다. 바로 인도적 목표가 담긴 사업을 시작하는 것이었다.

그러나 나의 삶은 전형적인 컨트리송으로 변해 가고 있었다. 아버지가 몇 개월 전 세상을 떠나셨다. 그때 네 살짜리 반려견이 예기치 않게 무지개다리를 건너갔고 나는 이혼했다. 아버지와 반려견이 죽고 아내는 나를 떠났다. 내 삶이 성공적인 컨트리 싱글 앨범이 되기에는 단 몇 개의 트웽(컨트리 음악에서 흔히 사용되는 독특하고 날카로운 소리를 내는 기타 연주법) 소리가 나는 기타 코드가 부족할 뿐이었다.

그러한 인생의 걸림돌이 나의 모든 계획을 방해했다. 내면의 목소리는 이렇게 속삭였다.

'넌 지금 너무 힘든 시기를 보내고 있잖아. 뭔가 새로운 일을 시작하기에 좋은 때가 올 때까지 좀 기다려 봐. 이미 모아 놓은 돈으로 한 1년 혹은 2년 동안은 그냥 쉴 수 있잖아. 아니면 진정한 영감이 떠오를 때까지 그냥 기다려 보는 건 어때?'

이러한 유혹의 목소리는 유효했다. 나는 추진력을 잃었고 기다렸다. 만일 당신이 어린애들과 시간을 보내 본다면 알 수 있으리라. 아이들은 원하는 것이 있다면 기다리고 싶어 하지 않는다. 그들은 자동차 뒷좌석에 앉아서 이렇게 묻는다.

"아직 도착 안 했어요?"

당신이 무슨 일을 '곧' 할 것이라고 말하면, 아이들은 '언제(정확한 시기)'인지 알고 싶어 한다. 만일 아이들이 원하는 어떤 것을 보면 '나중에 다시 와서 저걸 사야지.'라고 생각하는 법이 없다. 그들은 그것을 당장 원한다.

우리는 성장하면서 인내심을 배운다. 만족감을 뒤로 미루는 데 능숙해진다. 식료품 상점에서 떼를 쓰는 다 큰 어른을 보고 싶어 하는 사람은 아무도 없으므로 희열을 뒤로 미룰 줄 아는 것은 중요하다. 물론 인생에서 가장 큰 보상을 얻는 데에는 시간을 필요로 한다. 나중에 보상을 받기 위해서는 지금 노력을 기울여야 한다. 그것은 학교, 직장에서도 마찬가지고 새로운 기술을 연마하거나 거대한 목표를 이루기 위해 노력할 때도 마찬가지다.

어쩌면 우리는 목표를 미루는 데 지나치게 천부적인 소질이 있는지도 모르겠다. '지금 당장 줘.'에서 '아마 나중에 언젠가 주겠지.'로 바뀌는 것일지도. 언젠가 우리는 그 꿈의 목적지를 방문할 것이고 언젠가 다시 건강한 몸을 되찾을 것이고 언젠가 외국어를 배울 것이다. 혹은 정원을 가꾸기 시작할 것이고 언젠가 밴드에서 악기를 연주할 것이다. 그것이 바로 내가 살아온 모습이었다. 사회적으로 책임 있는 기업을 언젠가 시작할 것이라고 나 자신에게 말했다.

그런데 문제가 하나 있다. 그 언젠가가 일정표에는 '없는' 날이라는 것이다.

그것은 하나의 속임수다. 스스로를 속이는 꼼수다. 만일 뭔가를 하지 않으면 '지금 당장이 아니면' 그런 날은 결코 오지 않는다는 사실을 인정하지 않으려는 책략이다. 우리에게 더 많은 시간이 있고 미래에도 늘 그럴 것이라고 스스로 믿게 만드는 망상이다. 우리는 언젠가 무슨 일을 할 것이라고 자신에게 말하고는 그것을 실제로 실천하기 위한 그 어떤 계획도 세우지 않는다. 그리고 나서 우리는 그것을 실천할 시간을 찾지 못한다.

이것이 그 무서운 '썸데이 신드롬'이다. 그것은 전염병이다. 거의 모든 성인이 자신도 모르게 이 고약한 중독에 빠져 있으며 절대다수가 그 중독에서 빠져나오지 못하고 있다. 대다수가 가장 후회하는 것은 하지 말아야 할 것을 한 것이 아니라, '하고 싶었지만 하지 못했던 것'임을 다수의 연구가 일관되게 보여 주고 있다. 2만 명을 대상으로 한 설문조사에서 응답자 4명 중 3명이 인생에서 가장 후회되는 것으로 해 보지 못한 일을 꼽았다. 여기에 65세 이상의 설문 응답자의 답변을 사례로 제시하고자 한다.

"나는 죽은 아내와 캠핑카를 사서 한 1년 동안 전국을 여행하고 싶었는데 그러지 못했습니다." -세인트루이스의 샘

"간호학교에 가지 않은 게 후회돼요. 간호사란 직업은 내가 열정적으로 할 수 있었던 일인데 그걸 포기했어요. 그리고 지금 시작하기엔 너무 늦었습니다." -루이사, 렉싱턴의 루이사

"두 아들이 어릴 때 일만 하지 말고 그 애들과 좀 더 많은 시간을 함께 보내야 했어요." -피닉스의 폴

"현명하지 못한 일이란 걸 알면서도 사회적 시선 때문에 남편과 헤어지지 못했던 걸 후회합니다." -파크 시티의 케이시

"비행기를 조종해 보는 게 어린 시절부터 제 꿈이었어요. 그러나 지금 시력이 너무 나빠서 하기가 어렵습니다. 그래서 그걸 못 해 본 게 정말 후회됩니다." -뉴올리언스의 토마스

"부모님이 살아 계실 때 그분들의 삶에 대해서 더 많은 것을 물어보지 못한 게 너무 후회됩니다." -스포캔의 도널드

"고등학교 시절 그림을 잘 그려서 안 받아 본 상이 없었어요. 하지만 그 천부적인 재능을 살리지 못한 게 너무 후회됩니다." -덴버의 셰리

"아들이 죽기 전에 내가 자란 남부 미시시피를 그에게 보여 줬으면 좋았을 것 같아요." -내슈빌의 가브리엘

"기회가 있었는데 조경회사를 해 볼 용기가 없었어요. 살면서 그 기회를 못 잡았던 게 제일 후회되네요." -샤롯데의 데이비드

우리는 모두 그동안 했던 일 중 계획대로 돌아가지 않은 일에 대해 아쉬워한다. 그래도 괜찮다. 인생을 살다 보면 알게 된다. 시도조차 못 한 일에 대한 후회와 비교한다면 그런 후회들은 별것

아니라는 것을. 그러한 후회막급한 일을 피하기 위해서는 자동차 뒷좌석에 앉아서 재촉하던 어린 자녀들에게서 힌트를 얻어야 한다. 대답으로 '언젠가'를 선택하는 일을 중단해야 한다.

시작하면 이루어진다

대다수의 가장 큰 후회가 해 보지 않은 일이라는 것을 깨달았다면 최대 적은 행동하지 않는 것임도 알 수 있다.

내 삶이 무너지고 처음 몇 개월은 뭘 해야 할지 도무지 알 수 없었다. 그래서 나는 아무것도 하지 않았다. 그리고 고통스러운 시간이 지나가길 기다리면서 상처를 치유할 시간이 필요하다고 그다음에 앞으로 나아갈 수 있다고 스스로에게 말했다. 나는 해답이 마법처럼 떠오르고 뭔가 분명해지길 기다렸다.

하지만 그러한 해답은 떠오르지 않았다. 대신에 후회의 씨앗들이 차츰 자라기 시작했다. 나는 그 씨앗들이 하루하루 시간이 갈수록 점점 자라 더욱 커지고 있다는 것을 마음 깊은 곳에서 느낄 수 있었다.

잃어버린 것들을 아쉬워한 것은 아니었다. 물론 그 상실감을 처리하는 것은 고통스럽고 어려웠지만, 한편으로는 운이 좋다는 생각도 했다. 나에게는 아버지가 계셨고 또 아버지에 대해서 충분히 잘 알 만큼 운이 좋았다. 오랜 시간 동안 행복한 결혼생활도 경험했다. 또 반려견과 함께 살 수 있는 공간과 재력도 갖고 있었으니까.

일어나지 않은 일에 대해서 후회가 밀려왔다. 의류와 자선을 결합한 새로운 회사를 설립하려던 나의 꿈은 현실이 되지 못했다. 아버지의 죽음을 통해 느끼게 된 긴박함과 명징함이 조금씩 사라지고 그 자리에 우유부단함과 마비가 들어섰다.

이 세상을 더 나은 곳으로 만들고 싶었지만 내가 미룬 하루하루는 사라지고 있었다. 단순히 사라지는 것이 아니라 영원히 잃어버리는 것이었다. 그러나 나는 어디에서부터 시작해야 할지 몰라 계속해서 기다렸다. 몇 달 동안 그런 감정에 빠져 있다가 문득 내가 모든 걸 반대로 하고 있음을 깨달았다.

사실 나는 이 야심 찬 목표를 어떻게 달성해야 하는지 이미 알고 있었다. 이전에도 거친 시련과 무서운 인생의 전환기를 잘 헤쳐 나온 경험이 있었다. 약물 중독을 극복하고 고등학교를 제때 졸업했으며 낯선 친구들과 바닷가로 이사를 감행했고 사업을 시작했다. 이 모든 일을 처음에는 힘들고 모호한 생각에서 시작했다. 그러한 생각들이 구체화되기 시작한 것은 뭔가를 행동으로 옮겼을 때부터였다.

먼저 사회적 스타트업 기업을 시작하는 데 필요한 일들을 목록으로 만들었다. 사업허가증, 은행 계좌, 웹사이트, 사업계획서, 론칭 파트너 자료, 소프트웨어 설정 등등. 생각한 모든 단계를 머릿속으로 그려 본 후 그것들을 조직하고 우선순위를 정했다. 각각의 항목을 일정표에 기록했고 구체적인 론칭 날짜에 맞춘 명확한 타임라인을 설정했다. 나 자신에게 책임감을 부여하기 위해서 알고 있는 모든 사람에게—친구, 가족, 비즈니스 파트너, 심지어 잠재적인 언론 및 홍보 회사에—사업 개시일을 공개했다.

무슨 일이 일어났는지 상상할 수 있겠는가? 두려움이 사라졌다. 내가 한 발짝씩 앞으로 나아갈 때마다 추진력이 붙었다. 뭔가를 하면 할수록 더 많은 아이디어가 떠올랐다. 앞으로 나가면 갈수록 나아가야 할 앞길이 더욱 선명해졌다. 물론 모든 것이 정확하게 계획대로 진행되지는 않았다. 사실 절대 그럴 수 없다. 방향과 무관하게 한 걸음씩 나아갈 때 관점은 바뀐다. 방향을 잘못 잡아 한 발 뒤로 후퇴했더라도 그것은 올바른 방향으로 가는 한 걸음이다. 그리고 일단 움직이기 시작하면 그 상태를 유지하기가 쉬워진다. 나는 필요할 때마다 계획을 수정하고 계속해서 앞으로 나아갔다. 시작하는 것이 가장 힘든 일이다.

첫걸음을 떼고 몇 개월 안에 나는 신발, 셔츠, 모자, 액세서리를 디자인하는 '디스 헬프스This Helps'라는 이름의 진짜 회사를 세우게 됐다. 각 아이템의 판매 수익을 내가 열정을 갖고 진행하는 자선활동 지원에 사용했다.

그다음 해 나는 수백만 가지 제품을 판매했고 전 세계를 돌아다니며 새로운 자선활동 파트너와 공조했다. 나는 아이티섬에 정수 시스템 설치를 도왔고, 인도네시아와 캄보디아에서는 인신매매 희생자에게 도움을 주었으며, 과테말라 농촌 지역에는 학교를 지었다. 또한 미국에서는 암 연구단체, 산림조성 프로그램, 동물보호센터와도 협력 사업을 진행했다. 이 과정에서 비포장도로용 오토바이를 타고 원숭이가 득실거리는 정글을 누볐다. 그뿐인가, 스카이다이빙 자선행사를 조직했으며 마라톤에 참가하고 강에서 래프팅을 했다. 살사와 요리 수업을 수강했고 패러글라이딩을 경험했으며 수많은 오지와 익숙하지 않은 곳에서 지역민들과 술잔을 기울이기도 했다.

그해 처음으로 이상적인 나로 살아간다는 느낌을 받았고 그것은 내 삶을 완전히 개조하는 하나의 연쇄작용을 일으켰다. 그 경험들은 그해 초반에 일어난 고통스러운 경험에서 나를 치유하는 데 도움을 주었다. 그리고 그러한 경험들 덕택에 나는 브리짓을 만날 수 있었고 리슨을 공동 창업할 수 있었다. 그 과정에서 아내 야스민도 만날 수 있었다. 덕분에 그녀와의 사이에 두 자녀를 둔 멋진 가정을 이룰 수 있었다. 이러한 기조는 지속되어 그다음에 이어진 여러 해 동안 기대했던 것보다 훨씬 더 다채로운 경험을 할 수 있었다. 나는 뉴욕시에서 트레버 노아Trevor Noah(남아프리카 공화국의 희극배우)와 한 무대에서 강연했고, 모나코에서는 재계 인사들 앞에서 연설했으며, 새벽 3시 캐나다 밴쿠버의 한 루프톱에서 스페인 배우 하비에르 바르뎀과 광고를 촬영했다. 헬리콥터와 개인 제트기(물론 내 소유의 헬기나 제트기는 아니다)를 타고 하늘을 날아 봤고 로컬 뉴스에도 출연했다(엄마, 나 뉴스에 나왔어!). 바하마에서는 기업가들로 가득한 크루즈에서 강연하기도 했다. 또한 지금은 자랑스럽게 나의 친구라고 말할 수 있는, 놀랍도록 재능과 영감이 넘치는 사람들을 만났다. 한국과 도미니카 공화국에서는 뉴스 1면에 등장하는 영광을 누리기도 했다.

지금 내가 누리고 있는 모든 것은 미래 '어느 날'을 막연히 기다리는 걸 중단하고 실천에 옮겨야겠다는 간단한 결정에서 비로소 시작됐다.

그것은 당신에게도 적용할 수 있다. 당신의 삶에서도 일단 당신이 한 걸음만 떼면 놀라운 변화가 일어날 준비를 하고 당신을 기다리고 있을지 모른다. 이 장의 나머지 부분은 그 중요한 첫걸음을 어떻게 떼면 좋을지, 썸데이 신드롬을 어떻게 극복할지, 어떻게 하면 당신의 '언젠가'를 오늘로 바꾸기 시작할 수 있는지를 보여 주는 데 할애할 것이다. 시작하기에 너무 큰 목표라고 생각해서 '언젠가'로 미뤄 온 목표는 무엇인가?

그냥, 즉시, 바로 지금 시작하라

새해 결심 중 92퍼센트는 실패한다. 당신이 삶의 변화를 도모할 때 이 수치는 그다지 용기를 북돋워 주는 통계수치는 아니다. 하지만 역으로 생각해 보자. 그 말인즉슨 8퍼센트는 성공한다는 의미이며 그 성공은 우연이나 행운 때문은 아니다. 8퍼센트는 어떻게 새해 결심을 달성할 수 있었을까?

달성할 수 있는 작은 조치들을 끊임없이 취하면서 점진적으로 큰 목표들을 향해 가면 된다.

당신의 목표가 크면 클수록 좀 더 쉽게 썸데이 신드롬에 희생될 가능성이 높다. 답해야 하는 모든 문제, 해야 할 결정, 그리고 극복해야 하는 장애물들이 당신으로 하여금 무력감을 느끼게 할 수 있다. 이 모든 것을 하려면 시간이 필요하고 이는 상황을 덜 급박하게 보이게 한다. 그 과제들은 이제까지 감당해 온 그 어떤 일보다 더 어려운 일일지 모른다. 어쩌면 감당하기 힘든 일일 수 있다. 그래서 그냥 느긋하게 앉아 있으면 어느 날 어떻게든 그 일이 해결될 것처럼 행동하고 싶은 유혹에 빠질 수 있다.

그러한 감정을 작은 조치들로 떨쳐 내야 한다. 당신의 목표들을 구체적이고 달성 가능한 행동들로 잘게 부수면 성공 확률이 급격히 상승한다. 그리고 첫걸음을 뗄 가능성과 끝까지 밀고 나갈 가능성이 동시에 더 높아진다.

그것이 바로 내가 회사 창업 전 해야 할 일을 목록으로 작성해서 한 일이다. 인도주의적 기업을 시작하는 일은 굉장히 힘든 도전이었지만 사업허가증을 신청하는 일은 비교적 간단했다. 올바른 서류를 찾아서 회사명을 선정한 다음 수수료를 내면 끝이다. 길어야 한두 시간이면 끝나는 일이었다.

크고 어려운 결정을 해야만 할 때, 예를 들면 그 회사가 실제로 어떤 일을 할 것인지를 결정하는 것과 같은 문제를 결정할 때면 해야 할 일들을 작은 과제들로 작게 쪼갰다. 우선 모든 가능한 시나리오들을 하나의 리스트로 만든다. 그런 다음 그것들을 평가할 수 있는 기준을 선택한다. 그다음으로는 각각의 가능성을 조사하고 평가 기준을 적용한다. 거기서부터는 결정을 내리기가 훨씬 수월해졌다.

심지어 당신이 원하는 궁극적인 결과가 앞으로 수년 뒤에 나온다고 하더라도 지금 당장 시작할 수 있다. 훌륭한 드럼 연주자가 되고 싶다면 오늘부터 연습을 시작한다. 테드 토크TED Talk의 강연자가 되고 싶은가? 그렇다면 곧장 아이디어의 윤곽을 잡아라. 가 보고 싶은 장소가 끝도 없이 길게 적힌 목록을 만들었는가? 그럼, 그 장소들의 우선순위를 정하고 첫 번째로 떠날 여행 계획을 세우기 시작하자.

이 과정에서 세부적으로 계획을 세우는 것이 중요하다. '세계

여행하기' 혹은 '피아노 배우기'라고 적는 것은 도움이 되지 않는다. 정확하게 어떻게 할 것인지를 결정해야 한다. 예를 들어 '피아노 배우기'는 실제로는 '나는 매일 30분씩 연습해서 한 달에 새로운 노래, 한 곡씩 연주할 거야. 올 한 해, 내가 배울 12개 곡의 목록이 여기에 있어. 올해 말, 이 날짜에 내 친구와 가족을 위한 연주회를 열겠다.'와 같은 구체적 계획이 만들어져야 한다. '난 언젠가 오두막집을 지을 거야.'라고 말하는 것보다 '나는 5년 안에 미네소타 숲속에 A형 골조로 된 오두막을 짓고 싶어. 그리고 이것이 궁극적으로 그 오두막을 짓기 위해 내가 지금 시작해야 하는 일이다.'라고 말하는 것이 더 낫다. 만일 변화가 생겨서 그 구체적인 목표 달성을 1년 혹은 2년 뒤로 미루게 된다고 하더라도 그 목표는 막연히 밑도 끝도 없는 언젠가가 아닌 여전히 일정표 위에서 어떤 구체적 날짜로 남아 있다.

얼핏 보기에 간단한 경험도 복잡한 절차가 필요할 때가 많다. 예를 들어 일주일에 한 번씩 체육관에 가기를 원한다고 하자. 당신은 체육관을 선택하고 회원 등록을 해야 하며 수업 시간을 정하거나 운동 계획을 수립해야 하고 적합한 복장이나 신발을 구입해야 한다.

당신은 라이브 코미디 공연을 보고 싶을 수도 있다. 그럼 공연을 보기 위해서 누가 공연을 하는지 알아봐야 하고 누구의 공연을 언제 볼 것인지를 결정해야 하며 티켓을 구매하고 공연장에 어떻게 가야 하는지 파악해야 한다.

박물관을 방문하고 시를 쓰고 당신의 어머니에게 좀 더 자주 전화를 걸어라. 만일 그것을 어떻게 할 것인지 구체적으로 계획을 세운다면 그것을 달성할 가능성이 훨씬 높아진다.

흔히 가장 어려운 부분은 출발선 너머로 첫발을 떼는 것이다.

일정표야말로 진짜 보물 지도다

일정표는 당신이 소유한 경험적 재산을 알려 주는 점쟁이다. 그것은 앞으로 남은 날과 달에서 당신이 성취할 것으로 예상되는 부가 얼마나 되는지를 정확하게 보여 준다. 만일 당신이 달력과 보물 지도를 함께 보면 목표를 달성하기 위해 얼마나 많은 노력을 기울였는지 혹은 아닌지를 단번에 알아볼 수 있다.

가령 목표와 꿈은 중요하지만 말만 하는 것은 의미가 없다. 선택이 중요하다. 그리고 일정표는 거짓말을 하지 않는다.

일정표는 마술을 부릴 수 없다. 그것은 근본적인 진실에 불과하다. 계획한 것은 이루어진다. 한 연구에서 연구자들은 참가자들이 언제, 어디에서 원하는 활동을 완수할 것인지를 구체적으로 밝힌 경우 무려 91퍼센트의 참가자가 그 활동을 결국 해냈다는 사실을 확인했다. 그러므로 일정표는 경험이라는 자산을 증식해 줄 꼭 필요한 도구다.

정체돼 있고 후회만 늘어 가는 것 같을 때, 일정표는 모든 게 잘못됐음을 명징하게 보여 줬다.

굉장히 오랜만에 처음으로 나의 일정표가 완전히 비어 있었다. 다른 계획을 갖고 운송회사를 그만뒀지만 그 다른 무엇인가가 내 일정표에 존재하기 전까지 그것은 진짜가 아니라 하나의 바람에 불과하다.

만일 일정표가 계획으로 가득 차 있다고 해서 괜찮다고 생각한다면 잠시 판단을 유보해 보자. 어떤 것으로 일정표가 채워져 있는지에 따라서 일정으로 가득 찬 일정표가 텅 빈 일정표만큼이나 문제가 많을 수도 있다. 미국의 철학자 헨리 데이비드 소로Henry David Thoreau는 말했다.

"바쁜 것만으로는 충분하지 않다. 개미도 바쁘게 산다. 문제는 무엇 때문에 바쁘냐는 것이다."

바쁜 사람들 대부분은 급박하고 반드시 해야 할 일과 다른 사람들이 요구하는 일들로 가득 차 있다. 끝없이 이어지는 회의, 잡무, 자신에게 맡겨진 임무 등을 하느라고 바쁘지만, 삶에서 자신이 진정으로 하고 싶은 일은 거의 하지 못한다. 그들의 일정표는 가득 차 있는 것처럼 보이지만 의미 있는 경험의 관점에서 보면 사실상 비어 있다(이것이 '난 시간이 없어요.'라는 오류의 일부다). 당신은 시간이 있지만, 잘못된 일을 하는 데 그 시간을 허비하고 있을 뿐이다.

일정표와 관련해서 새롭게 접근할 필요가 있다. 즉 경험 중심의 접근이 필요하다. 삶에서 당신이 가장 경험하고 싶은 것들은 일정표 위에 제일 먼저 표시되어야 하고 이후 다른 일들로 채워져야 한다.

당신의 일정표는 끝없이 이어진 해야 할 일 목록과 비슷하다. 청구서 대금을 지불하고 쓰레기를 내다 버리고 식료품을 구매하며 치과 진료 예약을 잡고 엄마에게 생일선물을 사 드리고 중요한 회의를 위한 발표 준비를 완료하고… 등 끝이 없다. 그것은 모두 삶을 유지하고 직장에서 해고되지 않기 위해 집 안을 청결하게 유지하기 위해 꼭 해야 하는 일이다. 당신에게 그 일을 하지 말라고 말하는 것이 아니다. 하지만 이 일 중 의미 있는 일이 있는가? 나이가 들었을 때 당신은 그 일을 기억할 것인가?

아니다. 그러나 당신이 신중한 사람이 아니라면 그 일은 하루를 매일매일 송두리째 잡아먹을 것이다. 직장 일도 그렇다. 만일 당신이 그렇게 하도록 내버려두고 하나의 업무를 처리하는 데 한 시간 대신 일주일을 할애한다면 그 일은 어떤 이유에서인지 더 복잡해지고 시간 잡아먹는 하마가 될 것이다. 그것이 파킨슨의 법칙이다(공무원의 수는 일의 유무나 경중에 상관없이 일정한 비율로 증가한다는 법칙). 일은 사용 가능한 시간을 채우기 위해서 점점 늘어난다.

그래서 다른 일의 일정을 잡기 전에 당신이 정말로 하고 싶은 경험들 심지어 작은 것들까지 일정표에 집어넣어야 한다. 만일 그것들이 당신이 해야 할 일 목록이나 일정표에 없다면 이는 그 경험들이 절대 실현되지 않을 걸 의미한다.

이제 당신의 일정표를 보라. 이것은 당신의 '이전' 일정표다. 뭐가 보이나? 만일 가치 있는 경험들로 채워져 있지 않다면 그 경험들이 난데없이 나타날 것이라고 기대하지 마라. 당신은 그것들을 일정표에 넣어야 한다. 그것이 바로 의미 있는 삶이다.

예를 들어 우리의 '인생 경험 설문조사'에서 수천 명의 응답자가 그들의 삶에서 가장 하고 싶은 세 가지 일 중 하나로 스카이다이빙이라고 말했다. 흥미로운 점은 스카이다이빙은 사실 그렇게 하기 어려운 활동은 아니다. 무섭지 않은가? 그렇다. 무섭다. 그러나 스카이다이빙을 할 수 있는 곳은 많고 불과 몇 시간과 몇백 달러가 필요할 뿐이다. 물론 그 돈을 모으는 데 1년이 걸린다고 하더라도 그 정도는 누구나 할 수 있다. 그러나 대다수는 그 목표를 머릿속 '언젠가' 목록에만 올려놓을 뿐 스카이다이빙을 하려면 무엇이 필요한지 알아보거나 그것을 하기 위한 계획을 세우지 않는다.

19살 때 나는 스카이다이빙을 하러 가고 싶었다. 그래서 친한 친구 3명에게 스카이다이빙을 가자고 말했고 몇 월 며칠에 스카이다이빙으로 가기로 약속했다. 그런 후 각자 열심히 아르바이트를 해서 총 120달러를 모았다. 마침내 약속한 날이 왔고 우리는 스카이다이빙을 하러 갔다.

나는 그날이 마치 어제 일처럼 생생하게 기억난다. 친구들과 함께 입구를 향해 걸어갈 때 느꼈던 긴장감을, 마지막 추진을 위해서 비행기 문짝 프레임을 힘껏 쥐었을 때 아드레날린이 폭발하던 것을, 허공으로 몸을 날렸을 때의 감정을, 얼굴을 세차게 때리던 바람을, 마치 10분처럼 느껴졌던 60초 동안 공중에서 떨어질 때 빠르게 스치고 지나가는 공기의 소음을 여전히 느낄 수 있다.

이러한 상세한 기억이 추억이라는 보물 상자 안에 담겨 있다. 일정표가 비어 있다면 이와 같은 기억을 얼마나 많이 떠올리게 될까? 답은 '그렇게 많지 않다.'이다.

다시 한번 말하지만 일정표에 들어간 일만 현실이 된다. 스카이다이빙을 해 보고 싶은가? 그렇다면 다음 달 첫 번째 주 토요일에 스카이다이빙을 하러 가는 계획을 잡아라. 개인적 목표를 달성하기 위해서 시간을 내고 덜 중요한 다른 일들이 당신의 시간을 채우기 전에 일정표에 그 목표를 포함시켜야 한다. 그것은 당신이 영원히 잊지 못할 경험일 것이라고 나는 장담한다.

책임자는 바로 당신이다

일정표는 당신에게 해야 할 일을 상기시켜 줄 수는 있지만 그것을 행동으로 옮기게 해 주지는 못한다. 계획을 완수할 가능성을 극대화하려면 머릿속에서 들리는 목소리—'지금 당장 하고 싶은 마음이 들지 않더라도 이거 해야 해.'—그 이상의 무엇이 필요하다. 당신에게는 책임 체제라는 게 필요하다.

일과 학교에는 이러한 책임 체제가 내장되어 있다. 누군가 당신에게 무엇을 언제 해야 하는지 말해 주고 그것을 완수했을 때 긍정적인 결과가 따라온다. 그러지 않았을 때는 부정적 결과가 따라온다. 당신은 자신의 행동에 책임을 진다. 그러므로 만일 보상을 받거나 졸업하고 싶다면 해야 할 일을 하라.

개인적 삶에는 내장된 책임 체제가 없다. 그러므로 앞으로 나아가고 싶다면 그런 책임 체제를 스스로 만들어야 한다. 간단한 세 가지 도구만—넛지(유도장치), 자기 부과형 결과, 책임 파트너—제대로 조합하면 끝난다.

넛지 nudges

넛지는 당신이 속한 환경 속에서 올바른 행동을 하도록 도와주는 어떤 것을 말한다. 그것은 우선순위 목표들이 가장 먼저 떠오를 수 있게 해 주고 그 목표들의 실행을 가로막는 장애물을 줄여 준다. 넛지의 개념은 원하는 일을 하는 데 의지와 에너지가 덜 필요하도록 삶을 설계하는 것이다.

넛지는 물체인 경우가 많다. 예를 들어 나는 매일 볼 수 있도록 욕실 유리에 나의 보물 지도를 붙여 놨다. 만일 내가 매일 밤 잠들기 전에 일기를 쓰고 싶다면 일기장을 베개 위에 올려 둘 것이다. 만일 내 목표가 주 2회씩 패들보드를 타는 것이라면 전날 밤에 나는 아침에 눈을 뜨자마자 볼 수 있게 보드와 보드복을 꺼내 놓을 것이다. 그러면 모닝커피를 만드는 동안 그 물건들이 내가 패들보드를 타고 싶어 한다는 사실을 상기시켜 줄 것이다. 만일 내가 오늘밤 팟타이를 만들어 먹고 싶다면 출근하기 전에 팟타이 누들과 팬을 조리대 위에 올려 두고 집을 나설 것이다. 그러면 집에 돌아왔을 때, 그 물건들이 나를 기다리면서 그대로 그 자리에 있을 것이다. 그런데도 이 모든 것을 외면하고 피자를 주문할 수 있을까? 아마도 그러지 못할 것이다.

경고나 알림 존재 혹은 경고나 알림의 부재 또한 상당히 효과적인 넛지가 될 수 있다. 일정표 앱은 당신이 원했던 활동에 대해 알려 줄 수 있다. 건강지표 추적기 혹은 스마트 워치도 당신에게 휴식 시간이나 걷기, 혹은 스트레스를 줄여 줄 수 있는 호흡운동을 해야 할 시간임을 알려 줄 수 있다. 만일 당신이 한동안 무엇인가에 집중할 필요가 있다면 방해를 받지 않도록 알림을 꺼 놓을 수도 있다.

가구, 의복, 심지어 당신이 거주하고 싶은 장소까지도 당신이 하고 싶은 활동을 실천하는 것을 더 쉽게 혹은 더 어렵게 만들 수 있다. 편리함이 늘 완벽함을 이긴다.

예를 들어 당신은 운동을 더 많이 하고 싶어 한다. 그래서 집에 오는 길에 있는 체육관과 집에서 떨어진 곳에 있는 더 좋은 체육관 중에서 택해야 한다면 편리한 쪽을 골라야 한다. 그런 다음 정말로 마음에 들고 착용감도 좋은 운동복을 충분히 갖고 있는지 확인한다. 알람을 설정해서 운동할 시간을 놓치지 않도록 한다. 매일 밤, 체육관에 들고 갈 가방을 싸고 그것을 문 옆에 둬서 가방을 잊어버리는 일이 없도록 한다. 아침에 운동을 하기로 마음먹었다면 나는 전날 저녁 입고 갈 운동복을 펼쳐 두어 일어나자마자 옷을 보고 바로 입을 수 있게 한다. 잠에서 깨어난 지 5분밖에 되지 않았지만 이미 체육관까지 절반은 간 상태다.

이 모든 작은 넛지들이 더해져서 행동에 큰 변화를 불러온다. 그러므로 하고 싶은 일이 무엇인지 생각해 보고 스스로에게 물어보라.

'이것을 하는 데 막아설 장애물은 무엇일까?'

'어떤 불편함이 그것을 실천하는 걸 더 힘들고 덜 매력적으로 만들까?'

'어떤 편리함이 그것을 중단하는 것을 쉽게 만들까?'

'그런 장애물들을 어떻게 제거할 수 있을까?'

스스로 족쇄 차기

당신의 선택에는 언제나 결과가 뒤따른다. 개인적 목표를 추구할 때, 그러한 결과들이 지나치게 어렴풋하고 너무 멀다는 문제가 있다. 사업적 영감이 떠오르기를 마냥 기다리고 있던 때, 그것이 시간 낭비라는 것을 알았지만 내가 놓치고 있는 것들이—세계 각국 돌아다니기, 수만 명의 삶을 변화시키기, 미래 아내 만나기—무엇인지는 정확하게 알지 못했다.

그것이 좀 더 즉각적인 결과를 스스로 만들어 보는 것이 도움이 되는 이유다. 예를 들어 당신이 하겠다고 말한 것을 할 때까지 정말로 원하는 것을(예를 들어 좋아하는 드라마 보기, 좋아하는 음식 먹기, 혹은 당신이 꿈꿔 온 마사지 받기 등) 유예할 수 있다.

혹은 벌금을 낼 수도 있다. 이는 자신이 한 말을 행동으로 보여주는 것보다 더 확실하게 동기가 부여될 만한 게 없기 때문이다. 나에게는 매일 아침 7시에 모여서 운동을 함께하는 친구가 4명 있다. 만일 누군가 늦으면, 나머지 3명에게 각각 10달러를 줘야 하고 만일 결석하면 각각에 20달러를 줘야 한다. 우리가 얼마나 자주 지각했을지 맞혀 봐라. 당신의 예측이 정확하게 맞다. 상실의 두려움을 활용해서 행동에 나설 수 있게 동기를 부여해 보라. 이 방법은 상당히 효과적이다.

때때로 불편함이 도움이 될 수 있다. 만일 8킬로미터를 달리고 싶지만 러닝머신 위에서 30분을 버티기가 어렵다면 밖에서 나가서 편도 4킬로미터를 뛰어 볼 것을 추천한다. 그렇게 하면 집으로 돌아올 때 다시 4킬로미터를 뛰어와야 해서 중간에 포기할 방법이 없다. 어딘가로 여행을 가고 싶다면 환불 불가 티켓을 구매해라. 마지막 순간에 여행을 포기하면 티켓 비용을 버려야 한다. 뭔가 새로운 것을 배우고 싶은가? 그렇다면 수업료를 선불로 납부한다. 그래서 만일 중도에 포기하면 호주머니 사정이 나빠진 것을 느끼게 될 것이다. 하는 일을 포기하기가 너무 쉽다면 결과를 스스로 추가해서 중도 포기하는 일을 불편하게 만들어라.

책임 파트너

책임 파트너, 즉 당신의 꿈이 무엇인지 알고 있고 그 꿈을 포기하지 못하게 해 줄 누군가가 있는 것보다 목표 달성에 도움이 되는 것은 없다. 사회적 압박도 상당히 효과적이다. 우리는 다른 사람을 실망시키거나 공개적으로 선언한 말을 거둬들이는 걸 몹시 싫어한다. 그리고 인간은 선천적으로 다른 사람의 격려를 받으면서 성장한다. 타인의 격려는 강력하고 긍정적인 동기부여 자극제

다. 따라서 이러한 인간의 본성을 자신에게 유리하게 이용할 수 있다.

책임 파트너가 생기는 것만으로도 당신의 목표 달성 가능성은 최대 65퍼센트까지 상승한다. 무엇보다도 특히 놀라운 것은 그 책임 파트너와 구체적인 후속 계획을 만드는 것만으로도 가능성은 95퍼센트로 증가한다. 만일 당신의 로또 당첨 가능성이 95센트라면 복권을 사겠는가? 사지 않겠는가? 무조건 살 것이다.

그렇다면 책임 파트너는 정확히 어떤 일을 하는 것일까? 때때로 책임 파트너는 동일한 목표 혹은 비슷한 목표를 지닌 어떤 사람과의 일대일 관계다. 예를 들어 내가 스탠드업 코미디를 정말 해 보기로 결심했을 때, 나는 같은 목표를 지닌 친구 한 명을 찾아서 첫 번째 오픈 마이크 밤 공연을 함께 기획했다.

무대에 오르기 전 우리는 몹시 긴장했다. 구토하고 싶은 건지, 도망가고 싶은 건지 혹은 테킬라를 3잔 정도 들이켜고 싶은 건지도 구별할 수 없을 정도였다. 그러나 우리는 거기에 있었고 만일 그가 일어나서 공연을 하면 나도 그래야 했다. 다행히 공연이 완전히 망한 건 아니어서 사람들이 우리의 재담(전부는 아니지만)에 웃었고 모두 즐거워했다. 그러나 만일 그런 공연을 혼자 했다면, 마지막 순간에 겁을 먹고 포기했다면 그러한 경험은 절대 불가능했을지 모른다.

이후 몇 년 동안 무수히 많은 새로운 소재로 대본을 썼고 연습해 보고 심지어 같은 코미디 공연 클럽에서 같은 저녁 시간대에 공연도 자주 했다. 이 모든 것은 어려운 시기가 닥쳐서 장애물이 우리의 길을 막았을 때조차도 둘이 계속해서 대본을 쓰고 연습을 할 수 있는 동기가 되었다. 사업 파트너, 하이킹 파트너, 맛집 투어 파트너, 운동 파트너 등 무엇이 됐든 당신과 같은 목표 혹은 열정을 지닌 누군가를 찾아라. 그러면 그 친구가 당신의 목표나 꿈을 달성하는 데 도움을 줄 것이다.

다소 일방적 멘토 관계나 코칭 관계 역시 강력한 책임감을 부여하는 데 도움이 된다. 예를 들어 개인 트레이너는 당신이 원하는 운동을 할 때 훌륭한 책임 파트너가 될 수 있다. 만일 명상법을 배우고 싶다면 명상 선생님—혹은 나보다 상급 수련생도—완벽한 책임 파트너가 돼 줄 수 있다. 이 사람들은 새로운 기술이나 습관을 배우는 힘든 시기를 겪어 온 사람들로서 포기했을지 모르는 상황에서도 중단 없이 앞으로 계속 나아갈 수 있게 도움을 줄 수 있다. 이 사람들에게 비용을 지불해야 할 때도 분명히 있다. 하지만 생각해 보라. 힘들게 번 돈을 어딘가에 지출한다는 점에서 그것은 더 강한 동기부여가 될 수 있다.

만일 정말로 강력한 동기를 원한다면 믿고 따를 수 있는 책임 파트너를 찾아라. 그 파트너가 긍정적 의미에서 족쇄가 될 것이다. 당신은 그 파트너를 실망시키겠는가? 아니면 하고 싶다고 말한 것을 시작하겠는가? 아마도 당신은 후자를 선택할 것이다.

당신은 활동별로 각기 다른 책임 파트너를 둘 수 있다. 그 파트너들은 인내심이 있고 지원을 아끼지 않는 사람이어야 하지만 동시에 엄격하면서 당신과 기꺼이 맞설 수 있는 사람이어야 한다.

정기적으로 연락해서 진척 상황을 보고하고 서로를 격려해 주고 어려움이 있을 때 함께 헤쳐 나갈 수 있을 때 이 관계는 가장 효과적으로 작동한다.

적임자를 찾기 위해서는 당신이 무엇을 하고 싶은지 솔직하게 말하고 당신에게 공감할 수 있는 마음이 맞는 사람에게 손을 내밀어 본다. 만일 당신의 목표를 친구, 가족, 직장 동료에게 말했다면 그들 중에서 같은 목표를 지닌 누군가 혹은 같은 목표를 지닌 다른 누군가를 알고 있는 누군가를 발견할지 모른다. 다양한 관심사를 공유하는 온라인 포럼도 있다. 그러므로 로컬 커뮤니티 안에서 누군가를 찾는 데 실패한다면 온라인에서 그런 책임 파트너를 찾을 수 있을 것이다.

만일 당신이 책임 파트너에 더해서 넛지와 자기 부과형 결과를 성공적으로 결합한다면 당신의 행동을 바로잡아 주고 풍부한 경험으로 당신의 삶을 채워 줄 강력한 체제를 갖출 수 있다.

목표 설정 시 책임감 부여 상관관계

- 아이디어 혹은 목표가 있는 경우:
  목표 달성 확률 10%

- 그 목표를 달성하겠다는 의식적인 결정을 한 경우:
  목표 달성 확률 25%

- 일정표에 목표를 표시한 경우:
  목표 달성 확률 40%

- 목표를 달성할 방법을 수립한 경우:
  목표 달성 확률 50%

- 목표 달성에 대해 누군가에게 공언한 경우:
  목표 달성 확률 65%

- 믿고 존경하는 누군가에게 구체적인 약속을 한 경우:
  목표 달성 확률 95%

낮은 투자수익률과 높은 투자수익률을 연계하라

가치 있는 경험들은 형태도 크기도 다 다르다. 어떤 경험들은 접근도 쉽고 시간, 노력, 돈도 조금밖에 들지 않는다. 이런 것들은 자연 속에서 걷기, 새로운 음식 만들기, 취미로 독서하기, 새로운 장소에서 데이트하기, 외국어 수업 듣기, 해돋이 보러 가기 등을 꼽을 수 있다. 진입 장벽이 낮지만 ROI Return on Your Investment (투자수익률)도 낮다. 하지만 ROI가 낮은 게 나쁜 것은 아니다. 이러한 경험들은 당신을 흥분에 빠뜨리거나 인생을 바꿔 놓을 수는 없을 것이다. 하지만 이 경험들을 자주 실천하면 시간이 흐르면서 이 작은 수익들이 더해져서 중요한 가치가 될 수 있다.

반대로 ROI가 높은 경험들은 훨씬 더 큰 투자가 필요하다. 그러나 수익 역시 높다. 경험이 다 그렇다. 뿌린 만큼 거두는 게 경험이다. 많은 노력이 필요한 경험일수록 당신의 삶에 더 큰 가치를 더할 수 있다. 무대에서 공연하기, 마라톤 참가하기, 당신이 꿈꿔 온 곳으로 여행 가기, 결혼하기 등과 같은 큰일들은 한 인간으로서 당신을 성장하게 하고 당신의 시야를 확장한다. 그 경험들은 당신의 루틴을 대대적으로 변화시키고 당신의 일상에서 느낀 소소한 것에 대한 감사한 마음을 다시금 느끼게 해 준다.

ROI 스펙트럼 전반에 걸쳐서 경험들을 시도해 보는 것이 가장 이상적이다. 만일 ROI가 낮은 경험만을 집중적으로 한다면, ROI가 높은 경험들이 가져올 수 있는 개인적 성장을 할 수 있는 기회를 놓칠 수 있다. 반대로 ROI가 높은 경험만을 고집한다면 매일매일을 즐겁고 흥미롭게 만드는 작은 즐거움들을 놓칠 수 있다. 그러므로 ROI 스펙트럼의 양쪽을 모두 경험할 수 있는 가장 좋은 방법은 ROI가 낮은 경험에서 시작해서 점진적으로 더 높은 ROI

경험으로 확장해 나가는 것이다.

나와 내 아내가 공유하고 있는 원대한 목표 중 하나는 이탈리아에서 시간을 보내며 그 아름다운 나라의 골목골목을 누비면서 맛집 투어를 하는 것이다. 알고 보니 그런 목표를 지닌 사람이 우리만은 아니었다. '인생 경험 설문조사'에서 응답자들의 인생에서 가장 하고 싶었던 경험이 무엇인지를 물었을 때, 이탈리아 여행이 최상위권 응답에 포함돼 있었다. 우리는 낮은 ROI에서부터 높은 ROI 경험들을 활용하여 믿을 수 없을 만큼 의미 있는 여행을 준비하고 성사시켰다. 물론 이 대단한 여행을 성사시키는 과정에서 무수히 많은 작은 보상들도 경험했다. (이 여행을 최대한 즐기기 위해서 로마행 항공권을 예약하고 이탈리아에서 가장 맛있는 피자 맛집을 구글링하는 것만으로 끝낼 수는 없었다.)

그 첫걸음으로 이 목표를 일정표에 포함시켰다. 대체로 날씨가 화창하고 여름 성수기 관광객이 어느 정도 사라진 9월 말로 여행 기간을 정했다. 그런 다음 여행 비용을 어떻게 마련할 것인지 생각해 봐야 했다. 해결책은 결제 적립금을 넉넉하게 제공하는 새로 출시된 델타 스카이마일스 신용카드를 사용하는 것이었다. 적립금에다 평소 카드 사용으로 받는 마일리지를 더하면 두 장의 항공권을 충분히 구매할 수 있다. 여행 날짜를 정하고 항공권 구매 비용을 어떻게 조달할 것인지에 대한 계획을 수립한 것뿐인데도 우리의 머릿속에서는 흥분과 기대감으로 인한 도파민이 마구 분비되기 시작했다.

이탈리아 여행을 일정표에 포함하고 난 후, 꿈을 꾸면서 즐거운 검색을 하기 시작했다. 이탈리아에서 어디를 가고 무엇을 하며 가장 중요하게는 무엇을 먹을 것인지를 결정하는 데 도움을 줄 ROI가 낮은 경험들을 찾아보기 시작했다. 우리는 밤마다 〈로마의 휴일Roman Holiday〉, 〈달콤한 인생La Dolce Vita〉, 〈투스카니의 태양Under a Tuscan Sun〉과 같은 클래식 영화를 보는 계획을 세웠다. 다음으로 집에서 이탈리아 음식을 해 보는 것으로 기울었다. 손으로 파스타와 피자 도우를 만들었고 우리 집안의 레시피를 되살려서 낮은 불에 오랜 시간 조리한 미트 소스(모르는 사람들을 위해 설명하자면 선데이 수고Sunday sugo, 혹은 선데이 그레비라고 불리는 레드 수프)를 만들었다. 이 맛이 풍부한 요리 레시피들은 값도 저렴하고 만드는 재미가 있으며 시간도 오래 걸리지 않는다. 그리고 이탈리아 와인을 꽤 많이 마셨던 것으로 기억한다.

시간이 가면서 저녁 식사 데이트를 위해서 새로운 이탈리안 식당이나 와인 시음회를 찾아다녔다. 그곳에서 메뉴에 대해 많은 질문을 했다. 우리는 이탈리아어로 메뉴를 읽고 싶어서 식품 관련된 어휘를 늘려 나가기 시작했고 특정 음식이 어느 지역 음식인지를 배워 나가기 시작했다. 여기에 더해서 듀오링고Duolingo 앱으로 기초 이탈리아어를 하루 10분씩 공부했더니 더듬거릴망정 이탈리아어 대화 기술(본조르노Buongiorno만으로는 대화를 할 수 없었다)이 늘었다. 앱을 통해서 누구의 진도가 가장 빠른지 알 수 있고 매일 밤 서로의 진도를 확인할 수 있어서 점점 더 경쟁심에 불타올랐다.

이러한 ROI가 낮은 경험들을 통해서 여행에 대한 전체적인 그림이 점차 구체적으로 바뀌었다. 특별히 관심이 있는 것에 어떻게 하면 좀 더 집중할 수 있는지, 어떻게 하면 이탈리아에서 보내는 시간을 최대한 활용할 수 있을지 알 수 있었다. 이는 결국 음식의 천국 이탈리아로의 여행을 더욱 멋진 것으로 만들어 주었다. 우리가 만든 맛난 음식들이나 마신 와인, 전문가와 친구들에게서 받은 조언과 관련해서 알게 된 모든 정보가 여행 계획을 수립할 때 중요한 지침이 되었다.

음식은 이 여행을 계획한 가장 중요한 동인이었지만 이탈리아와 관련된 모든 것에 몰입하면 할수록 우리의 여행이 시스티나 대성당, 콜로세움, 판테온과 같은 명승지를 우리 눈으로 직접 보지 않거나, 피아자 나보나Piazza Navona나 캄포 데 피오리Campo de' Fiori와 같은 수백 년 역사를 지닌 광장에서 로마 스타일 피자를 먹어 보지 않고 행운을 기원하면서 트레비 분수에 동전을 던져 보지 않고는 이탈리아 여행을 완성할 수 없다는 것을 점점 더 분명하게 깨닫게 됐다. 첫 체류지는 스페인 계단에서 몇 블록 떨어진 곳에 있는 부티크 호텔이었다. 스페인 계단에서 건축학적 신비를 경험했고 끝없는 미로처럼 펼쳐진 고대의 조약돌 도로를 한가하게 거닐었으며 로마 중심가가 제공할 수 있는 매력과 풍부한 문화적 역사에 흠뻑 취할 수 있었다.

거기에서 우리는 플로렌스(피렌체)행 열차에 올라서 여행의 2막을 시작했다. 가장 모호하지만 가장 많은 추천을 받은 활동 중 하나가 토스카나를 횡단하는 자동차 여행이었기 때문이다. 〈로마의 휴일〉이라는 영화를 보면서 피아트 500으로 대표되는 이탈리아의 자동차 문화를 너무나 동경했다. 그래서 도시 초입에서 피아트 500을 렌트할 수 있는 곳을 찾았다. 덕분에 쉽게 도시를 벗어나서 자동차 여행을 시작할 수 있었다.

당연히 경험해 보고 싶은 음식과 와인 리스트를 따라 루트를 결정했다. 우리는 동네 이탈리안 레스토랑에서 먹어 본 모든 음식 중에서 트러플 요리를 가장 좋아했다. 토스카나에서 생산한 트러플이 최고라는 사실을 알게 된 후 트러플 채취를 할 수 있는 곳을 검색해서 예약했다. 산미니아토San Miniato의 15세기에 건축된 한 성에 도착하고 트러플 채취의 역사, 지역, 규정에 대한 모든 것을 들었다. 그다음, 이 숨겨진 보석 트러플을 찾기 위해서 아름다운 숲이 우거진 시골 마을을 돌아다녔다. 충직한 트러플 채취견 초코 덕분에 미션은 대성공이었다. 그해 가장 큰 크기의 트러플을 찾았던 것이다. 우리가 채취한 트러플을 곧바로 호스트들에게 주었고 그들은 올리브 오일과 트러플 소스를 넣어서 만든, 간단하지만 끝내주게 맛있는 가정식 식사를 준비해 주었다. 맘마미아! 이 경험은 우리 여행에서 최고 중 최고의 하나로 꼽힌다. 정말 맛있는 식사였다.

집에 돌아와 와인 시음을 통해서 우리가 가장 좋아하는 와인이 브루넬로 디 몬탈치노나 비노 노빌레와 같은 키안티나 산지오베제 지역의 포도로 만든 와인이란 것을 깨달았다. 또한 그 와인들이 미국에서 가장 고가의 와인이지만 현지에서 사면 훨씬 저렴하다는 사실도 알아냈다. 그래서 몬탈치노와 몬테풀치아노에서 각각 1박스씩을 예약하고 이곳에서의 경험을 오랫동안 이어 나가기 위해서 최대한 많은 와인을 구매해서 귀국했다.

당신은 우리의 낮은 ROI 검색이 얼마나 분명한 방향 제시를 해주었는지 상상할 수 있겠는가? 토스카나가 여행 대부분의 시간을 보낼 장소임을 확인했지만 로마에서의 짧은 일정은 꼭 필요한 것이었고 나머지는—항공권, 호텔, 렌터카, 저녁 식사를 위한 식당이나 활동 예약—꿈을 실현하기 위한 작은 절차들이었다.

조사에서 모든 파스타 애호가에게 꿈의 여행지 이탈리아에 아직 가지 않은 이유가 무엇인지를 묻자, 많은 응답자가 어디에서부터 시작해야 할지 몰라서라고 답했다. 이럴 때는 바로 ROI가 낮은 경험들을 검색해 보는 것이 좋다. 그것들은 당신의 시야를 집중시키는 데 도움을 주어 계획 과정을 덜 부담스럽게 만든다. 우리와 동일한 과정을 따라도 좋다.

계획을 세우는 데 4개월 혹은 2년이 걸릴 수 있지만 일단 작고 쉬운 경험부터 시작하면 거대한 여행에 대한 명료함과 즐거움을 구축할 수 있다. 그리고 그것을 하는 동안 즐거움도 느낄 수 있다. 또한 당신의 꿈을 여전히 유효하게 하고 휴가와 돈을 쓰지 않고 모아야 하는 충분한 동기부여를 받을 수 있다.

게다가 ROI가 낮은 경험들은 상당한 자원을 투자하기에 앞서 위험부담이 낮은 상태에서 당신의 꿈을 테스트해 볼 수 있다. 만약에 당신이 생각했던 것만큼 이탈리안 음식을 좋아하지 않는다는 것을 알게 되면 어떻게 할 것인가? 항공권을 사고 직장에서 휴가를 내기 전에 그 사실을 확인하고 마음속으로 이탈리아 여행을 그려 보는 것이 더 좋다.

무엇보다 중요한 것은 ROI가 낮은 경험은 꿈꾸던 큰 이벤트가 실제로 현실이 됐을 때 그것을 더욱 의미 있게 만든다. 모든 노력과 기대감이 그 경험의 의미와 효과를 배가시키기 때문이다. 당신은 그 경험에 더 많이 투자하게 될 것이다. 또한 그것에 대한 기대감이 더 높아지고 모든 순간을 만끽하기 위해 더 많은 준비를 하게 될 것이다. 이는 당신이 그 경험을 현실로 만들기 위해서 무엇이 필요한지를 잘 알기 때문이다.

행동하지 않으면 대가를 치러야 한다

운송회사를 떠난 후 아무것도 하지 않고 있었던 때를 돌이켜 생각해 보곤 한다. 만일 내가 아무것도 하지 않았다면 어떤 일이 일어났을지 궁금할 때가 많다. 그해 내가 도움을 주었던 사람들은 다른 누군가로부터 도움을 받았을까? 그때 내가 행동하지 않았다면 믿을 수 없을 만큼 멋진 경험들을 할 수 있었을까? 브리짓과 내가 만나서 리슨을 시작하고 5만 명이 넘는 사람이 청각 보조기를 지원받을 수 있었을까? 나는 아내를 만날 수 있었을까? 이탈리아에 갈 수 있었을까? 지금 내가 이 책을 집필하고 있을까?

아마 못 했을 것이다. 여기까지 도달하면 정신이 번쩍 든다. 그 순간 시작된 긍정적인 변화의 정도는 어마어마했다. 그런데 결코 그런 일이 일어나지 않았으리라 상상하면 마치 내가 날아오는 총알을 피한 것 같은 기분이 든다. 만일 기약 없이 기다렸다면 그것은 나의 '언젠가' 목록에 머물러 있으면서 절대 현실이 되지 못했을 것이다.

행동을 개시하자마자 긍정적인 연쇄작용을 촉발할 수 있다. 하루를 기다리면 새로운 것을 즐길 날과 인간으로서 성장할 수 있는 날, 세상에 긍정적인 영향을 미칠 수 있는 날이 하루 더 줄어드는 것이다. 행동하지 않으면 자신과 당신이 교감하는 모든 사람에게 해를 가하는 것이다.

모든 꿈은 작은 행동으로 잘게 쪼갤 수 있다. 사실 그것이 원대한 꿈을 달성하는 유일한 방법이다. 만일 당신이 지금 당장 그러한 작은 한 걸음을 떼지 않으면 원대한 꿈은 결코 현실이 되지 못할 것이고 당신은 썸데이 신드롬의 또 다른 피해자가 될 뿐이다.

이 장의 핵심은 당신이 늘 고수할 수 있는 완벽한 일정표와 결코 포기해서는 안 되는 완벽한 습관으로 이루어진 완벽한 삶을 창조하려는 것이 아니다. 이 장의 목표는 진화를 도모하는 것이다. 당신이 바라는 경험들을 현실이 되게 하기 위해서 실질적이고 구체적인 절차를 밟기 위한 것이다. 방해가 되는 내적인 장애물을 하나씩 하나씩 제거하는 것이고 하루하루 그러한 경험이라는 부를 차곡차곡 쌓기 시작하는 것이다. 어떤 경험들은 멀리서 보면 산처럼 보일 것이다. 수년이 걸려야 달성할 수 있는 거대하고 비현실적인 목표처럼 보인다. 그러한 목표를 달성하는 유일한 방법은 한 번에 한 걸음씩 전진하는 것뿐이다. 일단 첫발을 떼면 곧 도착지에 도착할 수 있다.

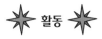 활동

낮은 ROI에서 높은 ROI로

당신의 보물 지도에서, 상당한 시간, 노력 그리고/혹은 돈의 투자가 필요한 높은 ROI 경험 하나를 선택한다. 그리고 나서 아래 절차들을 따라가면 이 꿈을 이룰 가능성을 극대화할 수 있다.

1. 선택한 경험을 작고 달성 가능한 절차들로 나눈다. 작으면 작을수록 더 좋다. 각각의 절차는 당신이 실천할 수 있는 구체적인 행동이어야 한다는 점을 명심해야 한다.

2. 이 모든 절차를 당신의 일정표에 기입한다. 그것들을 다 실천하는 데 얼마나 걸릴지, 언제 그것들을 할 수 있을지 확신이 서지 않는다면 최대한 추측해서 기입한다. 필요하다면 언제든 그것들을 실행하는 시기를 뒤로 미룰 수 있다.

3. 첫 번째 절차를 살펴본다. 그것을 수행하기 위해서 최대한 쉽고 편리하게 만들 방법이 있는가? 그 절차를 제때 완수하지 못했을 때 스스로에게 어떤 대가를 치르게 할 것인가?

4. 이 ROI가 높은 경험을 달성하기 위해서 적어도 한 명의 책임 파트너를 생각해 낸다. 그 사람은 당신이 목표를 향해 앞으로 나아가는 데 도움을 줄 수 있어야 한다. 책임 파트너에게 제안할 메시지의 초안을 작성한다.

5. 당신이 선택한 높은 ROI 경험을 지원해 줄 최소 5개의 낮은 ROI 경험을 생각해 본다. 그중에서 적어도 1개를 다가올 2주간의 일정표에 기입한다.

참고: ExperientialBillionaire.com에 방문하면 무료 경험 가이드와 더불어 이 활동의 확장된 버전을 다운로드 및 인쇄할 수 있다.

파도를 멈출 순 없지만
파도 타는 법을 배울 수는 있다.

-존 카밧진Jon Kabat-Zinn

제6장

부정을
긍정으로 바꿔라

브리짓 힐튼 이야기

서핑을 시작하면서 먼저 알게 된 사실 중 하나는 바다가 상당히 예측 불가능하고 가혹하다는 것이었다. 보드에 올라서서 자신감이 올라오기 시작할 무렵 어느 순간 갑자기 물속으로 빠져들어 파도에 휘말리고 만다. 바닷물 속에서의 몸부림이 끝나면 당신은 발과 다리가 여전히 제대로 잘 움직이는지 확인하고 깊게 숨을 들이마시면서 폐를 가득 채운 아름다운 산소에 감사한다.

그것은 실제 삶과 그렇게 다르지 않다. 때때로 거대한 파도가 느닷없이 나타나 당신을 쓰러뜨리면 방향감각을 잃고 숨을 헐떡인다. 그와 똑같은 일이 2020년 새해에 시작돼서 몇 개월 동안 내게 일어났다. 나는 몇 개월 동안 아파트 바닥에 앉아 흐느껴 울면서 모든 것이 어떻게 이렇게 빠르게 변할 수 있는지 의아해하면서 발을 디딜 안전하고 안정적인 바닷가를 필사적으로 찾고 있었다.

그것은 5년 동안의 관계를 청산하는 것에서 시작됐다. 우리는 샌프란시스코에서 가정을 꾸렸다. 우리에게는 아이들(반려동물)이 있었다. 사교활동은 부부로서의 삶을 중심으로 돌아갔다. 하지만 우리가 헤어지면서 순식간에 이 모든 것이 증발했고 나는 다시 로스앤젤레스로 돌아왔다.

나는 코로나19 봉쇄 조치가 시작되기 직전에 이사 왔다. 사람들은 공포에 휩싸인 채 우편함에서 배달된 편지를 꺼낼 때 고무장갑을 착용했고 먹을 채소에 소독용 알코올을 분무했다. 어떤 사람들은 은행에 갈 때 방호복을 입었고, 엘리베이터 안에서 여전히 기침하는 사람들도 있었다. 육체적, 정신적 고난이 곳곳에서 감지됐다. 당연히 말할 수 없이 혼란스러웠다.

이 모든 것이 내게는 거대한 쓰나미 같았다. 이혼 후 그 고통을 잊기 위해 밖에 나가서 사람들을 만나야 했지만 그것은 아예 불가능했다. 설상가상 팬데믹으로 리슨의 사업은 반 토막으로 줄었다. 우리의 월급과 함께. 수년 동안 우리를 위해서 가족처럼 일해 준 직원들을 해고해야 했다. 자선사업 파트너도 활동을 유보해야만 했다. 조는 미국 중동부에서 오도 가도 못 하고 발이 묶여 있었다. 그와 그의 아내는 도시 봉쇄 조치가 시작되기 직전, 갓 태어난 아기와 함께 처가댁을 방문했었다. 내가 이주한 동네는 거의 하루아침에 너무 많은 사람이 직장을 잃은 후 범죄 온상으로 돌변했다. 직장을 잃고 조금 남은 돈을 살림살이 바꾸는 데 사용한 직후, 내가 새로 이사한 집에는 몇 차례나 강도가 들었다.

내 삶의 모든 근간이 송두리째 뽑혔다. 대부분의 인간관계, 내가 살았던 도시, 여행할 수 있는 능력, 친구들과의 사교활동, 나의 목적, 안전, 나의 재정 상태 등 모두가 흔들렸다. 이 모든 게 한꺼번에 붕괴하고 있었고 아울러 정신적, 육체적 건강도 함께 무너지고 있었다.

최악의 상황에 부닥친 나는 거의 아무것도 먹지 못하는 바람(평소에 나는 목숨보다 먹는 것을 더 좋아했다)에 무려 9킬로그램이나 체중이 빠졌다. 잠도 잘 수 없었고 아무것도 하고 싶지 않았다. 유일하게 반가운 때는 하루가 끝나 비로소 다시 침대에 기어들어 갈 수 있는 순간뿐이었다. 물론 침대에서 기어 나오는 날조차 드물기는 했지만.

어느 날, 나는 이사한 로스앤젤레스 집에서 시큰둥하게 이삿짐 상자들을 열어 보다가 아주 특별한 말차 찻잔 하나를 발견했다. 몇 년 전 일본 여행 중에 사무라이 문화를 공부하면서 하루를 보낸 적이 있었는데, 사무라이 경험이 마무리되어 갈 때쯤 전통 차를 마셨다. 이때 나는 아름다운 도자기 잔을 손에 들고 있다가 그것이 들쭉날쭉한 금줄로 채워져 있다는 것을 발견했다.

이 흥미로운 디테일에 대해서 질문하자 선생님은 킨츠기 Kintsugi에 대해서 설명했다. 그것은 파손과 수리를 도자기의 감춰야 할 단점으로 간주하기보다는 도자기가 지닌 역사의 일부로 간주하는 일본의 한 철학을 의미한다. 킨츠기는 깨진 도자기를 장식하는 오랜 전통을 통해서 분명하게 드러난다. 깨진 도자기를 버리거나 새것처럼 보이게 수리하는 대신 깨진 틈을 금빛 금속으로 채운다. 이것은 깨진 금을 숨기는 대신에 두드러져 보이게 만든다.

나는 사무라이 수업의 선생님 설명을 듣고 이 철학에 즉각적으로 공감했다. 그것은 실수, 단절, 인생의 위기가 긍정적인 영향을 미칠 수 있으며 그러한 것들을 숨기거나 버려서는 안 된다는 생각을 구체적으로 보여 주는 것 같았다. 대신 이러한 것들을 인정하고 오히려 드러내야 한다는 것이다. 모든 것—좋은 것, 나쁜 것, 못생긴 것—이 우리를 이롭게 할 수 있으며 우리는 어떤 경험도 버려서는 안 됨을 나의 뇌리에 강하게 새겨 주었다.

그런 참담한 시기에 찻잔 하나가 마술처럼 모든 것을 개선할 수는 없지만, 그 찻잔은 나의 부정적 경험들이 내 삶의 소중한 일부가 될 수 있다는 것을 상기시켜 줬다. 모든 것이 무너진 후 지금이 내 미래를 완전히 바꿀 적기임을 깨달았다. 사실 온갖 즐거움, 전 세계를 누비며 전율이 느껴지는 경험을 했지만 내 인생에서 가장 의미 있는 경험은 우울증을 극복하고 정신건강을 회복하는 여행이었다고 생각한다.

내가 경험하는 것이 나를 이룬다

당신의 삶에서 가장 가치 있는 경험은 무엇인가?

설문 연구에서 이 질문을 했을 때 참가자의 3분의 1은 부정적 사건—당시 고통을 유발했던 경험—을 꼽았다. 다음은 몇 가지 사례들이다.

"가장 의미 있는 경험은 노숙인으로 살았던 겁니다. 그것을 통해서 내가 배운 교훈은 무엇이 됐든 아무리 승산이 없는 일이라도 절대 포기하지 말고 계속하라는 것입니다." -필라델피아의 안드레이

"어머니가 암에 걸리셨을 때, 나는 삶이 얼마나 부서지기 쉬운지 깨달았어요. 그것은 엄마와 나의 관계 그리고 앞으로의 시간에 대한 내 생각을 바꿔 놨습니다." -라스베이거스의 로베르트

"마약 중독은 나에게 다른 사람에 대한 연민을 느끼게 했습니다. 그래서 지금 저는 저처럼 어려움을 겪고 있는 사람들의 재활을 돕고 있어요." -주노의 줄리아

"이혼한 것이 가장 의미 있는 경험이었던 것 같습니다. 이혼을 하지 않았다면 저는 평생 진정한 내가 누구인지 모르는 상태로 살았을 거예요. 하지만 이혼으로 저는 혼자가 됐고 그것

이 어떤 의미인지 잘 알게 됐지만, 지금의 저는 과거보다 훨씬 더 나은 사람입니다." -스튜디오 시티의 브렌

"천직이라고 생각했던 직장에서 해고당한 것이 가장 좋은 경험이었다고 생각합니다. 해고로 제 삶을 바라보게 됐고 제가 그 일을 하게 된 게 부모님이 원해서라는 것을 깨닫게 됐으니까요. 지금 저는 새로운 일을 하면서 훨씬 행복하게 살고 있어요." -헨더슨의 보

삶의 경험이 주는 가치를 생각할 때 긍정적인 것들에만 초점을 맞추는 경향이 있다. 휴가, 멋진 데이트, 훌륭한 식사, 트로피를 들어 올렸을 때(물론 참가만을 위한 것이었지만 여전히 멋진 경험이다) 등이다. 하지만 가장 강렬한 이야기는 대개 매우 진지하고 때로는 꽤 충격적인 내용을 담고 있을 가능성이 크다.

당신이 가장 최근 본 영화나 재미있게 읽은 책에서 아무 일도 일어나지 않았을 리는 만무하다. 그런 면에서 이는 일리가 있는 이야기다. 아무 일도 일어나지 않은 영화나 책이 그리 인상에 남을 리는 없다. 그런 이야기에 무슨 의미가 있겠으며 독자를 이야기 속으로 끌어들이는 강력한 매력은 또 어디에 있겠는가?

이런 이야기는 어떨까?

"아침에 일어났을 때 모든 것이 완벽했다. 나는 잘 쉬고 훌륭한 아침 식사를 하고 힘든 일이 전혀 일어나지 않은 완벽한 하루를 보냈다. 그리고 내가 바라던 모든 게 현실이 됐다."

지루하다. 멋진 하루처럼 들리지만 이야기로서는 완전히 망한 내용이다. 재미도 제로다. 뭔가 불행한 일이 끼어들지 않는 행운으로만 가득한 이야기에는 아무도 관심 갖지 않는다. 살면서 불행한 순간이 한 번도 일어나지 않았는데 좋은 일에 감사할 수 있을 것 같은가?

인생의 목적이 그것을 훌륭한 이야기로 만드는 데 있는 건 아니지만, 음… 그래도 어느 정도는 비슷하다. 멋진 이야기 속에서 공감할 수 있는 인물들이 큰 시련을 겪고 그 결과 성장하기 때문이다. 이것이 모든 위대한 이야기를 이끄는 주인공의 여정이다. 약점이 있는 주인공이 위기를 겪고 장애물을 극복하고 중요한 목표를 달성하며 어떤 면에서 더 나은 방향으로 변화된 인물이 된다. 성장할 수 있는 유일한 방법이 처참한 고통을 겪는 것이라고 말하는 것이 아니다(난 당신이 그런 고통을 겪기를 바라지 않는다). 그러나 시련은 우리를 좀 더 나은 사람이 될 수 있도록 큰 보폭으로 걸어 나가게 인도한다.

피할 수 없는 현실이 있다. 그것은 인생이 늘 계획된 대로만 진행되지는 않는다는 것이다. 높은 기대감은 실망을 부른다. 관계는 악화된다. 사고, 질병, 자연재해가 일어난다. 사업 계약이 파기된다. 나이가 지긋한 분들 아무나 붙들고 물어보라. 그들의 인생이 늘 좋기만 했는지. 장담하는데 절대 그렇지 않다고 열을 내면서 그들의 긴 인생 여정을 늘어놓을 것이다.

그러나 내가 가장 좋아하는 우화가 잘 보여 주듯이 결국 부정적 경험들이 모두 나쁜 것은 아니다.

늙은 농부의 종마가 대회에서 상을 받았다. 그의 이웃은 그에게 축하 인사를 건네기 위해 찾아왔다. 하지만 그 늙은 농부는 이렇게 말했다.

"뭐가 좋은 일이고 나쁜 일인지 누가 알겠소!"

다음 날 도둑들이 들어와 그 종마를 훔쳐 갔다. 다시 그 이웃이 노인에게 위로의 말을 전하러 찾아왔을 때, 그 농부는 이렇게 답했다.

"뭐가 좋은 일이고 나쁜 일인지 누가 알겠소!"

며칠 뒤, 기백 넘치는 이 종마가 도둑들에게서 탈출하여 야생 암말 무리에 합류해서 이 암말들을 이끌고 농장으로 돌아왔다. 그 이웃이 농부와 기쁨을 나누기 위해 찾아왔지만 이번에도 농부는 이렇게 답했다.

"뭐가 좋은 일이고 나쁜 일인지 누가 알겠소!"

다음 날, 이 암말 중 한 마리를 길들이려던 농부의 아들이 말에서 떨어져서 다리가 부러졌다. 그 이웃이 농부와 슬픔을 나누러 찾아왔지만 농부의 태도는 변화가 없었다.

그다음 주, 군대가 지나가면서 전쟁에 끌고 갈 군인들을 징집했지만 다리가 부러진 농부의 아들은 그 군인들에게 끌려가지 않았다. 그래서 그 이웃은 속으로 생각했다.

"그래, 뭐가 좋은 일이고 나쁜 일인지 누가 알겠는가!"

그러나 우리는 나쁜 일—불편하다고 생각되는 일—을 피하려고 엄청난 시간과 에너지를 쓴다.

우리 사회는 편안함에 상당히 집착한다. 우리는 소파에 앉아서 배달서비스로 타코를 집 앞까지 배달해서 받고 인스타그램을 스크롤해서 읽어 내려가면서 훌루Hulu(미국의 OTT 서비스 회사)에서 드라마를 보고 죽치고 앉아 있던 소파에서 몸을 일으켜 침대로 가 잠을 잔다. 우리는 자신의 신체적, 정신적 안전지대를 떠나는 것을 몹시 싫어한다. 불편함을 바람직하지 않은 경험으로 간주하고 원하는 모든 것이 노력 없이 저절로 이루어지는 삶에 대한 환상을 품는다.

문제는 당신의 안전지대 밖에 귀중한 가치와 성장이 존재한다는 것이다. 안전지대 안에 머무르는 것은 삶을 제한한다. 당신이 할 수 있는 일뿐 아니라 어떤 사람이 될 수 있는지, 세상에 미칠 수 있는 영향력도 제한한다. 그렇다고 당신에게 고통을 적극적으로 찾아 나서라고 말하는 건 아니다. 하지만 만약 불편함을 피하는 데 인생을 소비한다면 진정한 부를 축적하는 삶을 놓치게 될 것이다.

잠깐 육체적 불편함에 대해서 생각해 보자. 삶을 즐기기 위해서 험지 탐험가가 될 필요는 없지만 사실 가장 놀라운 경험들은 종종 육체적으로 몹시 힘들 때 겪곤 한다. 세계에서 가장 흥미롭고 멋진 장관을 자랑하는 명소는 일반적으로 접근이 그리 쉽지는 않다. 그곳에 가려면 긴 비행시간, 울퉁불퉁한 도로, 가파른 산길, 혹은 멀미를 동반한 배 탑승을 감수해야 한다. 귀중한 추억을 간직하려면 대가를 치러야 한다.

친구들과 나는 차를 타고 춥고 바람이 몹시 불고 때때론 위험한 지형을 뚫고 8일 동안 오로라를 찾아서 아이슬란드 외곽을 돌아다녔다. 하지만 마침내 오로라와 마주친 순간 나는 환희의 눈물을 흘렸다. 화려한 색깔의 오로라가 하늘을 수놓으며 춤을 추는 경이로운 모습을 바라보면서 목청껏 온 힘을 다해 소리 질렀다. 평생 그보다 더 위대한 장관을 본 적이 없었다. 그날 밤은 내 기억속에 영원히 아로새겨져 있고 오로라를 보기 전까지 겪어야 했던 그 어떤 불편함이 기억나지도 신경 쓰이지도 않았다. 사실 따뜻한 호화 리조트에 편안하게 앉아서 쉬는 것보다 그 힘들었던 여행을 몇 번이라도 다시 떠날 의향이 있다.

당신은 오로라를 보지 않고도 살 수 있는가? 물론 살 수 있다. 산을 오르지 않고도, 산호초 가득한 바다에서 수영을 하지 않고도, 동굴을 탐험하지 않고도, 하늘을 날아 보지 않고도, 별이 쏟아지는 하늘 아래서 잠을 자 보지 않고도 살 수 있다. 육체적 한계를 시험하지 않고도 살 수 있다. 원한다면 쾌적한 방의 편안한 가구와 함께 평생을 보낼 수 있다. 다만 그런 선택을 한다면 당신은 이 세상의 내적, 외적 아름다움을 많이 볼 수 없을 것이다.

정서적, 심리적 불편함은 같은 방식으로 작동한다. 그러한 불편함을 회피한다는 것은 그 불편함이 동반하는 긍정적인 경험들—예를 들어 좌절을 안겨 주는 장애물을 극복했을 때 따라오는 성취감이나 실연 이전의 사랑—도 포기한다는 의미다. 내가 나의 수호 동물이 소라게라고 말하는 이유가 그것이다. 소라게는 자신의 낡은 껍데기가 벗겨져 나가게 두고 새로운 껍데기가 더 크게 자라기를 기다리는 동안 위험한 상태에 노출된다. 마찬가지로 인간도 변화의 가능성을 열어 두거나 더 이상 도움이 되지 않는 오랜 습관, 신념 혹은 환경을 떨쳐 낼 의향을 가질 때 이로움을 얻을 수 있다. 변화, 시련, 위험을 수용할 때 개인적 성장을 이룰 수 있고 새로운 경험을 할 수 있다. 나아가 성취감이 충만한 삶을 살 수 있다.

소라게 혹은 인간에게 안전지대는 살기에 위험한 장소다. 당신이 진정한 성취감보다 안락함을 선택한다면 전념의 정도commitment에 대해서 생각해 보자(관계, 임대, 직장 등). 위험을 감수하고 늘 편안하지만은 않은 것들을 받아들일 때 당신의 삶을 어떻게 개선할 수 있을까?

경험은 당신을 앞으로 가게 한다

깊은 우울증에 시달릴 때였다. 그때는 이러한 일들이 어떻게 내 삶을 긍정적으로 변화시킬 것인지에 대해 생각하지 못했었다. 당신이 힘든 시기를 겪고 있을 때, 사람들이 이렇게 말할 때 가장 짜증스러울 것이다.

"괜찮아질 거야. 그러니 그냥 즐겁게 지내. 세월이 약이라고 하잖아!"

전혀 위로가 되지 않는 말이다.

당신은 뭐가 도움이 되는지 알고 있다. 그것은 뭔가를 하는 것, 즉 경험을 하는 것이다.

결국 그것이 나를 우울증의 심연에서 끌어냈다. 나는 아주 천천히 심연으로 빠져들었고 실제로 앞으로 내가 어떻게 될지 상상하기가 두려웠다. 그때 나는 더 이상 잃을 것이 없다고 생각했다.

다시 행복해지려면 나는 뭔가 다른 것을 해야 했다.

나는 작은 것부터 시작했다. 침대 속으로 다시 기어들어 가고 싶어질 때마다 몸이 더 건강해질 수 있는 활동을 했다. 공원을 산책하고 자전거를 탔으며 음식을 만들었다. 목욕을 하거나 집을 청소하는 것과 같이 아주 기본적인 것들도 도움이 됐다. 내가 한 이 활동 중에서 그 어떤 것도 획기적인 것은 없다. 하지만 그 활동들은 수동적으로 앉아서 시간을 보내고 고통 속에서 빠져 있던 기존의 생활방식을 중단시켰다.

그러한 생활방식의 중단은 엄청난 효과가 있었다. 이는 행동이 감정에 자양분을 공급하기 때문이다. 그것은 하나의 거대한 순환구조다. 감정이 사고에 영향을 미치고 사고는 행동에 영향을 미친다. 행동은 당신의 경험에 영향을 미치고 당신의 경험은 감정에 영향을 미친다. 이 순환구조는 자기 강화적일 때가 많다. 연구에 따르면 우리가 매일 하는 6만 가지 생각 중 약 90퍼센트가 재활용된다. 우리는 패턴에 빠져들고 이 패턴들은 생명 활동, 신경회로, 신경 화학반응, 신경호르몬 심지어 유전자 발현까지 부정적인 상태에 빠지게 할 수 있다.

이러한 작은 경험들이 나의 감정을 좋은 방향으로 조금씩 움직이게 했고 그 활동들을 지속적으로 하기 시작하면서 차이가 확연해지기 시작했다. 새로운 하나의 루틴이 나의 감정을 극적으로 바꾸었다. 매일 해가 뜨고 지는 것을 바라보면서 간단한 감사 의식을 수행했다. 그 수행은 나를 아침 일찍 기상하게 했고 반려견을 데리고 밖으로 나가서 산책하게 했다. 내 삶에 남아 있는 긍정적인 측면들을 생각하는 것으로 나의 하루를 시작하게 했다. 그것은 또한 수면을 조절하는 데도 도움을 주었고 육체적으로 더 건강하고 활력이 넘치는 듯한 기분도 들게 했다. 이 아침 루틴은 하루 일과 중 내가 가장 좋아하는 것이 되었고 나는 여전히 그 루틴을 지속하고 있다.

이러한 경험들이 간단한 것이었다는 게 중요하다. 왜냐하면 뭔가를 더 하고 싶은 의욕이 전혀 없었기 때문이다. 하지만 드러누워서 끝도 없는 우울한 생각의 심연으로 떨어지는 대신, 산책을 위해 집 밖으로 나온 것에 대한 칭찬의 의미로 스스로를 토닥였다. 조금씩 조금씩 활력을 되찾기 시작했고 더 큰 활동을 하고 싶은 욕심이 생겼다.

시련은 불가피했지만 고통은 선택적이었다. 고통에 집중하는 대신 다른 것에 정신을 집중하자 새로운 경험들이 좀 더 매력적으로 다가왔다. 데크 산책로를 롤러 블레이드를 타고 내려가거나 작살 낚시와 같은 아드레날린이 분출하는 활동과 더불어서 그림 그리기, 시 쓰기, 커피콩 볶기 등과 같은 정적인 활동들을 시도했다. 또 내가 방문했던 곳에서 배운 요리들을 재현해 봤다. 쉬운 것에서부터(일본 도쿄의 로손 편의점에서 먹어 봤던 에그 샌드위치나 런던 디쉬룸에서 먹어 본 차이티 등) 점차 어려운 요리로 도전—빈투바 초콜릿이나 가정 숙성 샤퀴테리(프랑스의 돼지고기 가공식품, 햄이나 소시지)—의 난이도를 높여 갔다.

제약이 조금씩 느슨해지기 시작하면서 다채로운 새로운 활동—옷에 홀치기 염색하기, 스시롤 만드는 법 독학하기, 컨넥트 포 Connect Four 토너먼트 주최하기, 핫소스와 피클 발효하고 라벨지 붙이기, 한밤중에 베네치아 비치로 몰래 빠져나와서 생물이 발광하는 바다에서 수영하기—에 관심이 있는 친구들을 발견하게 되어 너무 기뻤다. 팬데믹은 여러 가지 면에서 불행한 일이었지만, 사람들이 자신이 사랑하는 이들과 새로운 일을 시도하는 것을 보는 것은 그나마 괜찮은 부분이었다. 삶이 어떤 모습이어야 하는지 어렴풋하게 보여 주는 것이기도 했다.

이러한 경험들은 자연스럽게 나의 세로토닌과 도파민—행복 호르몬—의 분출을 자극했다. 이에 따라 일시적으로 우울증에서 벗어날 수 있었다. 새로움은 눈앞에 있는 일에 집중하도록 했고 과거 혹은 미래에 대한 걱정이 들어설 공간을 없애 버렸다. 그리고 뭔가 새로운 것을 하는 데 성공하자 그것은 자신감과 용기를 북돋는 데 도움이 됐다.

나의 개인적 경험은 과학적 연구 결과와도 완벽하게 일치한다.

과학 연구의 증거에 따르면 뭔가 새로운 일을 하면서 현재에 좀 더 집중하면 기분을 개선시키는 뇌의 영역을 자극하고 활성화할 수 있다고 한다. 그러므로 다음에 삶이 당신을 궁지에 몬다고 생각된다면 리모컨을 내려놓고 이전에 해 보지 않은 것을 시도해 보라. 말처럼 쉽지는 않지만 효과가 있다.

고통을 통해 성장한다

머릿속에서 부정적 경험을 털어 내는 것이 전부는 아니었다. 그 부정적 경험이 내 인생의 의미 있는 일부가 되게 하기 위해서는 그 경험들을 통해 교훈을 얻어야만 했다.

그러기 위해서 나 자신, 나의 생각, 나의 과거 행동을 해체할 필요가 있었다. 나는 부정적인 사고를 긍정적인 사고로 바꿈으로써 이 고통의 정반대편에 도달하기 위해 노력했다. 나는 행복이 내적인 활동이라는 것을 알았고 내 이야기를 어떻게 끝낼지를 결정할 수 있는 사람은 나 자신뿐임을 깨달았다.

나는 치료사를 만났다. 사실 이는 과거에는 단 한 번도 고려해 보지 못한 결정이었다. 당시 나는 난생처음으로 정신적 육체적으로 쇠약해져 있었다. 그전에는 이러한 삶의 패턴과 문제를 갖고 있다는 것을 인정하고 치료받기를 거부했다. 개발도상국을 돌아다니면서 만났던 그 사람들처럼 도움을 받을 가치가 있다고 생각하지 않았기 때문이었다. 미국인으로서 자신의 정신건강에 집중하는 것이 어처구니없는 특권을 누리는 것이라고 여겼다. 분명한 점은 내가 완전히 잘못 생각하고 있었다는 것이다. 트라우마를 비교하는 것은 부질없는 일이다. 시간이 지나면서 나 자신의 정신적 문제를 해결하지 않고 둔 것이 나와 다른 이들과의 관계와 나 자신과의 관계를 파국에 이르게 했다. 이는 지금의 이 모든 상황을 초래한 이유가 됐다.

그래서 시간과 공간을 내서 나의 문제my demons가 무엇인지를 직시하기로 했다. 과거 행동 패턴을 분석하고 내 행동의 원인을 파악했으며 그 행동의 결과를 책임졌다. 내가 통제할 수 있고 또 통제할 수 없는 것에 대해서 오랫동안 고민했다. 이미 끝난 관계를 바꿀 수는 없었지만 미래에 관계와 관련된 상황을 어떻게 다룰 것인지를 결정해서 같은 패턴이 반복해 일어나지 않게 할 수는 있었다.

오랜 분석이 끝나고 살고 있었던 위험하고 불확실한 콘크리트 정글에서 벗어나 피신할 곳이 필요했다. 나는 범죄가 빈발해서 스트레스를 유발하는 동네를 통제할 수는 없지만, 좀 더 평온한 동네로 이사할 수는 있었다. 늘 '언젠가' 자연과 좀 더 가까운 곳으로 이사 가서 살 것이라고 말했다. 지금 내가 이사를 한다고 해서 잃을 것은 아무것도 없었다. 로스앤젤레스의 북쪽 바닷가 근처 동네에서 크기는 작았지만 임대료가 비슷한 집을 찾았고 그것은 나의 기분, 건강, 궁극적으로 생활방식을 완전히 바꾸어 놓았다. 이사는 힘들고 지치는 일이지만 물, 나무, 햇빛, 바위, 동물들에 둘러싸인 곳—치유를 방해하기보다는 이를 지원해 줄 장소—에서 살기 위해서는 그 정도 수고는 감내할 만한 가치가 있었다.

나는 마음을 평온하게 만드는 법을 배우기 위해서 동네에 있는 초월명상센터를 찾았다. 애착 유형, 사랑의 언어, 고트먼, CBT, 에니어그램—이전에는 몰랐던 이러한 방식들이 나를 이해하는 데 도움을 주었다—에 대한 자료들로 책꽂이를 채워 나가기 시작했다. 미안한 일, 후회되는 일들을 모조리 메모했다. 내가 상처를 입혔다고 생각한 사람들에게 사과했다.

치유 여정을 시작한 지 1년 반이 지나서 캘리포니아 페탈루마에 있는 호프먼 연구소에서 주최하는 집중 회고적인 치료 수련회에 일주일간 참석했다. 그 경험은 내가 상상했던 나 자신을 이해하는 데 있어 삶을 바꿔 놓을 정도로 큰 영향을 미쳤다. 하루는 슬픔과 고통으로 절규하다가 다음 날은 어린아이처럼 즐거움에 흥분했던 적이 그때 외에는 단 한 번도 없었다. 5번 고속도로를 지루하게 달려 집으로 운전해서 오는 7시간 동안 나의 세상이 흑백에서 갑자기 총천연색으로 바뀌는 것 같았다. 내 인생을 막고 있던 이 거대한 장애물의 반대편에 와 있다는 것을 깨닫는 순간 진심으로 살아 있고 자유를 찾았다는 생각이 들었다.

대다수처럼 나 역시 내 문제 앞에 거울을 설치하는 것은 지극히 불편한 일이었다. 그 문제를 힘들여 해결하기 위해 노력하는 대신 그것들을 외면하고 나를 무감각하게 만들고 과거와 동일한 패턴을 반복하는 것이 단기적으로는 훨씬 편했을 것이다. 결국 그런 쉬운 길을 내 평생 선택해 왔던 것이다. 하지만 이번에는 나의 고통을 배우고 성장하는 기회로 활용하기로 했다. 그 같은 결정은 완전히 다른 결과를 가져왔다. 내 인생의 이야기에서 하나의 불행한 시기로 인식하는 대신 나를 더 건강하고 행복한 사람으로 만들고 더 밝은 미래를 위한 토대를 만든 중요한 전환점으로 그 기간을 회상한다.

당신의 기억 은행에서 인출하라

기억은 경험에 대한 당신 투자의 수익이다. 그 기억들 덕분에 당신은 좋았던 순간을 되돌아볼 수 있고 이는 마음 상태를 효과적인 방법으로 바꾸어 놓을 수 있다.

삶이 가장 참담하던 시절에 나는 휴대전화에 저장된 사진들을 훑어보고 가장 행복했던 순간들을 하나의 폴더로 만들었다. 저렴한 가격으로 그 사진들을 인쇄할 수 있는 웹사이트를 발견했고 인쇄한 사진들을 내 아파트 벽에 걸었다. 과거의 향수가 나를 고통

속에서 몸부림치는 것을 막아 주었다. 기분이 나빠지기 시작할 때마다 그 사진들은 나를 웃게 했다.

향수Nostalgia는 행복한 기억과 과거에 대한 그리움을 포함하는 복잡 미묘한 감정으로 냄새나 음악과 같은 감각자극에 의해 유발되는 일이 많다. 그것은 누구나 가지는 공통된 경험이며 향수鄕愁의 대상은 삶을 살아가는 동안 내내 바뀌는 것이 일반적이다. 원래 1700년대에는 향수를 질병으로 간주했지만, 연구 결과 향수가 실제로는 불행에 대항하는 일종의 방어기제임을 보여 준다. 긍정적인 기억들을 회상함으로써 향수는 사회적 결속을 강화하고 기분을 향상시키며 낙관을 증가시킨다. 사실 다수 연구에 따르면 향수를 유발하면 실존적 불안을 줄여 주고 영성을 향상시킬 수 있다고 한다.

사진과 작은 기념품(내 찻잔처럼)은 우리가 감사하는 마음을 가져야 할 필요가 있는 시기에 과거 순간들을 효과적으로 되살릴 수 있게 해 준다. 이것은 우리의 물리적 기억 은행이다. 그러나 그 기억들은 휴대전화, 컴퓨터 혹은 저장장치에 갇힌 채 절대 나오지 않는 일이 많다. 이 기억들을 정리해서 당신이 사는 곳에 전시하는 것은 의미 있는 노력이 될 것이다. 기억을 구하면, 어느 날 그 기억이 당신을 구해 줄지 모른다.

이 힘든 시기를 겪어 내는 가장 효과적인 방법 중 하나는 최악의 경험들을 목록으로 만드는 것이다. 이 기억들은 이전에 내가 힘든 시기를 경험했고 이를 인내했으며 이후 행복한 시간을 맞을 수 있었음을 상기시켜 주는 역할을 했다. 그것은 터널 끝에서 반짝이는 빛을 볼 수 있게 도움을 주었다. 해고당했지만 결국 캘리포니아로 이사해서 새로운 일을 시작하게 된 때를 떠올렸다.

중요한 사업 계약을 성사시키지 못했던 때를 기억했다. 사실 그 계약의 실패는 회사를 구한 일종의 전화위복이었다. 참담한 경험 중 일부는 결과적으로 귀중한 교훈이 되거나 나의 미래를 완전히 바꾸어 놓았다. 그리고 또 일부는 시간이 지난 후 웃으면서 이야기할 수 있는 해프닝 정도가 되어 버렸다.

내가 감옥에 갔던 때처럼.

당신은 이미 내가 거짓말로 무급 인턴십을 음반사에서 하게 됐고 이후 연봉 2만 달러를 받으며 누구나 부러워하는 우편실에서 근무하게 된 사실을 알고 있다. 음악 산업에 이제 착실하게 뿌리를 내릴 수 있게 되었다는 것뿐만 아니라 실제 봉급이라는 것을 받을 수 있고 친구 집 소파를 전전하거나 회사 화장실 휴지를 슬쩍하는 행동을 하지 않아도 된다는 사실을 알게 됐을 때 내가 얼마나 기뻤는지 당신은 이해할 수 있을 것이다.

하지만 아직 기뻐하기는 너무 이른 것 같지 않은가.

2주 후 첫 월급을 받기도 전, 내가 회사 주차장 입구에서 신호

등 앞에 멈췄을 때였다. "삐요, 삐요!" 하고 파란색, 빨간색 불빛이 번득였다. 화요일 아침 9시, 사무실 건물의 거대한 회의실 창문 바로 앞에 내 차를 세웠다. 그 시간은 어쩌다 보니 일주일에 한 번 사원 전체가 참석하는 회의가 열리는 시간이었다.

회의실에 있던 모든 사람이 수갑을 차고 경찰차 뒷좌석에 태워져 실려 가는 내 모습을 맨 앞줄에서 지켜보았다. 몇 개월 전, 나는 미성년자 음주로 소환장을 받았고 그것과 함께 낼 의사도 능력도 없는 벌금도 부과받았다. 완전히 빈털터리가 돼 회사 화장실에서 휴지를 훔쳐 와 사용하는 상황에서 벌금 납부는 해야 할 일들의 우선순위에서 밀리게 마련이다. 게다가 나에게는 거주지가 없었기 때문에 법원 소환장을 받을 우편함도 없었다.

이 문제에 대한 정부의 시각은 달랐다. 벌금을 내지 않았기 때문에 체포 영장이 발부됐고 내 운전 면허증은 정지됐다. 차량 등록증도 기간이 만료된 상태였는데, 애초에 경찰이 내 차를 길 한쪽으로 세운 이유도 그것 때문이었다.

지역 구치소의 차가운 감방 안을 왔다 갔다 하는 동안 내 심장은 점점 더 깊숙이 내려앉았다. 나는 알고 있는 모든 신에게 내 상사가 나를 무책임한 비행 청소년으로 보지 않게 해 달라고 지금 하는 이 꿈같은 일을 내가 계속할 수 있게 해 달라고 기도했다. 나는 내 미래가 송두리째 위험에 빠졌다고 생각했다.

나에겐 보석을 신청할 현금이 없었다. 할 수 없이 그대로 갇혀 있을 수밖에 없었다. 감옥에서 그날 사무실에 출근할 수 없다고 알리기 위해 상사에게 전화를 걸었다. 하지만 전화를 받지 않았다. 오늘 출근할 수 없다는 말을 하기 전에 사전에 녹음된 멘트와 함께 음성사서함이 시작됐다.

[이 전화는 디트로이트 감옥에서 온 전화입니다.]

이런 젠장!

이후 나는 하루 밤낮을 교도소 감방의 벤치에 그저 앉아서, 손가락 2개를 어떻게 잃게 됐는지 상세하게 설명하는 감방 메이트 론다의 이야기를 차단하기 위해서 갖은 애를 쓰고 있었다. 그녀는 또한 내가 어떻게 탈출할 건지 내 꿈의 직장을 어떻게 지켜 낼 것인지 견인된 내 차를 어떻게 되찾을지도 전혀 몰랐다. 달성하기 위해 노력하고 꿈꿔 왔던 것이 순식간에 사라진 것도 알지 못했다.

내 부랑자 친구들은 무일푼이고 감히 부모님에게 이야기할 수도 없었다(비록 지금은 부모님이 알게 되셨지만). 그래서 기발한 계획 하나를 세웠다. 수치스러움을 감수하고 내 상사에게 보석금을 내 달라고 요청해서 다음 날 직장으로 출근하는 것이었다. 상사는 이미 내가 교도소에 있다는 것을 안다. 그런 마당에 요청을 못 할 것은 또 뭔가? 나는 첫 월급에서 대신 내준 보석금을 차감하는 방식으로 돈을 반드시 갚겠다고 그를 필사적으로 설득했다.

교도소에서 심장마비에 걸릴 정도의 스트레스를 받는 상황에서도 모든 것은 평소와 다름없이 굴러갔다. 놀랍게도 직장 동료들은 나를 고용하는 것이 부적절하다고 생각지 않았다. 그들은 우편물실에 근무하는 한 열아홉 살짜리 급사가 저지른 모든 일을 무미건조하기 짝이 없을 사원 회의에 생기를 불어넣은 재미있는 사건 정도로 치부했다. 농담거리로 전락한 것이 내가 직장을 잃지 않고 지켜 내기 위해 치러야 했던 작은 대가였다. 다행히 그 사건은 음악 산업에서 일어날 수 있는 최악의 사건 축에도 들지 못했다. 이제 나도 나이를 먹어서인지 옛날 동료들처럼 그 일이 유쾌한 일로 받아들여진다. 그리고 이제 상사가 되고 나니 나중에 갚겠다는 조건으로 미래 직원의 보석금을 내줄 수 있다.

이 또한 지나갈 것이다

비참한 경험을 원하는 사람은 아무도 없지만 어쨌든 우리는 모두 그것을 경험한다. 그런 경험들은 삶을 풍요롭게 만드는 필수 요소다.

때때로 세상이 끝날 것 같은 힘든 일도 결국은 당신에게 일어날 수 있는 가장 좋은 일이라는 사실이 밝혀진다.

아니면 하룻밤 교도소 신세를 지는 일 정도다.

 활동

빠져나가는 유일한 방법은 정면 돌파다

부정적 경험을 긍정적 기억으로

모든 것이 순조롭게 돌아가면 즐겁고 충만한 경험들이 연이어 다가오는 더 나은 삶이 될 것이라고 믿고 싶을 수 있다. 그러나 우리는 고통과 시련이 우리에게 다른 방식으로는 배울 수 없는 교훈을 가르쳐 준다는 인생의 진실을 가슴으로 알고 있다. 인생의 가장 훌륭한 스승은 실패, 배반, 빈 호주머니, 실수, 실연, 거절, 시간, 경험이다. 이 훈련을 통해서 당신은 부정적 경험을 긍정적인 기억으로 재구성할 수 있다. 혹은 적어도 교훈이 될 만한 순간으로 재구성할 수 있다.

1. 종이 위에 세 개의 기둥을 만들어라. 첫 번째 기둥에 부정적 경험 한 가지를 적는다.

2. 그 기둥 옆, 즉 두 번째 기둥에 그 당시의 기분이 어땠는지 적는다.

3. 마지막 세 번째 기둥에는 그 경험이 이제 당신에게는 어떻게 보이는지 적

고 그 경험이 당신에게 어떤 결과를 가져왔는지 적는다. 예를 들어 어떤 교훈을 얻었는지, 재미있는 이야기 혹은 긍정적 경험을 얻었는지 등등.

가족 혹은 반려견을 잃는 것과 같은 일부 경험들은 절대 긍정적으로 받아들여지지 않는다. 그러한 경험이라면 교훈 혹은 긍정적 결과를 얻었다고 적는 대신 그들과 보낸 시간을 감사하는 이유, 그 시간이 당신을 어떻게 더 강하게 혹은 더 현명하게 만들었는지 적는다.

통제하기 & 놓아주기

만일 당신이 지금 당신의 삶에서 부정적 경험을 하고 있다면, 이 활동은 그것을 해결하고자 조처하고 이를 통해 교훈을 얻는 데 도움을 줄 것이다.

1. 지금 당신의 삶에서 겪고 있는 한 가지 부정적 상황에 집중한다. 그것은 금전적 문제(돈이 없어서 여행 가고 싶은 곳에 갈 수 없다), 신체적(허리가 아파서 농구를 할 수 없다)인 문제, 가족(나는 내 아이들과 나이 든 부모님을 돌봐야 하는 어려움을 겪고 있다)의 문제, 혹은 당신을 짓누르는 다른 그 어떤 문제일 수 있다.

2. 당신이 직접적으로 통제할 수 없는 이 상황을 만든 요인들은 무엇인가? 예를 들어 당신은 날씨나 경제, 다른 사람의 감정이나 선택을 통제할 수는 없다. 그 요인들을 적는다. 그리고 그 목록을 잠시 들여다본다. 각 항목에 대해 잠시 눈을 감고 깊게 숨을 들이마신 후 그것에 대해 걱정하지 않겠다고 약속한다. 당신이 통제할 수 없는 일을 걱정하는 것은 해로울 뿐이다. 그것은 불필요한 스트레스를 유발하고 당신이 통제할 수 있는 일에 집중할 수 없게 한다. 그러니 통제할 수 없는 일은 신경 쓰지 말아야 한다.

3. 이제 당신이 통제할 수 있는 요소들은 무엇인가? 이 상황을 바꾸기 위해서 혹은 이 상황에서 벗어나기 위해서 당신이 직접 할 수 있는 일은 무엇인가? 그것 중에서 당신이 오늘 당장 할 수 있는 일은 무엇인가? 곧바로 그것을 하거나 최소한 그것을 당신의 일정표에 기록한다.

참고: ExperientialBillionaire.com에 접속하면 무료 경험 가이드와 함께 이 활동의 확장된 버전을 내려 받을 수 있다.

✳ 3부 ✳
부의 축적

인생에서 놓치지 말아야 할
최고의 것은 서로다.

-오드리 헵번Audrey Hepburn

제7장

관계를 통해서
성장한다

조 허프 이야기

[100만 달러를 기부하시는 게 어떨까요?]

기억하건대 이 전화를 받으면서 나는 분명 '함정'이 있으리라 의심했다. 나는 100만 달러라는 거액의 근처에도 가 본 적이 없기 때문이다. 하지만 계속해서 이야기를 들어 봤다.

왜냐하면 지난 1년 동안 전화를 건 사람 중 비즈니스 파트너에서 친한 친구로 발전한 사람도 있기 때문이다.

그들은 재빨리 자신의 제안을 상세하게 설명했다. 만일 내가 그 제안에 동의한다면, 나는 그해의 시바스 벤처Chivas Venture(전 세계 사회적으로 책임 있는 기업들에 조건 없이 자금을 제공하는 대회)의 4인으로 이루어진 심사단에 합류하는 것이다. 물론 내가 기부하게 될 100만 달러는 그들이 제공한다. 나는 1초의 망설임도 없이 "당연히 해야죠."라고 답했고 나머지 세 명의 심사위원은 누구인지 물었다.

그들은 자연스럽게 그 세 명의 이름을 나열했다. 그들은 100억 달러 규모의 시바스 리갈의 모기업인 페르노리카의 CEO이자 이름을 딴 상속인인 알렉상드르 리카르Alexandre Ricard, 조지타운대학의 사회 영향 및 혁신을 위한 비크 센터Beeck Center의 창립 이사이자 백악관의 사회 혁신 책임자인 소날 샤Sonal Shah, 그리고 더 이상 소개할 필요가 없는 유명 배우이자 활동가인 에바 롱고리아였다.

나는 깜짝 놀랐다. 그 세 명의 심사원과 함께 나를 고려했다는 것만으로도 영광이었다. 리슨에서 자칭 '긍정의 국장'이라는 직함은 이 세 명의 타의 추종을 불허하는 업적에 비하면 초라하기 그지없었다. 그래서 나는 당연해 보이는 다음 질문을 했다.

"왜 제게 이런 제안을 한 거죠?"

그들은 내가 지난 10년간 사회적 기업들과 자선사업을 해 온 경험을 통해서 가치 있고 고유한 통찰력을 길렀으리란 점을 고려한 결정이라고 말해 주었다. 그러나 나는 많은 기업가가 그러한 통찰력을 가지고 있고 다수가 훨씬 더 크고 지명도가 높은 기관들과 일해 왔다는 것을 알고 있었다.

그러면 어떻게, 그리고 왜 내가 이런 놀라운 경험을 할 수 있는 기회를 부여받게 된 것일까? 나는 '관계'라는 한 가지 이유 때문일 것이라는 결론에 도달했다.

지난 1년이라는 시간 동안, 우리는 홍보용 제품에 관한 대화를 리슨과 시바스 간의 본격적인 브랜드 협업에 관한 것으로 전환했다. 이는 자선활동 협력사에 대한 자금 모금과 인식 제고를 위한 것이었다. 또한 우리는 명품 소매업체, 공항 면세점, 코스트코를 통해서 한정판 홍보용 위스키 수백만 병을 판매했다. 또한 위스키 배럴의 통나무로 맞춤형 고급 레코드 콘솔을 제작했으며 맞춤형 스포티파이Spotify '리스닝' 캠페인을 진행했다. 각각의 홍보용 품 판매와 스트림에 대한 수익금은 전액 스타키 청각 재단에 기부됐다. 캠페인에 대한 대중의 인지도를 높이기 위하여 베벌리힐스와 런던에서는 브리짓의 위스키와 진저에 대한 사랑과 나의 테킬라에 대한 열정에서 영감을 얻어 탄생한 커스텀 칵테일 '허니 라이더Honey Rider'를 선보이는 행사를 공동주최했다.

협업을 위한 마케팅 자산을 만들기 위해서 우리는 시바스팀과 스코틀랜드에서 일주일을 함께 보냈다. 우리는 이슬라 강가River Isla에 자리 잡은 19세기 스코틀랜드 바로니얼 스타일의 유령 저택인 린 하우스The Linn House에 묵었다. 그곳에서 브리짓과 나는 시바스의 대규모 인쇄물 및 빌보드 캠페인의 모델이 되었다. 그러나 그들은 단순히 사진 촬영만 한 게 아니었다. 그들은 우리에게 그들의 세상에 대한 몰입형 경험을 선사했다.

우리는 스코틀랜드 고지에서 지금도 운영 중인 가장 오래된 양조장인 스트라시슬라 양조장Strathisla distillery에서 장인 주조사와 함께 위스키 만드는 법을 배웠다. 전통적인 위스키 배럴 제작자는 우리에게 수백 년 이어 내려온 방식 그대로 스코틀랜드 위스키 숙성에 사용되는 나무통을 만들고 수리하는 과정을 보여 줬다.

우리는 안전장치를 착용하고 이 장인 주조사들과 함께 작업을 진행했다. 이곳에서 그들은 우리에게 나무망치나 쐐기와 같은 전통적인 도구들의 사용법과 재구성된 술통을 굴려서 사나운 불길이 타오르는 화로에 넣어서 태우는 법을 알려 줬다. 눅눅하고 퀴퀴한 냄새가 나는 수백 년 된 지하 저장고에 보관된 수십 년 된 술통에서 곧바로 꺼낸 위스키를 조금씩 맛볼 수도 있었다. 또한 스코틀랜드 전통의상 킬트를 차려입고 백파이프 세레나데 연주를 들었다. 그리고 양의 내장(심장, 간, 폐)과 양파, 오트밀, 양 기름, 향신료를 함께 갈아서 만든 맛있는 푸딩, 스코틀랜드 전통 음식 해기스haggis를 먹었다. 이 전통 음식과 함께(연극적 요소가 상당히 많이 가미된) 전통 민요가 연주됐다. 그 민요의 제목은 〈해기스에게 부치는 노래Address to a Haggis〉였는데, 가사 중에 '푸딩 종족의 위대한 족장'과 같은 부분에서 모두 웃음을 터뜨렸다. 나는 이제 다시는 이전과 같은 마음으로 해기스를 대할 수는 없을 것 같다.

이 캠페인은 대대적 성공을 거두었다. 여기서 얻은 수익금을 도미니카 공화국의 청각장애인 원조 자선사업을 지원하는 데 기부했다. 이 자선사업을 통해서 시바스 팀을 세상에 알릴 차례였다. 산토도밍고와 산티아고에서 일주일을 보내면서 수천 명이 들을 수 있는 기쁨을 누릴 수 있게 도움을 주었다. 태어나면서부터 들을 수 없었던 5살 소년 로이넬드가 새로운 청각 보조 장치를 받고 몇 분 안에 한 번도 해 본 적 없었던 대화라는 것을 하는 모습을 경이로운 눈으로 지켜봤다. 우리는 갓난쟁이일 때 잃어버린 청력을 되찾은 후 감정에 복받쳐 울던 11살의 소녀 이스테파니와 함께 울었다. 그곳에서의 마지막 날 아침, 잠에서 깨 보니 지역 신문 제1면에는 웃고 있는 소년에게 청각 보조 장치를 끼워 주면서 함박웃음을 짓고 있는 우리의 사진이 실려 있었다.

그것은 강렬하고 의미 있는 공유된 경험으로 꽉 채워진 한 해의 피날레에 걸맞은 행사였다. 우리는 전형적인 비즈니스 관계를 훨씬 뛰어넘는 감정 즉 서로에 대한 동지애, 신뢰와 깊은 존경심을 품게 됐다. 그래서 벤처 콘테스트를 위한 네 번째 심사위원을 선정할 때 그들은 좀 더 유명한 사람에게 전화를 거는 대신 나에게 전화를 걸었던 것이다.

그것은 내게 아프리카 서부 공화국 부르키나파소의 유명한 아프리카 속담을 상기시켰다.

"만일 네가 빠르게 가기를 원하면 혼자서 가라. 하지만 멀리 가고 싶으면 여럿이서 함께 가라."

나는 오래전부터 이 속담이 사실이라고 믿어 왔다.

고등학교 시절 나락으로 떨어졌던 내 인생을 기사회생시킬 수 있었던 것은 어린 시절부터 내내 나를 알고 있었던 친한 친구와 가족의 도움이 있었기 때문이다. 마약에 손을 댔던 내 과거 행동을 완전히 단절하고 학교로 돌아가고 싶다고 말하자 그들은 나를 믿고 필요한 지지를 보내 줬다. 오늘날까지도 나는 그들의 도움이 없었다면 성공할 수 없었을 것이라고 확신한다.

의류 운송회사를 시작했을 때도 고등학교 졸업 이후에도 연락하고 지내던 유일한 사람이자 어린 시절 절친과 함께였다. 우리는 무수히 많은 의미 있는 경험을 했는데 그것이 즐거운 것이든 불행한 것이든 늘 함께했다. 둘 다 어린 시절의 어려운 시간을 극복했고 각자 잘 알고 있는 사람들을 떠나서 스스로 무엇인가를 이루어 보기 위해서 열심히 노력했다. 아무리 오랫동안 서로에게 연락하지 못하고 서로 만나지 못했어도 서로를 가장 필요로 할 때 서로에게 도움이 되었다. 내가 서른에 뇌졸중에 걸린 친구와 친구의 가족을 돕기 위해서 모든 것을 포기했던 것처럼. 그 결과 우리는 평생 서로를 신뢰하게 됐다. 그러한 유대감이 없었다면 그가 자신의 전 재산이라고 할 수 있는 돈을 내게 맡길 수 없었을 것이라고 확신한다. 우리는 그 돈으로 사업을 시작했다.

아버지가 돌아가시고 뭔가 다른 일을 해야 할 것 같은 소명 의식이 들었을 때, 내가 소속돼 있던 비즈니스 커뮤니티에서 만난 친구들에게서 조언과 지원을 받았다. 그 친구들은 10년간 무역박람회나 행사 참가를 통해서 구축한 관계의 결과물이었다. 비록 우리가 자주 만나지 못하지만 고향을 떠나와서 힘든 모험을 하고 있다는 공통점 때문에 그들이 마치 내 가족처럼 느껴졌다. 그들의 도움이 없었다면 상황은 아마도 지금과는 아주 다르게 펼쳐졌을 것이다. 당연히 좋지 않은 방향으로 흘러갔을 것이다.

심지어 나와 브리짓이 이 책의 집필에 대해서 도움을 구하고 있는 지금도 우리는 이미 책을 집필해 본 경험이 있는 친구들의 어깨에 기대 있었다. 그들의 소중한 조언과 가르침 덕분에 우리만의 힘으로 할 수 있었던 것보다 몇 년을 앞당겨서 일을 진행할 수 있었다.

매번 다른 사람들이 나를 일으켜 세웠고 혼자서 갔을 때보다 훨씬 먼 곳까지 나를 데리고 갔다. 그리고 이 모든 인간관계가 의미 있는 경험을 공유하면서 만들어졌다.

요컨대 의미 있는 경험은 굳건한 관계를 형성하고 굳건한 관계는 좀 더 성취감을 주는 경험을 가져다준다.

관계를 형성하기 위해서는 노력이 필요하다. 우리는 투자한 만큼만 얻을 수 있다. 그러나 시간과 에너지를 투자할 만한 가치가 있다. 왜냐하면 의미, 지원, 성공, 만족을 찾는 것은 바로 이 관계들을 통해서 가능하기 때문이다.

그 점에서 본다면 당신의 사교적 삶을 돌보는 것은 자기 관리의 꼭 필요한 형태라고 볼 수 있다. 다음 부분에서는 당신 자신, 당신의 핵심 그룹, 당신의 친구, 당신의 동료와의 관계에서 한층 배가

된 즐거움과 유대감을 돈독하게 만드는 데 경험을 어떻게 사용할 것인지에 대해서 자세히 다뤄 볼 예정이다.

스스로 자신에게 가장 좋은 친구가 되어라

사교적 관계를 돌보는 것이 얼마나 중요한지를 이야기하고 나서 곧바로 자신과의 관계의 중요성을 논하는 것은 반직관적인 것처럼 보일 수 있다.

물론 그럴 수도 있지만 또 다른 진실이 있다. 당신은 지금까지 당신과 함께 있었고 앞으로도 함께 있을 유일한 사람이다. 옛말에도 있잖은가.

"당신이 어디를 가든, 거기에 당신이 있다."

우리는 우리 자신에서 벗어날 수 없다(많은 이가 시도했지만 모두 실패했다). 그리고 살면서 혼자 남겨지는 순간들은 불가피하게 온다. 만일 당신이 자기 자신을 좋아하지 않고 혼자 있는 것을 즐기지 못한다면 그러한 순간들은 고통의 시간이 될 것이다.

만일 당신과의 관계가 부서지기 쉽다면 당신은 그 관계를 강화하기 위해 다른 사람들로부터 확인을 받으려고 할 것이다. 사랑을 받는 것에만 끊임없이 집중한다면 사랑을 주는 것에는 소홀해지기 쉽다. 사랑을 주는 행위는 건강하고 상호 도움이 되는 관계를 구축하는 게 핵심이다.

자신을 사랑하는 것은 건강한 방식으로 타인을 사랑하기 위한 중요한 첫걸음이다. 그러나 자신을 사랑하고 믿는 것이 생각보다 더 어려울 때가 간혹 있다.

우리는 자신의 보잘것없는 모습과 다른 사람의 하이라이트 장면을 비교하는 어리석음에 빠질 때가 있다. 당신의 단점을 솔직하게 인정하는 게 도움이 된다. 자신을 늘 극렬하게 비판하는 것은 파괴적이다.

해결책은 당신 자신을 극복하는 것이다.

진실은 대다수가 남에게 그다지 관심이 없다는 것이다. 그들은 스스로에게 집중한다. 표면적으로 이는 달가운 말처럼 들리지 않는다. 아무도 나에 대해 관심이 없다고? 그러나 이는 사실상 해방을 의미한다.

만일 당신이 자신 혹은 자신의 능력에 대해 부정적인 생각이 들 때, 스스로에게 이런 질문들을 던져 보길 바란다.

'혹시 나는 자신에 대해 지나치게 비판적인가? 친구에 대해서도 이러한 방식으로 생각하는가? 다른 사람이 나에 대해 비판적으로 말하게끔 둘 것인가?'

아마도 아닐 것이다.

자기 자신을 옹호하고 자랑스러워하라. 당신 자신을 사랑하라. 자신과의 관계는 여러 면에서 다른 사람과의 관계를 구축하는 데

근간이 되기 때문이다.

당신은 싫어하는 사람을 파티에 데리고 가지는 않는다. 인생은 파티다. 그리고 당신은 스스로를 사랑해야 한다. 그래야만 가장 멋진 사람들과 파티에 참석할 수 있다. 당신이 좋아하는 모습을 다른 사람들과의 관계에서 보여 준다면 그 관계가 더욱 좋아질 것이다.

그렇다면 어떻게 하면 자기 자신과 더 가까워질 수 있을까? 당신 자신과 좋은 시간을 보낼 수 있는 가장 좋은 방법은 무엇일까? 혼자서 하는 활동을 경험해 보는 것이다. 그러한 활동들은 당신이 어떤 사람인지, 어떤 사람이 되기를 원하는지 파악하는 데 도움을 줄 것이다. 또한 다른 사람의 의견에 영향받지 않고 당신이 진정으로 좋아하는 것, 싫어하는 것을 깨달을 수 있게 해 줄 것이다. 그리고 무엇보다 그 활동들이 혼자 있는 시간의 소중함을 느끼게 해 주고 당신이 스스로에게 가장 좋은 친구가 될 수 있게 도와줄 것이다.

아내와 아이들이 집에 없을 때면 나는 혼자서 영화관, 박물관, 미술관, 혹은 지역에서 열리는 콘서트에 간다. 살사춤 수업, 양궁 수업, 요리 수업을 들었고 지역 볼링장에서 볼링 게임을 했다. 내가 더 젊었을 때는 이런 활동을 혼자서 한다는 것을 좋게 말하면 반사회적이고 나쁘게 말하면 이상한 짓이라고 생각했었다. 그러나 다른 사람이 어떻게 생각할까에 대한 걱정을 털어내는 데 성공한 뒤, 내 생각이 어떻게 바뀌었을지 추측해 보라. 나는 사람 많은 장소에 혼자 가는 것을 너무나 좋아하게 됐다.

만일 당신이 다른 사람의 시선을 받는 것을 좋아하지 않는다면 시도해 볼 만한 솔로 활동이 대단히 많다는 것을 기억하라. 새로운 자전거 도로를 찾아보라. 커피숍에서 책을 읽어 보라. 동물 입양기관을 방문하라. 새로운 레시피로 요리를 해 보거나 새로운 레시피를 하나 만들어 보라. 나에게는 낡은 트라이엄프 오토바이가 한 대 있다. 혼자 시간을 보낼 때 가장 좋아하는 활동 중 하나는 이른 일요일 아침에 이 오토바이를 타고 말리부 캐니언의 구불구불한 도로를 달리는 것이다. 이곳에서 나는 오롯이 혼자서 나만의 생각에 잠길 수 있다(그리고 내면의 제임스 딘을 이끌어 낼 수 있는 시간이다).

이것보다 더 눈에 띄지 않고 할 수 있는 방법은 없을까? 만일 누군가를 좀 더 알고 싶다면 당신은 아마도 그와 대화를 나눠 보려고 할 것이다. 하지만 더 알고 싶은 사람이 당신 자신이라면, 사람들이 스스로에게 말을 걸고 있는 모습을 보고 당신을 웃긴 사람이라고 생각할 것이다. 다행스럽게도 일기 쓰기의 목적은 바로 자신과의 대화다. 당신의 마음속에 있는 생각을 읽거나 혹은 쓰는 것보다 자기 자신에 대해 알 수 있는 더 좋은 방법은 없다. 생각을 명확하게 정리하고 편견 없이 오염되지 않은 여과기로 당신의 진심에 귀 기울일 수 있다. 그리고 무엇보다도 타인의 판단을 걱정할 필요가 없다. 나는 20대부터 지금까지 일기를 쓰고 있으며 매일 새로운 것을 배우고 있다. 그러니 당신도 시도해 보라. 당신 자신에 대해서 새롭게 알게 되는 사실이 있을 것이라고 나는 분명하게 장담한다.

혼자 하는 활동이 가장 좋은 선택지일 때가 간혹 있다. 다른 사람을 기다릴 필요도 없고 조율하고 양보하거나 또는 동반자가 즐거운 시간을 보냈는지 신경 쓸 필요도 없다. 그냥 당신이 원하는 것을 원하는 방식으로 원하는 때에 하면 되고 함께하는 다른 사람의 생각과 무관하게 그저 그것을 즐기기만 하면 된다. 이러한 상황에서 다른 사람을 끌고 가는 것, 특히 당신만큼 그 상황을 즐기지 못하는 사람들을 끌고 가는 것은 상황을 더욱 악화시킬 뿐이다. 그렇다고 이기적인 얼간이가 되어 당신의 친구나 가족을 무시하고 혼자서 모든 것을 하라는 말이 결코 아니다. 그저 친한 동료가 없다고 해서 좋아하는 일을 할 수 없다고 생각하지 말라는 의미일 뿐이다.

궁극적으로 자기 자신에 대해서 알아가는 과업을 완수하기 위해서 어디든 혼자서 떠나는 여행을 예약하라. 여행지가 멀거나 여행 기간이 길 필요는 없다. 그냥 혼자서 어디론가 떠나면 된다.

혼자 떠나는 여행은 당신에게 이러쿵저러쿵 참견할 수 있을 만큼 당신에 대해 잘 아는 누군가와 떨어져서 시간을 보낼 수 있는 상당히 좋은 방법이다.

하지만 혼자 떠나는 여행이라고 혼자만의 시간이 보장될 것이라고 기대해서는 안 된다. 아이러니하게도 대다수가 혼자 하는 여행이 지루하거나 외롭다고 생각하기 때문에 혼자 떠나는 여행을 두려워하기는 하지만 혼자 하는 여행은 대개 정반대의 상황으로 끝나는 경우가 많다. 여행 중에 아주 특별한 사람 혹은 새로운 친구를 만나는 마술과 같은 이야기에 대해서 들어 본 적이 있을 것이다. 나 홀로 여행자는 호기심 많은 이방인을 잡아당기는 마력을 갖고 있기 때문이다. 심지어 다른 사람과 어떻게 대화를 시작해야 하는지도 걱정할 필요가 없다. 그저 누군가 다가오는 것을 거절하지만 않으면 된다. 술집, 로비, 공원 벤치, 혹은 공공장소 어디에서든 사람들은 당신에게 다가올 것이다. 사람들은 당신이 거기서 무엇을 하는지 알고 싶어 하고 당신을 호의적으로 대하려고 한다.

당신은 그렇게 시작된 대화가 어디로 흘러갈지 절대 알 수 없다. 가벼운 대화가 그저 가벼운 대화로 끝날 수도 있고 경험을 공유하자는 초대로 이어질 수도 있으며 새로운 친구가 되는 시작일 수도 있다. 진부하게 들리겠지만 다음의 오래된 격언에 진리가 담겨 있다.

"낯선 사람은 아직 당신이 만나지 못한 친구일 뿐이다."

이렇게 새롭게 관계를 맺게 된 사람들은 친구나 가족과는 다른 방식으로 당신을 대하거나 평가할 수 있다.

한 번의 파리 여행은 나 홀로 여행이 가족이나 친구와 떠나는 여행과 얼마나 다른지를 여실히 보여 줬다. 아내 야스민과 나는 결혼 후 두 달간 파리에서 시간을 보낼 계획을 세웠지만 다른 약속들 때문에 아내가 나보다 며칠 늦게 파리에 도착하게 됐다. 그래서 사흘 동안 나는 혼자서 우리가 묵을 예정이었던 생제르맹 거리를 구석구석 돌아다니면서 상점, 카페, 음식점, 술집에 들러서 불어 연습을 시도했다.

나는 늘 사과의 말로 대화를 시작했다.

"죄송합니다. 제가 불어를 정말 못 합니다."

그러면 사람들은 나의 끔찍한 내 발음으로 아름다운 불어를 망가뜨리는 만행을 저지르기 전에 나를 가로막고 이렇게 말한다.

"괜찮아요. 영어로 하셔도 됩니다."

이런 시도는 대개 질문, 대화 혹은 유용한 제안으로 이어졌다. 때때로 초대로 이어지는 경우도 있다.

한번은 나 혼자였다면 절대 발견할 수 없었으리라 확신하는 유명하지 않은 한 장소에서 밤에 샴페인을 마시며 즐거운 시간을 보냈다(그리고 그날 밤 마신 샴페인을 다시는 찾아낼 수 없을 것이라고 나는 확신한다).

야스민은 사흘 뒤 파리에 도착했다. 우리가 생제르맹 거리를 걸을 때였다. 상점 주인, 바텐더, 웨이터 들이 모두 미소 지으며 손을 흔들면서 내게 "봉주르!"라는 인사를 건네는 걸 보고 웃었다. 혼자 여행을 한 나는 불과 며칠 만에 20여 명의 새로운 친구를 만들었고 그 동네에 대해서 속속들이 알게 됐다. 그러나 그 이후로 우리는 서로에게서 잠시도 떨어지지 않았고 다른 사람을 한 사람도 만나지 못했다. 우리 부부는 파리에 두 달을 꽉 채워 머물렀지만 내가 혼자서 사흘 동안 새로 사귄 사람의 수보다 훨씬 적은 수의 사람을 새로 사귀었다.

만일 당신이 많은 시간을 혼자서 보내 본 사람이 아니라면 처음부터 집에서 먼 곳으로 나 홀로 여행을 시도할 필요는 없다. 처음에는 작은 것부터 시작해 보는 게 좋다. 예를 들어 함께할 사람이 없어서 미뤄 뒀던 것을 해 보면 어떨까? 혼자서 새로 문을 연 베트남 식당에 가 보거나 척추 운동 수업을 듣거나 펑크 록 콘서트에 가 보라. 와인 생산지로 1박 여행을 떠나 보거나 호수에서 카약을 빌려 타 보는 것도 좋다. 당신이 있는 그 장소와 사람 구경을 즐겨라. 상상의 나래를 펼쳐 보고 지금 이 순간을 즐겨라. 혼자가 된 시간을 오롯이 자신에게 써라. 당신은 잊지 못할 새로운 경험을

할 수 있다. 그리고 평생 친구를 새로 사귀거나 연인을 만나게 될
지 누가 알겠는가?

함께하는 것의 중요성

1938년 하버드대학에서는 2학년생 268명의 정신적 육체적 건
강을 추적하기 시작했다. 이 연구는 몇 년에 걸쳐 이 학생들을 대
상으로 추적 연구를 진행하면서 행복하고 건강한 삶의 요소가 무
엇인지를 밝혀낼 수 있기를 기대했다. 8년 뒤, 연구자들은 상당히
유의미한 답을 찾아냈다. 인간을 건강하고 행복하게 하는 것은
긴밀한 인간관계였다.

이 연구는 가장 친한 친구와 가족 구성원과의 따뜻하고 긴밀한
관계가 우울증 유발 가능성을 낮추고 치매나 기억력 손실 가능성
을 줄이며 장수의 가능성을 높여 준다는 것을 밝혀냈다. 측근을
만들면 더 행복하고 건강한 삶을 살 수 있을 뿐만 아니라 더 오래
살 수도 있다고 했다.

반대로 자신을 고립시키고 외로운 삶을 산다면 행복하게 장수
할 가능성을 감소시킬 수 있다는 의미다. 하버드대학의 연구와
관련된 2015년 한 테드 강연에서 정신과의사 로버트 월딩거Robert
Waldingersms는 연구 결과를 이렇게 요약했다.

"외로움은 살인자입니다. 그것은 흡연이나 알코올 중독만큼이

나 강력한 살인자입니다."

이 말이 소름 끼치도록 우울하게 들리겠지만 이러한 엄중한 말들은 친밀한 관계가 얼마나 중요한지를 단적으로 보여 준다.

그들은 당신과 가장 가까운 사람들을 말하며 애인, 가족, 혹은 가족과 같은 가장 친구들을 의미한다. 그들은 당신이 대부분 시간을 함께 보내고 당신을 솔직하게 보여 줄 수 있는 사람들이다. 당신이 맺고 있는 모든 관계가 중요하지만 이 측근들과의 관계는 단기적, 장기적으로 육체적 정신적 건강에 가장 큰 영향을 미치기 때문에 그들과의 관계를 공고히 유지하는 것이 가장 중요하다.

그런데 당신이 이 사람들과 너무나 많은 시간을 보내기 때문에 시간이 흘러도 모든 것이 변함없이 똑같이 제자리에 있는 것처럼 이들과의 관계가 틀에 갇히기 쉽다는 첫 번째 역설이 존재한다. 그들은 함께 살거나 늘 당신의 주변에 있어서 그들을 만나기 위한 계획을 굳이 세울 필요가 없다. 두 번째는 안일함에 빠질 수 있다. 그들과의 관계를 유지하는 데 투입하는 노력의 정도가 감소하고 그 결과 그들과 함께 뭔가 특별한 일을 하는 경우가 거의 없다.

그래서 시간이 가면 그들과의 사이에서 튀던 스파크가 점차 줄어든다. 지난밤 와인 잔을 기울이고 로맨틱한 분위기로 숲속을 거닐면서 다진 유대감은 느슨해지고 매일매일 빚어진 갈등의 골은 깊어진다.

긴밀한 관계의 초창기에는 늘 뭔가를 기대한다. 다음 중요한 계기, 다음에 함께할 첫 번째 활동 등을 기대한다. 그러한 것들은 당신이 집중할 수 있게 해 주고 함께 목표를 이루기 위해 노력하게 해 주며 기대하게 한다. 아무것도 기대할 것이 없어지는 순간, 문제가 생기기 시작한다. 당신은 삶의 혼란과 단조로움에 갇히게 되고 이때부터 관계가 틀어지기 시작한다.

맞다. 아내와 내가 부모가 되고 어린 자녀를 키우는 다른 부모들처럼 우리의 사회적 삶은 서서히 줄어들었다. 우리는 전형적인 어른의 역할을 수행했다. 하루 종일 직장에서 일하고 시간을 내서 집 안을 청소하고 요리하고 아이와 놀아 주고 삶이 굴러가는 데 필요한 오만 가지 일들을 처리한다. 그리고 어렵게 얻은 쥐꼬리만 한 자유 시간에 하고 싶은 것은 휴식을 취할 몇 시간을 찾는 것이다. 끝없이 이어지는 놀아 주기, 축구 연습, 체육수업 사이에 시간이 비어야 그것도 가능하다. 새로운 경험을 함께해 볼 계획을 세우는 것은 말할 필요도 없고 어떨 때는 숨을 쉴 시간조차 없는 것처럼 느껴진다.

그것이 쉬운 길이라는 것을 안다. 직접 만드는 것보다 피자를 주문하는 게 더 쉽다. 공원에서 보물을 숨겨 놓고 보물찾기를 하는 것보다 아이에게 장난감을 사 주는 것이 더 쉽다. 동물원에 가서 살아 있는 사자, 호랑이, 원숭이를 보여 주는 것보다 TV에서 하는 동물 다큐를 보여 주는 것이 더 쉽다. 하지만 이런 활동 중에서 우리를 더 가까워지게 만드는 특별한 추억을 선사해 주는 게 있을까?

가족으로서 우리는(육체적으로, 정신적으로, 금전적으로) 한계를 극복하고 특별한 일을 하고 특별한 장소에 간다. 우리가 거주하는 지역을 중심으로 보면 오자이 밸리, 요세미티 국립공원, 조슈아 트리, 빅 서와 같은 장소에서 잊을 수 없는 추억들을 만들었다. 더 먼 곳으로 눈을 돌려보자. 우리는 뉴욕에서 반딧불이를 잡았고 타히티에서는 큰 가오리와 상어와 수영을 했으며 런던에서는 잉꼬 앵무새에게 먹이를 줘 봤고 노르웨이에서는 순록이 끄는 썰매를 탔다. 그러한 일을 현실로 만드는 일은 쉽지 않았다. 무거운 애들을 어깨에 메고 배낭을 등에 지고 영하의 사막에서 캠핑하고 장시간 비행기를 타야 했으며 때때로 훨씬 더 오랜 시간 자동차를 타고 이동해야 했다. 눈보라가 치는 날에 불편한 배를 타야 했으며 지저분한 기저귀, 오줌 싼 팬티, 구토 등 가족 여행을 하려면 온갖 고난을 감수해야 했다. 물론 거기에다가 시간과 돈도 써야 한다.

그러나 그러한 경험과 우리가 만든 추억들은 영원했다. 그러한 노력을 기울일 가치가 충분할 만큼. 그것보다 더 중요한 것이 무엇이 있을까?

연구에 따르면 자녀들이 18세가 될 무렵이면 평생 그들과 공유할 수 있는 전체 시간의 93퍼센트를 쓴 상태라고 한다. 그 93퍼센트의 시간을 의미 있게 만들어야 한다. 자녀와 가족들은 장애물이 아니라 기회이며 중요한 것을 재구성하는 방법이고 긴박감, 즐거움, 의미, 관점을 만드는 방법이다.

가족을 포함한 친척보다 훨씬 더 가까운 사람들이 가장 친한 친구일 때가 많다. 결국 그들을 선택해야 한다. 그 결과 그러한 친구들과의 관계를 유지하기 위해서 훨씬 더 많은 노력을 기울이게 된다. 그리고 그러한 노력은 가장 믿기 어려운 경험들로 되돌아올 수 있다.

내가 처음 LA로 이사했을 때였다. 가장 친한 친구 한 명이 직장을 얻기 위해 동분서주하고 있었는데 거주할 공간을 절실하게 필요로 했다. 나는 그에게 독립할 때까지 내 집에 들어와서 소파에서 자라고 했다. 어려운 시기를 공유하고 더 많은 시간을 함께 보내면서 우리의 유대감은 더욱 돈독해졌다. 심지어 왜 늘 함께인지를 설명하기 위해서 우리가 사촌지간이라고 말할 때도 많았다.

몇 해 후, 그는 자신의 분야에서 누구나 알아주는 사람이 되었고 경제적으로도 넉넉해졌다. 반대로 나는 어두운 시기를 거치고 있었다. 나는 파산할 정도로 재정 상태가 최악이었고 가까운 친구가 자살하는 불행한 사건도 겪었다. 그는 내가 어려움을 겪고 있다는 것을 알아서 그의 오스트리아 출장에 나를 동행시켰다. 우리는 비행기의 퍼스트 클래스 좌석을 이용했고 개인 섬의 맨션에 머물렀다. 당시 나의 은행 계좌에는 100달러도 들어 있지 않았다. 나는 행복한 마음으로 집으로 돌아왔고 이후 나의 삶도 전환기를 맞았다.

이것은 극단적인 사례이기는 하지만 바로 그것이 핵심이다. 당신이 측근에게 도움을 주면 그들도 당신에게 도움을 줄 것이다. 때론 잠잘 소파를 내어 주고 또 어떤 때는 당신이 상상도 할 수 없는 방식으로 도움의 손길을 내밀 것이다. 그러한 측근들과의 긴밀한 관계가 없었다면 내가 경험한 가장 가치 있는 경험 중 다수는 애초에 불가능했을 것이다. 당신의 삶을 떠올려 보면 가족과 가장 친한 친구들이 당신의 경험에 얼마나 많은 영향을 미쳤는지 알게 될 것이라고 확신한다. 그들은 당신과 함께 전쟁터에도 함께 나가 줄 사람들이다. 도움이 필요할 때, 지지가 필요할 때, 그냥 기대어 울 어깨가 필요할 때, 당신은 깊고 의미 있는 관계를 맺고 있는 사람들에게 의존한다.

측근들과 새로운 경험을 계획하는 것이 굉장히 중요한 이유가 바로 그것 때문이다. 그들은 당신의 전반적인 행복에 꼭 필요한 사람들이다. 그들은 당신에게 기대할 만한 어떤 것을 준다. 또한 당신이 갈등을 겪고 있는 친숙한 환경에서 벗어나, 관계에 대한 관점을 재정립할 수 있게 도와준다. 그리고 왜 서로를 사랑하는지 이유를 상기시켜 주고 좀 더 깊은 차원에서 관계를 더욱 공고히 할 수 있는 기회를 제공한다.

따라서 가까운 사람들에게 가치 있는 경험을 제공할 방법을 생각해 봐야 한다. 그러한 경험이 호화롭거나 많은 돈을 들일 필요는 없다. 집에 로맨틱한 저녁 식사를 준비하고 장미 꽃잎을 흩뿌려 놓고 촛불을 켜는 것이면 족하다. 당신의 아이가 가장 좋아하는 슈퍼 히어로나 만화 캐릭터로 변신해서 공원에서 캐릭터와의 만남의 시간을 가져 본다. 가장 친한 친구에게 깜짝 파티를 열어주고 축하의 말을 전한다. 다음 휴가나 생일에는 물질적인 선물을 생략하고 함께할 경험을 계획해 보라. 예를 들면 도자기 수업, 고래 관람, 캠핑, 유리 공예, 혹은 승마와 같은 활동을 함께해 보는 것이다. 나는 선물 대신에 함께할 수 있는 경험을 선물해 달라고 부탁한다.

가장 가까운 사람들에게 당신이 할 수 있는 만큼 많이 준다. 이렇게 줄 때는 되돌려 받는 것을 기대해서는 안 된다. 왜냐하면 주고 나누는 행위는 그 자체로 매우 보람이 있기 때문이다.

그러나 당신의 이 모든 노력이 어마어마한 보상으로 되돌아오더라도 놀라지는 마라.

당신의 친구를 보면 당신의 미래를 알 수 있다

만일 든든한 가족, 사랑하는 애인, 혹은 절친이 있다고 하더라도 당신에게 모든 것이 될 수는 없다. 관심사가 늘 같을 수도 없고 같은 것을 하고 싶을 수도 없다. 어쩌면 관계가 망가지는 때가 올 수도 있다. 그럴 때 당신은 기댈 수 있는 다른 사람이 필요하다. 바로 친구들이다.

당신의 광범위한 범주의 지인 공동체는 좀 더 친밀하고 돈독한 관계의 절친들이 제공할 수 없는 장점을 많이 갖고 있다. 그 친구들을 통해서 당신은 다양한 배경, 성격, 기술을 지닌 사람들과 만날 수 있고 이는 당신의 성장과 창의력을 자극한다. 친구들은 새로운 아이디어와 협업이 싹틀 수 있는 기반이며 일자리 기회나 비즈니스 인맥을 기대할 수 있는 원천이기도 하다.

최측근들과 가장 깊고 가장 개인적인 경험을 공유하는 반면, 당신이 속해 있는 집단보다 광범위한 지인 공동체는 당신의 일반적인 행동에 훨씬 더 많은 영향을 미친다. 이 거대한 지인 집단이 당신의 삶에 미칠 영향력—긍정적이든 부정적이든—을 과소평가하지 말아야 한다. 옛말에 있잖은가.

"주변의 친구들을 보면 당신의 미래를 알 수 있다."

원대한 꿈을 꾸고 행동으로 옮기는 사람들을 가까이에 두자. 그러면 그들이 당신에게 영향을 미치고 당신도 그들처럼 할 것이다. 만일 창조적인 사람이 되고 싶다면 창조적인 사람들과 교류하라. 건강한 사람이 되고 싶다면 열심히 운동하는 사람들과 어울려라. 당신이 존경하는 사람들과 시간을 보내라. 만일 당신이 담배를 피우는 친구 다섯 명과 어울리게 된다면 당신도 흡연자가 될 것이다.

이것은 성장기에 어울려 지냈던 친구들과 멀어지게 된 이유였다. 그들은 모두 나처럼 나쁜 습관을 갖고 있었고 문제들을 갖고 있었다. 하지만 난 변하고 싶었다. 그러려면 내가 원하는 성격, 습관, 취미, 목표를 지닌 사람들, 내가 닮고 싶은 사람들과 어울려야 한다는 것을 알았다.

내가 가장 많은 시간을 보낸 사람들은 누구인가? 기업가들이었다. 나는 어떤 사람이 됐는가? 나는 기업가가 됐다.

존경하는 사람이나 당신이 성장하고 새로운 것을 시도할 수 있게 도움을 준 사람과 어울려라. 그들과 공유한 경험이 당신과 그들이 더 굳건하고 더 오래가는 관계를 맺는 데 도움을 준다.

새로운 것을 경험하고 그 경험이 새로우면 새로울수록 그 경험을 통해 더 많은 친밀감을 느끼게 된다. 새로움은 시간에 대한 당신의 인식을 확장한다. 특히 회고적인 시간을 확장해 준다. 되돌아보면 새로운 경험은 실제보다 더 오래 지속된 것 같은 기분이 든다. 그것은 비록 당신의 인생 스토리를 말하지 않고 속내를 털어놓지 않더라도 그 경험을 함께한 사람들을 더 오랫동안 알고 지 낸 것 같은 기분이 들게 한다.

새로운 것을 함께 경험할 때, 사람들은 서로를 영감과 개인적 성장의 원천으로 생각하게 되고 이는 그들의 유대감을 더욱 공고 하게 한다.

이런 걸 한번 생각해 보자. 언제 가장 강한 유대감을 느끼는가? 당신이 주변 사람에게 가장 친근감을 느낄 때는 언제인가? 어떤 사람과의 관계를 되돌아볼 때, 가장 찬란했던 순간은 무엇인가?

그렇다. 여행, 특별한 이벤트, 첫 번째 하는 경험, 특별한 상황, 큰 시련에 직면했을 때 그런 기분이 든다. 7개 주를 횡단하는 자 동차 여행, 몰래 관람한 콘서트, 투어 버스가 여행 도중 고장 나서 모두가 걸어야 했을 때, 보물찾기 게임, 2박 일정의 회사 워크숍 에서 폭우가 쏟아져서 모든 게 물에 잠겼을 때, 대피소, 이벤트들 로 가득 채워진 3일간의 교외 결혼식, 진실 혹은 도전의 거친 밤 이 떠오를 것이다. 단조롭기 그지없는 매일의 일상이 아니라 뭔 가 새롭고 색다른 일이 일어났던 때가 기억에 남는 순간일 것이 다. 이런 때야말로 더욱 가까워지고 진정으로 서로를 믿고 이해 하게 된다.

이러한 공유된 경험이 복잡하거나 돈이 많이 들거나 새로움을 위해 창의적일 필요는 없다. 이런 잊지 못할 순간을 만들고 유대감을 쌓기 위해서 스코틀랜드, 호주, 프랑스처럼 먼 외국까지 갈 필요도 없다. 내가 가장 좋아하는 사교적 경험 중 하나는 대다수 어린이가 이전에 해 본 적이 있는 전형적인 활동이다. 바로 파자마 파티다.

파자마 파티는 애리조나주 세도나에 살던 친구가 준비했다. 그녀는 주말을 이용해서 함께 시간을 보내고자 전국에 흩어져 있던 친구들을 초대했다. 초대받은 친구들은 서로를 알지 못했다. 친구 스무 명이 모였고 우리는 세도나의 멋진 붉은 바위 절벽이 내려다보이는 비좁은 데크 위 침낭 속에서 잠을 잤다. 함께 요리하고 게임하고 하이킹하고 그냥 수다 떨었다. 우리가 한 일들이 그렇게 새로운 활동처럼 들리지 않을지 모른다. 하지만 그날의 파자마 파티는 모두를 일상의 익숙한 환경과 늘 하던 루틴에서 벗어날 수 있게 해 주었다. 그 결과, 이후 수년간 지속될 관계가 형성되었다. 그들은 나의 최측근은 아닐지 모르지만 이후 10년이 지난 지금까지 나는 여전히 그 스무 명과 친구로 지낸다.

이것을 이런 방식으로 생각해 보자. 당신의 최측근은 부지런히 가꾸고 돌봐야 하는 정원과 같다. 오래 지속되는 지인과의 관계는 숲에 비유할 수 있다. 크고 튼튼한 나무들은 지속적인 보살핌을 필요로 하지는 않는다. 그 나무들은 그냥 뒀다가 돌아와 봐도 그대로 그 자리에 있을 것이다. 1년 이상 연락 없이 지내다가 어느 날 전화 걸어서 중단됐던 이야기를 이어 갈 수 있는 친구들. 나는 그들의 이름을 보거나 들으면 떠오르는 기억이나 느낌 때문에 그 친구가 누구인지 알 수 있다.

그들은 오랜 기간은 아니어도 혹은 그것이 한 번이나 두 번 공유한 경험이었다고 하더라도, 가장 기억에 남는 순간들을 공유했던 사람들이다. 우리는 가치 있는 기억을 공유한 영광을 누렸고 그것은 우리를 영원히 이어 줄 것이다.

그러나 당신은 이 끈이 끊어지지 않도록 뒤돌아보고 보살펴 줘야 한다. 그러지 않으면 당신은 우리가 수행한 글로벌 '인생 경험 설문조사'에서 예로 든 상황과 마주하게 될 것이다.

"군에 있을 때, 지금 만나면 뭐든 줄 수 있는 그런 좋은 친구들을 많이 만났지만 지금은 많은 친구가 세상을 떠났어요." –채터누가의 잭

"직장 때문에 이사하는 바람에 이상형 여성을 잃었어요. 이사후에도 그녀에게 계속 연락해야 했는데 그러지 못한 것을 후회하지만 이미 돌이키기엔 너무 늦은 듯합니다." –몬트필리어의 브론슨

"대학 때 나는 여대생 사교 클럽의 회원이었는데 나와 성장기를 함께했던 그 친구들과 연락이 닿지 않는 것이 가장 후회되는 일입니다." -뉴헤븐의 사라

"은퇴하면서 자동차 업계에 오래 몸담으며 알게 된 동료들과 연락이 끊어졌습니다. 그들과 다시 연락이 닿았으면 좋겠어요." -저지시티의 조지

나는 이 글들을 읽으면서 죽어 가는 사람들의 상위 5가지 후회되는 일 중 하나가 '연락이 끊어진 친구들과 연락이 닿았으면 좋겠다.'인 이유를 이해했다.

튼튼한 나무로 이루어진 숲을 보유하는 것은 매우 중요하지만, 성인이 되어 친구를 사귀는 것은 오늘날의 세계에서 쉬운 일이 아니다. 학교를 졸업하고 나면 자연스럽게 우정을 키울 수 있는 기본 공동체가 사라져 버린다. 그 어느 때보다 재택근무를 하는 사람의 수도 늘어났고 의지할 사무실 동료가 없는 경우도 있다. 당신의 오랜 친구들은 시간이 지나면서 직장과 가족 문제로 곳곳으로 흩어졌을 것이다. 특히 당신이 연애 중이라면 그런 친구들은 사라지고 사라진 친구는 다시 다른 친구로 대체되지 않는다. 이 때문에 친구 관계를 유지하는 것뿐만 아니라 어른이 된 이후에도

계속해서 친구를 만들기 위해 노력하는 것이 중요하다.

직접적인 도움을 요청하는 것이 똑같은 혹은 비슷한 관심사를 지닌 사람들을 만날 수 있는 좋은 방법이다. 당신이 가장 좋아하는 소셜미디어 앱을 방문해서 목표를 가지고 도움을 요청한다.

[진심으로 암벽등반을 배워 보고 싶지만 늘 두려움에 시도하지 못하고 있어요. 혹시 암벽등반을 배울 수 있는 곳을 알려 주실 분이 있을까요?]

[햄버거를 사랑하는 사람들의 모임을 만들어서 도시 전체 있는 버거 맛집을 순례하고 싶습니다. 혹시 저처럼 관심 있는 분이 있을까요?]

사람들은 일반적으로 우정을 응원하거나 상호 도움이 되는 관계를 맺는 데 도움이 된다고 생각하면 상당히 적극적으로 나서서 사람들이 연결되는 데 도움을 주려고 한다.

만일 기꺼이 바깥세상으로 나가서 사람들에게 말을 걸 수만 있다면 어디에서든 친구를 사귈 수 있다. 지역 단체, 이벤트, 체육관, 공원, 클럽, 스포츠 리그 등이 모두 새로운 친구를 사귀기에 좋은 장소다. 당신이 가장 좋아하는 취미활동을 공공장소에서 단체로 할 수 있는 기회를 모색해 본다면 마음이 맞는 사람들을 찾을 수 있을 것이다.

예를 들어 내 아내는 우쿨렐레 연주하는 법을 배우는 중이었다. 어느 날 아이들과 공원으로 산책 가면서 우쿨렐레를 갖고 나가기로 했다. 그리고 아이들이 공원에서 놀 때 몇 가지 코드를 연주했다. 산책하던 다른 여성이 지나가다가 연주하던 아내를 보고 다가와서 자신을 포함해 동네 사람 몇몇이 매주 토요일 아침에 공원에서 우쿨렐레를 함께 연주하고 있다는 사실을 알려 주었다. 나는 우리 동네에 우쿨렐레 클럽이 있을 것이라고는 상상도 하지 못했다. 그러니 바깥으로 나가 뭔가를 하면서 사람들을 만나라. 어떻게 될지 아무도 모른다.

당신이 어디에서 친구를 만나든 상관없이 이것만 기억해라. 새로운 경험을 공유하는 것이 단순한 지인을 영원한 친구로 바꾸는 비결이다. 그것이 친구를 당신이 늘 적극적으로 돌보지 않아도 오랫동안 당신 곁을 지켜 줄 강인하고 키 큰 나무로 바꾸는 데 필요한 것이다.

관계 쌓기의 중요성

만일 당신이 정규직 직원이라면 깨어 있는 시간의 최소 3분의 1을 직장에서 보낸다. 즉 당신의 상사, 동료, 고객, 비즈니스 파트너에 둘러싸여 상당히 긴 시간을 보낸다는 의미다. 그러므로 그들과의 관계가 강하면 강할수록 당신의 직장 생활은 더 행복하고 성공적일 수 있다. 그런 점에서 공유된 경험들이 중요한 요소가 된다.

최근 한 갤럽 조사에 따르면 직장에서 절친을 사귀는 것은 중요한 비즈니스 성과와 밀접한 관계가 있다고 한다. 직장에 절친이 있는 사람들은 직장에 대한 만족감을 느끼고 그들의 고용주를 다른 사람들에게 추천하며 이직을 하지 않을 가능성도 더 높다. 그들은 기업의 생산성, 안전성, 혁신, 고객서비스의 향상에도 더 많이 기여한다.

데이터가 이를 보여 주지만 당신은 그것을 직관적으로 이미 알고 있다. 직장에서의 인간관계를 떠올려 보자. 긍정적이고 편안한 분위기일 때 생산성이 가장 높다. 대체로 이런 분위기는 당신이 좋아하는 사람들에 둘러싸여 있을 때다. 당신이 신뢰하고 존경하는 사람들과 일할 때 협업도 가장 결과가 좋고 갈등도 더 빠르게 해결할 수 있다.

만일 사람들과의 관계가 원만하지 않다면 업무 결과는 재앙에 가깝다. 소통은 거의 불능하고 오해와 긴장으로 가득 차 있다. 사람들은 고의로 서로에 해를 가한다. 그들은 지속적인 기능 마비를 경험하고 자신이 맡고 있는 과업에 집중하지 못한다. 불행한 사람들은 최선을 다해 업무 수행을 할 수 없다. 가장 극단적인 경우, 불편한 동료 관계는 성공할 수 있었던 기업 하나를 쓰러뜨릴 수도 있다.

그러므로 직장 동료와의 관계를 공고히 하는 것은 시간과 노력을 투자할 만한 가치가 있다. 당신이 비즈니스 리더라면 직장 동료들 간의 긴밀한 관계를 육성하는 것이 큰 이익이 된다. 과거엔 이것이 자연스러운 현상이었지만 오늘날의 세상에서는 꼭 그렇지 않다. 물리적으로 같은 공간에서 함께 근무하지 않는다면 더 많은 의도적인 노력이 필요하다.

일부러 시간을 내서 직장 동료와 사교적 경험을 공유하는 것이 중요하다. 5년 동안 사무실을 공유하는 것보다 공유된 경험 한 번을 하는 것이 직장 동료들과 더 강한 유대감을 느끼게 한다.

당신만의 샤크 탱크Shark Tank(미국 ABC 방송국의 사업 아이디어 투자 프로그램)를 개최하는 등 새로운 점심시간 전통을 만들어 보는 건 어떨까. 모두가 참신하고 새로운 아이디어를 내고 듣는 것을 좋아한다. 모두가 의무적으로 최대한 열정적으로 자신들의 아이디어를 홍보하고 설명하게 한다. 샤크 탱크에서처럼 소품(모형, 다이어그램, 막대그래프 등)의 사용을 장려한다. 이것은 직원들이 재미, 웃음, 유대감을 느끼게 만들 수 있는 확실한 방법이다. 그리고 이것은 어쩌면 스쿼티포티Squatty Potty(배변 활동에 도움을 주는 인체공학적 스툴)와 같은 기발한 제품을 개발하는 기회가 될 수도 있다.

매달 새로운 '비밀 기술'을 공유하는 것은 어떤가? 즉 매달 당신과 직장 동료들이 서로에게 각자의 취미활동을 가르쳐 주는 것이다. 다트 실력을 뽐내고 싶은가? 다트판을 가져와서 펍 기술을 자랑한다. 회계 부서의 데이브는 무술에 빠져 있다. 모두들 그의 도장에 가서 데이브가 콘크리트 블록에 하이킥을 날리는 모습을 지켜보는 것이다. 인사부의 리사는 흑마술에 심취해 있다. 그녀에게 심령회를 개최할 기회를 주고 그녀의 점괘 판을 가져오게 한다. 마음만 먹으면 못 할 게 없다. 집단지성의 힘을 알면 깜짝 놀라게 될 것이다. 그 과정에서 서로에게 팁과 모범 사례를 공유하고 이 경험들을 최대한 활용할 수 있는 방법을 나눈다.

실외 게임, 팀 구성, 깃발을 제작해서 사무실 올림픽을 조직한다. 당신만의 '오피스The Office'를 연출한다. 어울리는 문신을 새기거나 이미 가지고 있는 문신과 비교해 보고 그 문신에 얽힌 이야기를 들려준다.

최소한 당신은 보물 지도 활동을 직장 동료들과 해 볼 수 있으며 슬랙 채널을 개설해서 모두가 자신들의 목표를 공개하고 서로를 응원하며 서로의 목표를 달성할 수 있도록 도움을 준다.

만일 당신이 사장이라면 멋진 경험 하나를 선정해서(혹은 예산안에서 몇 가지 경험을 놓고 직원 전체가 투표하게 하거나) 분기별로 누군가에게 선물로 제공한다. 그 경험을 선물로 받게 될 사람은 이달의

사원, 판매왕, 최소 사고사 등 뭐든 상관없다. 그냥 팀원 전체가 즐거워하고 유대감을 느낄 수 있는 경연을 만들면 된다.

물론 당신의 사무실이 다소 고루하다면 전형적인 행사의 형태인 '애완견이나 자녀를 사무실에 동반하는 날'을 만들어도 괜찮으리라.

이러한 경험들은 당신과 직장 동료가 서로를 바라보는 관점을 완전히 바꿔 줄 수 있다. 진지하게 업무에만 집중하는 대신에, 농담도 하고 웃기도 하고 일하면서 하기 어려운 이야기들을 공유할 수 있다. 사무실에서 매일 보던 동료의 일상적인 모습 이외에 이야기, 가족, 관심사가 있는 온기가 느껴지는 진짜 사람으로 보이기 시작할 것이다. 그렇게 진정한 우정이 싹튼다.

게다가 당신은 그러한 관계가 당신을 어디로 데리고 갈지 결코 알지 못한다. 그렇게 많은 사업가가 골프를 치는 게 우연은 아니다. 사교적 경험은 그들 업계의 다른 사람들과의 신뢰와 충성심을 구축하는 데 도움을 준다. 비록 그들이 오늘은 계약하지 못하더라도, 언제가 계약이 성사될 수 있다. 혹은 그러한 관계의 결과로 소개를 받거나, 직장을 얻거나, 혹은 다른 기회를 얻게 될 수 있다. 직장 사무실에서 수개월 동안 5분 남짓 걸리는 짧은 시간 동안 인사말을 주고받는 것보다는 골프 코스에서 서너 시간을 함께 보내면서 개인적인 대화를 더 많이 나눌 수 있다.

꼭 골프가 아니어도 된다. 하지만 골프는 관계를 수립할 수 있는 활동의 아주 적합한 사례이다. 왜냐하면 골프는 비공식적이면서 즐거운 환경에서 모두가 뭔가를 함께하며 이야기를 나눌 충분한 시간을 제공하기 때문이다. 모두가 몰두할 수 있는 골프라는 주제가 있지만 그것이 지나치게 치열하거나 경쟁적이지 않다. 만일 당신과 직장 동료들이 골프를 좋아하지 않는다면 이러한 기준에 부합하는 다른 활동도 많다. 피클볼(배드민턴, 탁구, 테니스를 결합한 스포츠), 판타지 스포츠, 가라오케, 찬물 입수 챌린지 등. 개방적인 회사에서 일을 하거나 사장이 멋진 사람이라면 그들에게 테이블 축구, 핀볼, 탁구 등과 같이 재미있는 오피스 게임을 구매해 달라고 요청할 수도 있다.

이런 활동들이 거창할 필요는 없다. 그러나 이 사람들과 좀 더 기억에 남을 만한 멋진 일을 함께한다면 그들과의 유대감은 더 깊어지고 더 가치 있는 것이 될 것이다.

'나는 시간이 없어서 직장 동료들과 친목을 도모할 시간이 없다.'라고 생각한다면, '당신에게는 친목 도모를 하지 못할 시간이 없다.'라는 걸 지금이라도 이해하기를 바란다. 시간은 비용을 청구할 수 있는 대상은 아니지만 시간에 대한 투자는 직장에서의 만족감으로 보상받게 될 것이다. 그것이 당신의 팀, 고객, 혹은 협력사든 그들과의 관계에서 사적인 관계의 층이 하나 더 더해진다면 그 관계는 거래 관계를 초월하게 된다. 그들은 당신을 응원할 것이고 당신이 힘든 시간을 지날 때 곁에 있어 줄 것이며 다른 사람들에게 당신을 긍정적으로 소개하게 될 것이다.

당신은 삶을 살기에 완벽한 환경이 되기를 기다릴 수 없다. 또 당신에게 가장 중요한 관계를 구축할 수 있을 때까지 그저 기다릴 수 없다. 각각의 관계는 이야기이며 그 이야기가 생명력을 유지하기 위해서 당신은 계속해서 새로운 이야기를 더해야 한다.

강력한 유대감을 구축하는 비결은 경험, 특히 새로운 경험을 공유하는 데 있다. 당신 자신, 당신의 애인, 자녀, 부모님, 룸메이트, 당신의 헌신적인 친구들, 학급 친구들, 동료들. 그것이 누가 됐든 중요하지 않다. 사람들은 사람들이고 새로운 걸 경험하는 것은 강력한 방식으로 우리를 하나로 연대하게 한다.

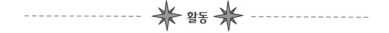

활동

당신의 관계가 번성하게 만들어라

자기 자신

주로 다른 누군가와 함께하던 것을 혼자서 경험해 본다. 어떤 이들에게 이것은 해외여행만큼이나 힘든 일일 수 있다. 또 어떤 이들에게 그것은 영화를 보러 가거나, 야구장에 가거나, 수업을 듣는 것일 수 있다. 이런 활동을 혼자서 할 때 어떤 느낌인지에 주목한다.

최측근

배우자, 친한 가족 구성원, 혹은 절친과 지상 최고의 멋진 날을 보내라. 이제까지 당신에게 가장 멋진 날은 어떤 모습이었는가? 하루에 할 수 있는 유쾌한 활동을 최대한 많이 떠올려 보고 그것을 목록으로 만든다. 다른 사람들도 자신만의 '지상 최고의 하루'를 만들 수 있도록 그것을 문서로 정리해서 공유한다. 10년간 나의 이메일 서명은 '지상 최고의 하루를 보내길!'로 끝난다. 이는 늘 나와 친구들에게 그런 날을 더 많이 가져야 한다는 것을 상기시켜 준다.

친구들

죽어 가는 사람들이 가장 후회스럽게 생각하는 일 중 하나는 '친구들과의 연락이 끊긴 것'이었다. 연락이 끊어졌지만 여전히 생각나는 사람들의 명단을 만든다. 그 사람들이 당신에게 중요한 이유는 무엇인가? 그것은 아마도 당신의 인생에서 가장 중요한 경험이나 시기를 그들과 공유했기 때문일 것이다. 만일 당신이 그들과 다시는 이야기를 나눌 수 없게 된다면 그것을 후회하지 않을까? 한 사람을 골라서 기다리지 말고 오늘 당장 그에게 연락을 해 보는 것이다. 이들과의 관계는 중요하다. 이것은 전화 한 통, 이메일 하나, 문제 메시지 하나면 피할 수 있는 후회다.

직장

직장이나 학교에서 당신이 좀 더 많이 알고 싶은 사람은 누군가? 그들이 좋아할 만한 경험 하나를 정해서 그들에게 함께 해 보자고 제안해 보라. 새로운 식당을 찾아가서 점심을 먹는 것처럼 아주 단순한 것도 괜찮지만 그들의 관심사에 대해서 알고 있는 게 있다면 좀 더 창의적인 아이디어로 접근하면 더 좋다.

참고: ExperientialBillionaire.com에 접속하면 무료 경험 가이드와 함께 이 활동의 확장된 버전을 내려 받을 수 있다.

놀이가
가장 높은 형태의 연구다.

-알베르트 아인슈타인Albert Einstein

제8장

놀이는
매우 중요하다

브리짓 힐튼 이야기

나를 아는 사람은 누구나 나의 별난 취미에 대해 잘 안다. 그것
은 내추럴(일명 나티) 와인이다. 나는 그것에 대해 짜증이 날 정도
로까지 늘 이야기한다. 나는 독특하고 풍부한 풍미를 좋아하고
마치 음반 커버처럼 와인 레이블의 예술성에 집착하며 전 세계 소
규모 와인 생산자들이 들려주는 이야기를 읽는 것을 좋아한다.
때때로 나는 그것을 조금 지나치다 싶을 정도로 좋아한다.

　그래서 나는 세계 최고의 아마추어 홈 와인 메이커가 되어 와인
생산 과정에 대해 배운다면 재미있으리라 생각했다. 집에서 와인
만드는 법을 리서치하고 필요한 물품을 온라인으로 구매했다. 유
리 주전자, 식물용 보온 패드, 온도계 스티커, 에어 로크, 특수 효
모, 포도와 설탕을 온라인에서 찾는 일은 상당히 수월했다.

　하지만 단순히 와인을 만드는 데서 그치고 싶지 않았다. 맛이
있든 없든 내가 만든 와인을 기념하고 축하하고 싶었다. 나는 다
른 사람들과 그 즐거움을 공유하고 싶었다. 비록 그들이 내추럴
와인에 대해서 내가 가지는 관심의 절반도, 혹은 단 1퍼센트의 관
심도 없다고 하더라도.

　그래서 한 달 후, 와인을 마셔도 될 때가 왔을 때 나는 가짜 브

랜드와 간단한 웹사이트를 만들고 와인병에 붙일 라벨을 인쇄했다. 내가 만든 와인에 붙인 이름인 '피자 와인' 시음회에 친구들을 초대했다(어떤 사람이 내게 마지막 식사로 무엇을 먹고 싶으냐고 물은 적이 있다. 그때 나는 주저 없이 '홈메이드 피자와 내추럴 와인'이라고 답했다). 그러나 한 가지 문제가 있었다. 이 모임에 입장하려면 초대된 사람들 모두 피자 와인의 CM 송을 하나씩 만들어서 불러야만 했다.

예를 들어 비치보이스의 〈서핑 유에스에이Surfin USA〉 음악에 맞춰 이 노래가 불렸다고 상상해 보라.

> 금요일 저녁, 우리는 기분이 굉장히 좋다
> 당신의 친구가 피자를 만들고 그녀는 당신에게 와인을 가져오라고 말했다
> 당신은 뭔가 특별한 것을 원한다. 그 피자는 풍부한 치즈 맛이 난다
> 우리의 피자 와인은 우리의 일을 아주 편하게 만든다

우리는 모두 거실에 빙 둘러앉아서 마치 어린아이들처럼 순서가 된 다른 친구가 노래 부르는 모습을 지켜보면서 까르르거리며 웃었다.

CM 송 부르기 경연의 승자에게는 무엇이 주어졌을까? 와인과

피자를 더 많이 먹을 수 있었다.

음식과 술이 미슐랭 스타급도 아니었고 친구들도 음악 부문에서 눈부신 업적을 세워 그래미상을 받은 적도 없지만 그것은 결코 잊을 수 없는 인생 최고의 와인 시음회였다. 나와 친구들은 눈물이 날 정도로 일그러진 표정으로 웃으면서 "우리 이거 자주 하면 어떨까?"라고 물었다.

그 시음회는 내가 옛날 장기 자랑하던 때를 떠올리게 했다. 우리는 각자 노래와 춤을 만들고 마술을 하고 훌라후프 돌리기를 하면서 몇 시간 낄낄거리며 즐겁게 지냈다.

이 재미난 걸 왜 중단한 거지?

맞다. 우리는 나이를 먹으면서 바보 같은 행동을 하는 것이 그리 멋진 일이 아니라고 생각하게 된다. 다른 사람의 눈을 의식하기 시작했다. 어른이면 어른답게 굴어야 한다고 믿는다. 어른이되니 살기 위해서 해야 할 엄중한 일들이 너무 많아져서 더 이상 바보 같은 행동을 할 여유가 없다. 바쁜 일, 스트레스, 디지털 기기에 함몰된 시간의 연속인 어른의 삶은 놀이가 주는 즐거움과 치료 혜택으로부터 우리를 멀어지게 했다.

이런 상황은 당신도 마찬가지일 거라고 생각한다.

그러나 반드시 그런 방식으로 놀 필요는 없다.

놀이의 과학

놀이를 중단한 것은 언제인가? 여기서 놀이란 아무런 목표도 없고 결과에 대한 기대감도 없이 그저 즐거움을 위해서 무엇인가를 하는 것을 말한다. 그것이 승자와 패자가 있는 게임이라고 하더라도 그 결과가 중요하지 않고 시간이 지나면서 더 나아지는 걸 목표로 삼지 않는 것을 말한다. 단순히 즐기는 것이 목표인 것이 놀이다(오락을 소비하는 것은 놀이가 아니다. 진정한 놀이는, 그냥 스크린을 보고 있거나 페이지를 넘기는 것을 넘어서 당신의 적극적인 참여가 필요하다).

어릴 때, 당신이 하고 싶은 것은 놀이였다. 다른 모든 활동(학교, 숙제, 집안일, 가족의 저녁 식사)은 놀러 나가기 위해서 해치워야 하는 일이었다.

그러나 조금씩 조금씩 다른 일들이 더 중요해졌다. 생활비를 버는 일이나 사람들을 돌보고 집안일을 하는 데 더 많은 시간을 쓰기 때문이기도 하고 우선순위에서 사회적 심리적 변화가 일어났기 때문이기도 하다. 우리 사회가 어른은 생산적이고 책임감이 강하고 진지해야 한다고 생각하기 때문이기도 하다. 한편 놀이는 어린아이만 누릴 수 있는 사치라고 여긴다. 그래서 당신은 놀이가 미성숙한 일이고 다른 사람들도 노는 당신을 미성숙한 인간이라고 판단할 거라고 생각한다. 놀이를 덜 할수록 상상력을 덜 발휘할수록 당신은 실용적인 일에 더 집중하게 되고 놀이시간은 계속해서 줄어들게 된다.

　시간이 지나면서 과거에 재미 삼아 하던 일은 진지한 노력이 필요한 일이 되거나 더 이상 시도할 만한 가치가 없는 일이 되어 버렸다. 바깥에 나가서 친구들과 뛰놀던 일이 이제는 체육관 러닝머신 위에서 달리는 일이 되었고 카페에서 친구 만나는 일을 계획 세워야 하고 새로운 인맥을 구축하기 위해 행사에 참여한다. 우리는 그러한 활동을 바람직하고 건강한 일이라고는 생각하지만 매우 즐거운 일이라고는 생각하지 않고 부자연스러운 일이라고 여긴다. 만일 어린아이가 그런 일을 하는 모습을 보게 된다면 다른 세상에 살고 있는 것은 아닌지 의구심을 가질 것이다. 아이들은 건강을 유지하기 위해서가 아니라 얼굴을 때리는 바람과 발밑에 밟히는 풀의 촉감을 느끼기 위해서 뛰어다닌다. 아이들은 경력의 사다리를 올라가기 위해서 인맥을 쌓지 않는다. 그들은 즐거운 순간을 통해서 유대감을 쌓는다. 아이들은 이유나 목적에 신경 쓰지 않고 자신들이 원하는 것을 한다. 그들은 단순히 즐거움을 추구할 뿐이다. 어른은 놀이가 주는 놀라운 혜택을 알지 못한 채 놀이라는 사치를 자신에게 허락하지 않는다.

　신체적 놀이는 뇌 가소성(뇌가 변화하고 학습할 수 있는 능력)을 촉진하는 강력한 동인이다. 특히 신체적 놀이는 당신의 균형감을 실험하고 새로운 방식으로 움직일 수 있게 한다. 간단한 게임을 통해서는 다양한 결과의 가능성을 고려하게 되고 신속한 결정을 내릴 수 있게 된다. 그것은 당신의 전전두피질의 '집행기능'을 활성화하고 강화한다. 잘못된 결정의 결과가 그다지 심각하지 않은 위험부담이 낮은 환경에서 그러한 가능성들을 탐색한다.

다른 이들과 놀이를 하는 것은 사교적 기술을 개발하고 개선하는 데도 꼭 필요하다. 놀이는 협동하는 법, 감정을 읽는 법, 자신의 감정을 표현하는 법을 알려 준다. 인간에 대한 신뢰의 근본이 놀이 신호를 통해서 정립되므로 우리가 놀이를 멈추면 그러한 신호를 잃어버리기 시작한다.

이것은 아이들에게 매우 중요하지만 성인에게도 여전히 의미가 있다. 역사적으로 가장 창의적인 사람들—예술가, 발명가, 작가—중 일부는 그들의 삶에서 놀이의 중요성을 강조한 것으로 유명하다. 놀이는 모험심과 가능성을 지속시켜 주고 문제를 해결할 때 다양한 아이디어와 접근법을 시도해 봐도 괜찮다는 사실을 상기시켜 준다는 점에서 창의성을 촉진한다. 경쟁적인 상황에서조차 놀이의 정신을 유지하면 최고의 수행 성과를 낼 수 있다. 이는 위험성에 대한 걱정을 내려놓고 당신이 소유한 창의력을 발휘할 수 있게 해 주기 때문이다.

놀이는 또한 성인으로서 당신의 정체성 형성에 효과적인 도구가 될 수 있다. 당신이 어렸을 때는 뇌세포들이 몹시 긴밀하게 연결돼 있어서 배우거나 변화를 주기가 쉽다. 25세쯤에는 연결된 뇌세포의 거의 절반이 사라져서 새로운 연결을 하거나 원치 않는 연결을 제거하기 위해서는 더 많은 노력을 기울여야 한다. 놀이가 뇌 가소성을 활성화하므로 살면서 당신이 더 나은 방향으로 변화하는 데 도움을 줄 수 있다.

놀이가 중요한 한 가지 이유는 뇌 건강이지만, 놀이가 중요한 또 다른 이유는 단순히 '재미있어서'이다. 삶에서 더 많은 즐거움을 원치 않는 사람이 어디 있겠는가?

일을 중시하는 문화는 당신의 귀에 생산적이지 않은 일을 하는 것은 시간 낭비라고 속삭일지 모른다. 항상 더 중요한 일이 있고 해야 할 일은 늘 시간이 부족할 만큼 많다. 그러니 다섯 살짜리 어린아이가 아닌 이상 당신의 일정표에 어떻게 놀이시간을 추가할 수 있겠는가?

그러한 태도는 삶에서 재미를 없애 버릴 뿐만 아니라 놀이를 할 때 느끼는 즐거움을 반감시킨다. 이는 놀이를 하는 자신이 게으름을 피운다고 생각하기 때문이다.

그것 또한 잘못된 생각이다. 놀이는 자기 관리의 한 형태다. 그것은 스트레스를 완화하고 에너지를 주며 일상의 단조로움에서 탈피하게 해 주고 부담을 줄여 주며 긍정적 생각을 강화한다. 놀이를 통해 재충전한 후, 직장으로 돌아가면 생산성이 오른다. 이는 운동 뒤에 근육을 쉬게 해 주면 근육이 치유되고 더 강화되는 것과 같은 이치다.

놀이는 또한 새로운 행동, 사고, 전략, 존재 방식을 살펴보게 한다. 그것은 사물을 다른 시야로 바라보게 하며 이는 학습과 창의력을 자극한다. 당신의 뇌가 집중해서 다루던 문제에서 잠시 벗어날 경우, 역설적으로 그러한 문제들을 해결할 수 있는 돌파구가 생길 수도 있다.

당신은 놀이를 할 만한 여유가 없다고 생각했지만 사실은 놀이를 하지 않을 여유가 없는 것이다.

만일 놀이를 위한 시간을 내면, 놀이라는 행위가 그저 시작에 불과하다는 것을 알게 될 것이다. 일단 습관이 형성되면 놀이적 사고방식이 당신의 세계관으로 스며들기 시작한다. 당신은 좀 더 활동적이고 모험심도 강해지고 자유로움도 느끼게 된다. 그것은 당신의 사고방식을 완전히 다른 채널로 전환한 것과 같다.

그것은 당신에게 즐거움을 주지 못한 활동에 대한 용인도가 사라지기 시작할 때이고 그것은 바람직한 일이다. 인생에서 더 많은 즐거움을 경험할수록 더 많은 즐거움을 경험하고 싶어지고 놀이적 사고를 직업적인 일을 포함해 당신이 수행하는 모든 것에 도입하게 된다.

나도 그 말에 동의한다.

타임머신에 올라타기

어느 날, 당신은 어린 시절 친구들과 마지막으로 파자마 파티를 했다. 하지만 그것이 마지막인 줄은 몰랐다. 숨바꼭질을 마지막으로 했던 순간, 부모님께 장난을 쳤던 마지막 순간, 눈싸움을 했던 마지막 순간도 있었다. 하지만 이유가 뭘까?

2만 명에게 "어린 시절 했던 경험 중에서 다시 하고 싶은 것이 무엇인가?"라고 질문을 했다.

다음은 응답자들의 답변 사례이다.

"어렸을 때, 반딧불이를 찾아 헤매고 그것을 잡아서 유리병에 채집하는 것을 좋아했습니다." -인디애나폴리스의 레리

"전 피자와 케이크를 준비하여 롤러스케이트장에서 생일 파티를 열었던 때가 그립습니다." -샌디에이고의 라이언

"제가 가장 좋아하는 어린 시절 전통은 핼러윈에 슈퍼 히어로 분장을 하고 이웃집을 돌아다니면서 사랑을 받는 것이었어요." -오클라호마시티의 잭슨

"저는 산타나 치아의 요정Tooth Fairy과 같은 가상 인물들의 존

재를 믿었어요. 전 그런 어린 시절 동심이 그립습니다." -새크
라멘토의 카메론

"전 보통 운전 중에 뉴스나 팟캐스트를 들어요. 하지만 장거
리 자동차 여행 중에 아이스파이i·spy나 로드 사인 빙고와 같
은 게임을 하는 게 뉴스나 팟캐스트를 듣는 것보다 훨씬 즐거
웠습니다." -매디슨의 블레어

"어린 시절 남동생과 레이저 태그 놀이하는 것을 제일 좋아했
습니다." -녹스빌의 질리안

"어렸을 때 장애물 코스에서 노는 것을 좋아했어요. 거대한
볼풀을 찾아서 그 속에 다시금 뛰어들어 보고 싶어요." -루이
즈빌의 찰리

"여름 캠프에서 밤새 귀신 이야기를 하면서 캠핑용 간식을 먹
으면서 밤새던 때가 그리워요." -시애틀의 샬린

이 답변들의 공통점이 무엇이라고 생각하는가? 그것들은 모두
공짜거나 많은 돈이 들지 않고 수십 년이 지나도 바로 떠오를 정

도로 기억에 남는다는 것이다. 이 활동들은 어린 시절로 되돌아 가지 않아도 할 수 있는 것들이다. 어른이 된 지금 그런 것들을 해보는 것이 커피숍, 해피 아워, 혹은 줌에서 친구들을 만나는 것보다 훨씬 더 만족스러운 시간이 될 것이라고 장담한다.

여섯 가지 놀이 방법

그렇다면 어떻게 하면 더 많은 놀이를 생활에 도입할 수 있을까? 선택지는 무수히 많다. 하지만 설문조사에서 영감을 얻어 사람들이 어린 시절을 그리워하면서 현재 삶에서 더 많이 하고 싶다고 답한 상위 6가지 유형의 경험을 살펴보기로 하자.

하나, 재미를 가미한 경쟁

피자 와인 시음회는 내가 약간 가벼운 경쟁과 파티를 접목한 유일한 사례는 아니다. 사실 그것은 일종의 관례다. 바로 지난해, 나는 블랙 타이 파티를 열었다(야회복과 턱시도를 입고 와야 한다). 하지만 단순한 블랙 타이 파티가 아니라 모든 게스트가 가장 아름답고 창의적으로 구운 감자를 만드는 경연에 참가해야 하는 파티였다. 우승자에게는 감자 한 자루가 부상으로 주어졌다.

심각하지 않은 경쟁은 마법처럼 재미를 유발하는 약과 같아서 모든 게임에서 필수적인 요소다. 쉬는 시간에 했던 술래잡기, 숨바꼭질, 사방치기 같은 게임을 기억하는가? 파자마 파티 때 했던 제스처 게임, 손전등 술래잡기, 베개 싸움 같은 것은 어떤가? 지루할 수 있는 순간에 이러한 게임들이 에너지와 웃음을 선사한다.

다음에 친구, 연인 또는 아이들과 무엇을 할지 고민 중이라면 영화관이나 레스토랑을 찾는 대신 게임을 선택해 보라. 보드게임처럼 간단한 것부터 본격적인 장애물 코스나 블랙 타이 감자 굽기 파티처럼 약간 복잡한 것까지 다양하게 준비할 수 있다. 요들 경연 대회를 개최하는 것도 좋다. 술에 취한 성인용 철자 맞추기 대회를 개최해 보라. 트위스터 신체 게임도 좋다. 호박 조각 '아트' 쇼는 어떤가? 아니면 '아이 윌 올웨이즈 러브 유I Will Always Love You' 립싱크를 가장 잘하는 사람 선발대회를 열어 보는 것도 좋겠다. 서로 대결을 하든, 게임에 이기기 위해 협업을 하든 무엇이든 좋다. 선의의 경쟁은 장난기를 되살리고 기억에 남는 순간을 만들어 줄 것이다.

집안일이나 별로 재미없는 작업을 게임화할 수도 있다. 타이머를 설정하고 특정 시간 내에 특정 집안일이나 작업을 완료하는 데 도전해 보라. 자신의 이전 기록을 깨고 그것을 자신과의 친선 게임으로 바꿔 보라. 다른 사람과 집안일을 하는 동안 다른 캐릭터나 인물이 된 것처럼 행동한다. 당신이 슈퍼 히어로나 비밀 요원이 됐다고 상상해 본다. 창의력을 발휘해서 집안일이 관련된 미선을 만들고 집안일을 마무리한 후 누가 승자가 되는지 본다. '패자가 다음번에 그 집안일을 해야 한다. 지루할 수 있는 집안일에 약간의 재미를 가미할 수 있다. 안될 게 뭐 있겠는가?

둘, 기대감 없이 만들기

몇 년 전, 나는 어린 시절 이후론 한 번도 해 본 적 없는 일을 했다. 그것은 연극을 올리는 것에 도움을 주는 것이었다. 심각한 연극이 아니라 몇 주간의 총연습, 극장, 표 구매 등이 필요 없는 연극이었다. 시작에서 끝까지 대본 쓰기, 연습, 공연에 이르기까지 총 90분 정도가 걸리는 작업이었다.

그것은 내 안의 동심을 탐구하고 정신건강 요양소에서 동료 참가자들과의 유대를 쌓고자 수십 시간을 보낸 일주의 끝에 이루어진 간단한 활동이었다. 우리의 경험을 촌극으로 만들어서 공연하는 것이다. 그것은 평소 재미 삼아 하던 일은 아니었지만 재미있었다. 너무나 재미있어서 그날 저녁 내 일기장에 굵은 글씨로 '오늘은 내 인생에서 가장 행복한 날 중 하나였다. 나는 오늘을 결코 잊지 못할 것이다.'라고 썼다. 그리고 나는 지금도 그날의 기억을 잊지 못한다.

뭔가를 만드는 것은 효과적인 놀이 방법의 하나다. 종이, 색연필, 찰흙, 풀, 반짝이처럼 어린 시절 당신이 가장 좋아했던 미술

재료나 공예재료 중 마음에 드는 것을 골라서 아무것이나 하나 만들어 본다. 종이 접시 마스크, 손도장 아트, 염색 달걀, 마카로니 목걸이, 우정 팔찌. 게임을 만들어 보라. 어려운 것처럼 들리지만 아이들은 그것을 늘 한다. 그들은 몇 가지 규칙만 정하고 나머지는 스스로 알아서 한다. 친구들을 초대하여 게임을 해 보고 어떤 일이 일어나는지 확인한다. CM 송 만들기, 인형극, 장기 자랑… 무엇이 됐든 원하는 것을 만들어 보라. 잘 만들 필요도 없다('잘'이라는 단어의 의미가 뭐가 됐든). 그냥 과정을 즐기면 된다.

만들기는—특히 목표나 기대감이라는 부담이 없이 그저 재미를 위해서 만들기를 할 때—당신의 상상력을 자극하고 내면의 동심을 되살리는 데 도움을 준다. 당신도 몰랐던 새로운 능력을 발견하게 될지 누가 알겠는가?

셋, 멋진 바깥세상 탐색하기

어린 시절을 되돌아봤을 때, 지금 가장 감사하게 생각하는 것은 탐색할 자유가 나에게 있었다는 것이다. 자연 속에서 개구리와 놀기, 오리를 쫓아다니기, 연못에서 수영하기, 빙판에서 스케이트 타기, 눈사람 만들기, 웅덩이에 점프하기를 할 수 있었다. 나는 부모님의 감독을 항상 받지도 않았고 텔레비전 화면에 시선이 고정돼 있지도 않았다. 나의 가치가 SNS상에서 '좋아요'나 시험지 위의 점수와 연결돼 있지도 않았다. 나는 그저 밖에서 나가서 자연을 자유롭게 탐색하고 있었다.

어른이 되어서도 가능한 한 그렇게 하려고 노력한다. 사실 올해 나의 목표는 매일 흙투성이가 되는 것, 즉 밖에서 많은 시간을 보내는 것이다. 환경 보호국Environmental Protection Agency에 따르면 미국인은 평균적으로 하루 중 93%를 실내에서 보낸다. 일주일에 하루의 절반만 야외에서 보내는 셈이다. 우울하지 않은가! 하지만 이는 여러분에게 평균 이상이 될 수 있는 능력이 있음을 뜻한다.

탐색은 무언가를 발견하려고 노력한다는 뜻이다. 익숙한 상황에서도 새롭고 흥미로운 것을 찾는 것을 의미한다. 특별한 최종 목표를 염두에 두지 않고 시간을 내어 세세한 것을 알아차리고 다른 길을 시도하며 문자 그대로 또는 비유적으로 방황하는 자유를 누리는 것을 의미한다.

어렸을 때는 자연스럽게 이런 탐색을 한다. 새로운 환경이나 물체를 마주하면 그것의 모든 측면을 시험해 보고 싶어 한다. 어디서 시작되고 끝나는지, 어떤 느낌인지, 무엇을 담고 있는지, 어떤 역할을 하는지. 하지만 나이가 들수록 이런 열린 호기심은 점점 사라진다. 이는 목표 지향적인 활동에 더 집중하게 되기 때문이기도 하고 익숙한 것들을 당연하게 여기기 때문이기도 하다.

이미 알아야 할 것은 다 배웠다고 생각하지만… 발견할 것은 항상 더 많이 존재한다.

집 뒷마당, 지역 공원, 국립공원에서 즐거운 시간을 보내라. 나뭇가지가 낮게 뻗은 튼튼한 나무가 보이는가? 그 나무에 오르는 스릴을 즐겨 보라. 덩굴을 찾을 수 있다면 타잔처럼 그네를 타고 큰 소리를 질러라. 쓰러진 통나무를 타고 오르기, 나무 그루터기 위에서 균형 잡기, 나뭇가지 밑으로 기어가기, 작은 개울을 뛰어넘기 등 자연 요소를 활용한 장애물 코스를 만들어 보라. 보물찾기를 통해 흥미로운 바위를 찾아 집에 기념품으로 전시해 보는 건 어떨까? 자동차 후드나 텐트에 누워 밤하늘을 바라보며 어떤 별을 발견할 수 있는지 살펴본다. 강이나 호수, 바다에 나가 부유물을 가지고 놀아라. 해초를 가발처럼 써 보라. 물안경을 끼고 물고기 떼를 쫓아다녀 본다. 마르코 폴로를 플레이하고 배 뒤집기 대회를 연다. 미끄럼틀을 설치한다. 또는 큰 비가 내린 뒤 물웅덩이에 뛰어든다.

당신의 오감으로 자연을 탐색하는 일은 굉장히 즐거운 일이다. 정말 그 일에 푹 빠지고 싶은가? 그것을 한 차원 레벨업하는 데 도움을 받을 수 있는 도구나 커뮤니티가 굉장히 많다. 사물을 좀 더 명확하게 볼 수 있게 해 주는 카메라, 쌍안경, 망원경에 돈을 투자할 수 있다. 조류 관찰자, 채집가, 별 관찰자, 곤충학자, 지질학자들로 이루어진 단체 혹은 당신의 상상력을 자극하는 자연 관련 분야에 특화된 단체에 가입할 수도 있다.

나는 특히 돌에 매료되어 '스톤 스터디'라는 여성 커뮤니티(애칭 '스톤러'라고도 불린다)에 가입했다. 그리스의 히드라처럼 멀리 떨어진 곳부터 샌타바버라, 캘리포니아의 포인트 듐, 빅서 등 가까운 곳까지 여행하며 독특하고 흥미로운 돌이 있는 지역을 탐험하고 창의력을 발휘하는 데 도전했다. 나는 '록 아이덴티파이어Rock Identifier'라는 앱을 사용하고 있으며 이제는 방문객들이 원하든 원하지 않든 자랑스럽게 자랑할 수 있는 바위 컬렉션을 보유하고 있다.

자연에 대한 사랑을 키우고 야외 놀이의 기회를 제공함으로써 우리는 서로 더 깊은 관계를 형성하고 내면의 동심을 일깨우고 자연이 제공하는 수많은 건강상의 혜택을 누릴 수 있다.

넷, 큰 소리로 웃기

몇 년 전 엄마, 이모, 사촌이 샌프란시스코를 방문했을 때였다. 1년 중 가장 안개가 많이 긴 날 나는 그들과 함께 고래를 관찰하러 갔다. 그런데 우리는 고래를 단 한 마리도 보지 못했다. 고래를 보지 못한 것을 슬퍼하는 대신 보지 못한 고래에 대한 하이쿠를 쓰고 고래의 움직임을 흉내 내면서 다른 사람들에게 그것을 낭송

했다(나는 그것을 해석 춤이라고 표현했다). 하이쿠 콘테스트의 우승자는 3달러짜리 플라스틱 고래 장난감과 하이쿠를 액자에 넣어 부상으로 받고 다음 가족 모임에서 모두에게 그것을 큰 소리에 낭독했다. 사실 고래를 보는 것보다 미친 듯 웃었던 것이 훨씬 더 기억에 남는 유대감 형성의 경험이었다.

웃으면 거리낌을 털어 낼 수 있고 놀이의 본질인 우스꽝스러운 행동을 편하게 할 수 있게 된다. 웃음은 스트레스를 해소하고 혈압을 낮추며 산소 섭취량을 늘리고 심장과 기타 중요한 장기를 자극하는 것으로도 알려져 있다.

가족 모임이나 퇴근할 때까지 기다릴 필요도 없다. 예전에 유니버설 사무실에 근무할 때, 나와 내 친구는 동료들에게 우리를 일본식 레스토랑 베니하나Benihana에 데려갈 수 있는 기회를 부여하기 위해 식당 앞에 선 우리의 모습을 엉망으로 합성한 사진을 붙인 응모 상자를 만들었다(안타깝게도 아직도 그 식사를 기다리는 중이지만). 모든 사람이 볼 수 있도록 상자를 정리해서 그것을 접수처 책상에 놓는 데까지 걸린 그 15분이라는 시간이 그 사무실에서 가장 기억에 남는 순간 중 하나였는데 이는 우리가 너무 많이 웃었기 때문이다.

그러니 매일 웃을 수 있는 방법을 찾아서 다른 사람들을 웃게 만들어 보라. 농담을 하거나 직접 농담을 만들어 본다. 공공장소에서 코스튬을 입고 돌아다닌다. 친구들과 카페에 가서 그곳에 있는 다른 손님들의 인생 이야기를 만들어 본다. 추수감사절에 강아지에게 칠면조 복장을 입혀 본다. 생일 파티를 위해서 바운스 하우스를 빌린다. 자신을 우스꽝스럽게 만드는 것을 두려워해서는 안 된다. 유머 감각은 기분을 좋게 하고 주변 사람들의 하루를 밝게 해 줄 수 있다.

다섯, 규칙을 어기기

14년 전, 나는 친구 네 명과 산타와 사진을 찍기 위해서 버뱅크 몰에 갔다. 이런 걸 하기엔 나이를 너무 많이 먹은 건 아닐까? 절대 아니었다. 줄 선 사람 중에서 어린아이를 동반하지 않은 어른들은 우리가 유일했을까? 그것도 아니다. 다 큰 성인 여성 다섯이 그의 무릎에 앉아 있다는 사실에 산타는 소름이 끼쳤을까? 아마도 그랬을 것이다. 그래서 그 상황이 훨씬 더 웃기다. 일회성 농담으로 시작했던 것이 너무 재미있었던 덕택에 우리는 그것을 주제와 의상까지 갖추고 하는 연례행사로 만들었다. 각자의 가족과 삶이 성장하고 변했지만 이 연례행사는 1년에 한 번 우리가 다시 어린 시절로 돌아간 듯한 기분을 느낄 수 있게 해 준다.

기대감을 쏙 빼는 것이 재미를 위해 반드시 있어야 하는 규칙이다. 아이들은 이를 알고 있다. 이런 이유로 규칙의 한계를 끊임없이 뛰어넘는다. 그러니 저녁 식사 전에 디저트를 제공해 보라. 정장을 차려입고 수영장에 뛰어들어 보고 음식 던지기 싸움도 하고. 공공장소에서 즉흥적으로 춤도 춰 본다. 침대에서 뛰어내리기, 베개 싸움하기, 너프 총을 사서 친구들과 쫓고 쫓기는 놀이도 좋다. 안될 이유가 뭐 있을까? 그것은 재미도 있고 살아 있다는 느낌, 다시 어린아이가 된 것 같은 기분을 들게 한다.

반항이라고 해서 반드시 법을 어기거나 해로운 행동을 할 필요는 없다. 혹은 해서는 안 된다는 말을 늘 들었던 어떤 일이나 자신을 진솔하게 표현하는 것과 같이 아주 간단하지만 비전통적인 일일 수 있다. 예를 들어 드레스를 입고 티아라 쓰기, 쇼핑몰에 가기, 산타의 무릎에 앉아 보기와 같은 걸 하는 데에 나이 따위는 중요하지 않다.

여섯, 장난치기

장난은 일상의 심각함과 스트레스에서 벗어나서 꼭 필요한 휴식을 할 수 있게 한다. 한번은 가족과 함께 사촌을 픽업하러 공항으로 갔다. 우리는 그녀가 세계적으로 굉장히 유명한 카주(피리처럼 생긴 악기) 연주자라는 아주 그럴듯한 이야기를 그녀 몰래 만들었다. 공항 터미널에 커다란 수제 간판과 카주, 샤피 네임펜을 들고 공항 터미널에서 기다렸다. 그녀가 도착하자 우리는 모두 어린 10대 소녀의 가슴을 설레게 하는 남자 연예인을 만난 것처럼 비명을 질렀다. 친구나 가족을 데리러 오기 위해 기다리던 다른 사람들은 모두 그녀가 정말 유명인이라고 생각했으니, 우리의 임무는 성공적으로 완수됐다.

사람을 괴롭히거나 짓궂은 장난을 쳐서는 안 된다. 하지만 상당한 유머와 타인에 대한 존중의 마음으로 장난을 치면 그것은 회복력과 예상치 못한 상황에 대처할 수 있는 능력을 개발하는 데 도움을 줄 수 있고 덤으로 재미도 준다. 그러니 만우절까지 기다리지 말기를 바란다.

당신의 목표 대상이 가장 예상치 못한 장소에 가짜 거미나 뱀을 놓아 둬라. 가족사진을 유명 인사의 사진으로 바꿔 놓고 사람들이 그것을 알아차리는 데까지 얼마나 시간이 걸리는지를 보라. 누군가의 사무실 의자에 에어혼이나 우피 쿠션을 붙여 둬라. 목표 대상이 볼 수 있게 인형들을 '즐겁게 지내고 있는' 것처럼 보이도록 재배치한다. 모르는 번호로 친구에게 장난 전화를 걸어 냉장고가 작동 중이라고 말한다. 식료품점에서 과일에 눈이 한쪽으로 몰려 있는 구글리 아이를 붙여 놓는다. 또는 문 뒤에 숨어 있다 느닷없이 나타나서 깜짝 놀라게 하는 고전적인 장난을 쳐 봐도 좋다(단, 심장 문제가 없는 사람에게만 해야 한다).

당신 안의 동심을 깨워라

놀이에 참여한다는 것은 단순히 재미있게 노는 것 이상의 의미가 있다. 그것은 아이들이 자연스럽게 가지고 있는 호기심, 개방성, 상상력, 경이로움, 평온한 즐거움의 감각을 재발견하는 것이다. 그것이 바로 인간으로서 가장 자연스럽고 진실한 상태다.

그래서 어린 시절 당신을 잃지 않고 간직하기 위해서 몇 가지 간단한 일을 해 보는 것은 의미가 있다. 이것들은 그 당시 당신이 느꼈던 즐거움을 다시 경험하게 하고 좀 더 진솔한 당신의 모습을 발견하게 하며 궁극적으로 당신의 전체적인 행복을 증진한다.

- 어린 시절 사진: 어렸을 때 찍은 사진을 자주 볼 수 있는 곳에 둔다. 그 사진은 어린 시절 당신의 모습을 되돌아보고 당신의 유치한 면모가 자주 드러나게 해 준다. 나의 냉장고 문에는 사슴뿔을 머리에 쓰고 숲에서 놀던 어린 시절의 나와 여동생의 사진이 붙어 있다. 그 사진은 자연에 대한 나의 사랑이 어디에서 시작됐는지를 기억나게 해 준다.

- 어린 시절의 음악: 소리는 추억을 불러일으키는 놀랍도록 강력한 수단이다. 어렸을 때 좋아했던 노래 떠올려 보라. 오늘 그 노래를 듣고 처음 들었을 때 혹은 그 음악과 관련된 추억

들을 떠올려 본다. 또 어린 시절에 큰 영향을 준 다른 가수나 노래는? 플레이리스트를 만들어 향수를 불러일으키는 음악을 들어 본다. 덤덤하게 행동하려고 애쓰지 말라. 솔직할수록 좋다. 나와 친구들은 파티할 때 백스트리트 보이즈와 셀린 디옹의 뮤직비디오를 틀어 놓는다. 그러면 마치 어린 시절로 돌아간 것 같은 기분이 든다.

• 어린 시절 영화: 팝콘을 먹으면서 어린 시절 즐겨 보던 영화를 감상한다. 그 영화가 지금 얼마나 좋은지, 혹은 얼마나 나쁜지를 발견하고 놀랄 수도 있다. 나는 예전에 데이트할 때 둘 다 리코더(단돈 5달러짜리 악기)를 사서 벨로키랍토르처럼 뛰어다니고 공룡 옷을 입고 〈쥬라기공원〉을 보러 갔다. 그리고 서로를 위해 영화 주제곡을 불러 주기도 했다. 나는 많은 데이트를 해 봤다(기억에 남지 않는 데이트도 많고). 그 여자 친구와는 결국 헤어졌지만 나는 아직도 그 리코더 데이트를 추억한다. 그리고 〈쥬라기공원〉은 여전히 멋진 영화다.

• 어린 시절 음식: 우리의 감각은 추억과 감정에 강한 연결고리를 만들어 준다. 그중 음식은 특히 강력한 효과를 발휘하는데 이는 음식이 시각, 후각, 미각을 결합시키기 때문이다.

어린 시절에 위안을 줬던 음식이나 식사를 떠올려 보라. 어린 시절에 먹었던 음식의 무엇이 당신을 감상적으로 만드는가? 누구를 떠올리게 하는가? 그것을 재현해 보고 마음속으로 그 시절로 돌아가 본다. 어렸을 때, 할머니께서 사촌들과 나에게 할머니의 '유명한' 마카로니와 치즈를 만들어 주셨다. 나이가 들면서 할머니가 만들어 주신 게 단순히 벨비타 치즈와 버터, 조개를 넣어 만든 것임을 깨달았지만 우리는 함께 그것을 만들면서 파인다이닝의 표본이라고 굳게 믿었던 것의 실체를 알고 낄낄거리며 웃었다.

• 어린 시절에 살던 집: 어릴 때 살던 집과 침실을 떠올려 본다. 구글맵 상에서 어린 시절 동네 거리를 걸어 보고 당신이 살던 집이 여전히 그 자리에 있는지 확인한다. 당신이 다니던 초등학교도 그대로인가 본다. 만일 그것이 당신이 잊고 있던 재미있는 추억을 떠올리게 하는지 본다. 8살짜리 당신의 모습을 상상한다. 이제 당신은 그 어린아이에게 무슨 말을 하고 싶은가?

• 어린 시절 장난감: 아이들만 장난감을 갖고 놀아야 한다는 것은 불공평한 생각이다. 어린 시절 나는 물총 슈퍼 소커를

좋아해서 친구들과 놀기 위해 여름이면 그것을 몇 개씩 사곤 했다. 그 물총으로 재미 삼아 창문을 닦다가 이웃들로부터 이상한 시선을 받기도 했다. 놀이도 하고 창문도 닦고 일거양득이었다. 어린 시절의 갖고 놀던 옛날 장난감을 이베이에서 살 수 있다면 더 좋다.

• 어린 시절 파티: 베개 요새, 어린이 간식, 향수를 자극하는 주제를 갖춘 성인 파자마 파티를 열어라. 나는 어렸을 때나 어른이 되어서도 10대 돌연변이 닌자 거북을 주제로 파자마 파티를 했고 지금도 한다. 장담하는데 내 친구들은 전형적인 디너파티보다 이 파자마 파티가 더 많이 기억에 남을 것이다.

• 어린 시절의 꿈: 어린이에게 커서 무엇이 되고 싶은지 물어보면 보통 "우주비행사, 소방관, 야구선수가 되고 싶어요." 와 같은 대답이 돌아온다. 이러한 직업은 아이들을 설레게 하고 호기심을 불러일으킨다. 하지만 세상은 금세 아이들을 지치게 하고 그런 직업을 하면 안 된다고 말한다. 대신 좀 더 안전한 직업을 선택하라고 권유한다. 어릴 때 당신은 커서 무엇이 되고 싶었나? 그 꿈을 실현할 방법이 있거나 그 꿈에

근접했는가? 만일 당신이 소방관이 되고 싶었다면 동네 소방서에서 자원봉사 하는 것을 고려해 보라. 만일 핼러윈에 우주비행사 복장을 하곤 했다면 우주 캠핑을 해 보라. 만일 야구선수가 꿈이었다면 야구 리그에 가입하거나 어느 날 밤 친구들과 야구를 해 보라. 내면의 동심이 당신이 어린 시절 꿈꿨던 일을 경험하게 한다.

이 간단한 행동은 당신 내면의 아이에게 집중할 수 있게 해 주고 어린 시절 그 마음이 기억의 맨 앞에 나와 있게 해 준다. 그런 행동들은 당신에게 마음을 열고 호기심을 갖고 계속해서 놀 것을 상기시켜 준다. 삶은 상당히 진지하다. 그래서 가끔 그 진지함에서 부담감을 빼 주는 것이 좋다.

당신은 이제 다 큰 어린이다

아직 알아차리지 못한 당신을 위해서 털어놓겠다. 실은 나는 기본적으로 다 자란 아이다. 얼마 전까지만 해도 척 E. 치즈와 스카이존 트램펄린 파크에서 생일 파티를 열었던 사람이다. 우스꽝스럽게 들릴지 모르지만 이런 태도는 내 인생 최고의 순간들, 즉 가장 평범한 상황에서도 주체할 수 없는 웃음으로 가득 찬 순간들을 선사해 주었다. 특별한 곳에 갈 필요도 많은 돈을 쓸 필요도 없다. 그저 놀 수 있는 시간과 공간과 허락만 있으면 된다.

어른이 되면 벽 한가득 일정을 세우고 '실용적인' 일로 빈 일정을 메우거나 무의미한 스크린을 넋 놓고 응시하면서 시간을 보낸다. 만일 놀이를 당신에게 필요한 것, 당신을 이롭게 하는 것, 당신이 자랑스럽게 생각하는 것이라고 믿는다면 가장 지루한 일상의 일이 기억할 만한 가치 있는 경험들로 바뀔 수 있다는 걸 알게 될 것이다.

가서 놀자

잠시 시간을 내어 다음 질문에 대해 생각해 보고 일기를 써라.

1. 어린 시절을 떠올려 본다. 가장 좋아했던 놀이는 무엇이었나? 그 놀이를 했을 때 어떤 기분이 들었는가? 5~10분 동안 그 기억을 최대한 자세하게 머릿속으로 되살려 본다.

2. 그런 놀이를 중단한 시기와 이유는 무엇인가?

3. 오늘 당신의 삶에서 결과나 목표에 대한 기대 없이 순전히 재미를 위해서 할 만한 활동이 있는가? 없다면 이유는 무엇인가?

4. 더 해 보고 싶은 놀이 활동은 무엇인가? 어떻게 자신에게 그것을 할 시간과 공간을 구할 것인가? 그리고 허락을 하겠는가?

5. 그 활동을 할 수 있는 시간을 정한다.

참고: ExperientialBillionaire.com에 접속하면 무료 경험 가이드와 함께 이 활동의 확장된 버전을 내려 받을 수 있다.

더 많이 읽으면 읽을수록
더 많이 알게 될 것이고
더 많이 배우면 배울수록
더 많은 곳에 가게 될 것이다.

-닥터 수스Dr. Seuss

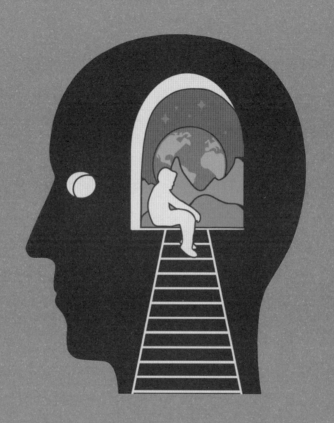

제9장

평생 교육의
금고를 열어라

조 허프 이야기

아버지가 멕시코로 이주하신 후, 1년에 몇 차례 아버지를 방문하기 시작했다. 아버지와 고향을 떠나온 아버지의 친구들과 시간을 보내는 것은 즐거웠다. 하지만 아버지의 친구들은 대개 나이 든 미국인('나이 든'이라는 단어는 애정 어린 의미가 담긴 표현임을 밝혀 둔다)이라서 그런지 그들이 좋아하는 신체활동은 이른 시간에 술집에서 술을 마시면서 이야기를 나누는 것이었다. 반대로 나는 스릴을 즐기는 건장한 20대였다. 나는 같은 또래의 체력 수준이 비슷한 사람들과 산카를로스의 모험적인 부분을 경험하고 싶었다 (그리고 젊고 예쁜 여성들을 만날 수 있는 술집에는 가고 싶어도, 요트를 소유하지 않은 이방인 은퇴자로 가득한 요트클럽에는 가고 싶지 않았다).

하지만 한 가지 장애물이 있었다. 그것은 스페인어였다. 하고 싶은 활동을 하는 사람을 만날 때마다 그들은 번번이 영어를 할 줄 몰랐고 나 역시(대학교 1학년 때 들었던 스페인어 수업 덕분에 "도서관은 어디에 있나요?"를 제외하고는) 스페인어를 거의 할 줄 몰랐다.

그래서 나는 스페인어를 배우기로 했다. 수업을 들을 시간이 없었지만 나는 직장에 가기 위해 운전을 오래하고 있었고 아버지를 만나러 오는 데는 무려 14시간을 운전해야 했다. 나는 '차 안에서 스페인어를 배워 보세요'라는 제목의 CD를 구매해서 정말로 운전하면서 스페인어를 공부했다. 수십 시간 동안 오로지 스페인어만 들었다. 나는 기본적인 명사를 배우고 그다음에는 동사, 마지막으로 시제를 배웠다. 나의 삶 속에서 실제 대화를 연습할 만한 여유가 많지 않았다. 그래서 나는 그냥 계속 공부만 했다.

몇 개월 후, 다시 아버지를 만나러 갔는데 마법과 같은 일이 벌어졌다. 이중 언어를 할 줄 아는 친구 한 명이 신규 오픈하는 술집 개업식에 나를 초대했다. 그곳에서 그는 내게 여성들을 몇 명 소개해 줬고 이 여성들은 곧장 속사포와 같은 스페인어로 내게 말을 걸기 시작했다 (이전에 내가 들었던 스페인어는 마치 스타카토 총소리처럼 들렸다). 바보 같은 미소를 지은 채 그곳에서 한 곳을 응시하면서 서 있던 중 나는 그들의 말을 이해할 수 있다는 사실을 서서히 깨달았다. 전부는 아니었지만, 소통하고 친구를 만들 수 있을 정도로는 알아들을 수 있었다. 그리고 그것은 굉장히 멋진 일이었다. 갑자기 나는 완전히 새로운 세계의 일원이 될 수 있었다.

분명 나의 스페인어는 그때도 지금도 훌륭하지 않다. 그때 나의 스페인어는 C 마이너스 수준이었고 약간의 테킬라와 근거 없는 자신감으로 B 플러스까지 상승했다. 하지만 맥주를 시키고 화장실을 찾으려고 시작했던 나의 스페인어 실력은 좀 더 유창하게 말하고 싶고 스페인어 문화권에 대한 보다 깊은 이해를 얻고 싶은 강한 욕망으로 발전했다. 나는 여전히 스페인어를 배우고 있지만 스페인어를 공부해 본 경험 때문에 이탈리아어, 프랑스어를 말할 줄 알게 되었다. 그뿐 아니라 여기에 아주 약간의 아랍어를 더할 수 있게 됐다. 배움의 과정 그 자체가 보람 있는 경험이며 내가 배운 언어들은 더 많은 경험을 할 수 있는 길을 열어 주었다. 그러한 경험들은 내가 모국어만을 붙들고 있었다면 결코 일어날 수 없었던 일들이다.

당신이 새로운 언어를 배운다면 갑자기 거기에 당신이 교류할 수 있는 완전히 다른 세계의 사람들이 등장한다. 또 수백만 명이 당신의 친구, 연인, 선생님, 동료, 고객 등이 될 수 있다. 그들의 세상에서 좀 더 수월하게 돌아다닐 수 있고 이는 그들이 사는 곳으로의 여행을 충분히 가능하게 해 준다. 그뿐인가, 그들의 문화를 직접 경험할 수 있고 당신의 세계관과 잠재적으로 당신의 생활방식을 확장할 수도 있다. 단순히 한두 개의 짧은 구를 배우는 것을 목표로 시작하더라도 당신은 그 시작이 어디로 이어질지 절대 알 수 없다(바라건대 맥주와 화장실이 있는 어디쯤이면 좋겠다).

배움에 대해서 마하트마 간디는 이렇게 말했다.

"내일 죽을 것처럼 살아라. 영원히 살 것처럼 공부하라."

다시 말해 당신의 꿈과 목표를 지금 당장 추구해야만 한다는 긴박감을 길러야 한다. 하지만 그러한 긴박감이 당신의 장기적 성장에 투자하는 것을 멈추게 해서는 안 된다.

어릴 때부터 우리는 끊임없이 배운다. 그 과정 중에 배움을 통한 성장이 느려지기 시작한다. 학교를(나의 경우 간신히) 졸업하고 나면 배움을 위한 숙제를 내는 사람은 더 이상 없다. 우리는 자신이 누구인지 파악하고 성인이 되는 데(그대로도 괜찮은 뭔가가 되건만) 필요한 것들을 익히며 하나의 직업에 안착한다. 30대가 되면 학습의 속도는 낭떠러지 아래로 떨어진다. 그리고 중년이 되면 학습 속도는 기어 다닐 정도로 느려진다. 한편으로는 그것이 평온한 것처럼 느껴질 수 있다. 무엇을 해야 할지 모르는 것 혹은 상황을 어떻게 처리해야 할지 모르는 것에 대해서 지속적으로 스트레스를 받을 필요는 없다.

하지만 그것은 낭비는 물론이거니와 죽을 정도로 지루한 일이다. 우리는 이 세상을 탐색할 수 있고 자신을 최대한 활용할 수 있는 단 한 번의 삶을 산다.

알베르트 아인슈타인은 말했다.

"배움을 멈추는 순간 우리는 죽어 가기 시작한다."

은유적인 죽음 이외에 평생 학습의 이점은 무궁무진하다. 평생 뭔가를 배운다는 것은 기분 좋은 일이고 당신의 재능을 발견하고 당신의 세계를 확장하는 데 도움을 준다. 또한 훌륭한 사교활동이고 당신의 건강을 지켜 주며 당신과 다른 사람을 위한 가치를 창출한다.

어디서 들어 본 것 같지 않은가? 아마도 그럴 것이다. 배움의 이점은 의미 있는 경험을 하는 것의 이점과도 상당히 유사하다. 그것은 배움이 근본적으로 의미 있는 경험이기 때문이다.

전 세계적인 '인생 경험 설문조사'에서 참여자들에게 살아 있는 동안 무엇을 배우고 싶은지를 묻자 되돌아온 답변은 다음과 같다.

1. 악기 배우기(기타, 피아노 등): 31%

2. 새로운 언어 배우기(스페인어, 프랑스어 등): 25%

3. 새로운 운동 배우기(테니스, 서핑, 스노보드 등): 11%

4. 요리 배우기(태국 음식, 일본 음식 등): 10%

5. 미술 작품 만들기(회화, 조각, 데생 등): 5%

6. 비행 혹은 운전 배우기(비행기, 경주용 자동차, 보트 등): 4%

7. 춤 배우기(살사, 볼룸 댄스, 발레 등): 2%

8. 건축 배우기(집, 목공, 목수일 등): 2%

9. 기타: 10%

그리고 나서 우리는 그들이 왜 아직 그것을 배우지 못했는지를 물었다. 무려 66퍼센트의 응답자가 그것을 할 시간을 낼 수 없었다고 답했다. 그것을 할 시간을 내지 못했고 그것을 실천하는 것을 최우선 순위에 놓지 않았다고 했다. 그들이 제공한 답변의 몇 가지 사례를 여기서 소개한다.

"제 꿈은 친구들과 가족들을 위해서 노래하고 공연하는 법을 배우는 거였어요." ‑라스베이거스의 살

"저는 늘 내 가족의 모국어(일본어)를 배워서 그들과 좀 더 속 시원하게 대화하고 싶었습니다." ‑샌디에이고의 앤

"자녀들과 함께 살 때 요리를 좀 더 잘하는 법을 배우고 싶었어요. 그걸 배워서 애들에게 우리 집 대대로 내려오는 조리법을 가르쳐 주고 싶었거든요." ‑베이시티의 몰리

"아버지처럼 저도 차량을 개조하는 법을 배우면 정말 좋을 거라고, 그걸 배우면 아버지와의 유대감을 쌓을 수 있으리라고 늘 생각했습니다." ‑애틀랜타의 제이

"전 호수 근처에서 자랐지만 아이스 스케이팅하는 법을 배워 본 적이 없어요. 하지만 점점 나이가 들면서 이제 배우기엔 너무 늦은 건 아닌지 걱정이 됩니다." ‑머스키곤의 디샤

그런 실수를 저지르지 마라. 뭔가를 배우는 것이 젊은 사람들만의 전유물은 아니다. 그것은 당신의 사고를 민첩하게 만들고 인간으로서 평생 당신이 지닌 잠재력을 충분히 탐색해 볼 수 있는 가장 좋은 방법이다. 그것이 나이와 상관없이 풍부한 배움의 경험을 당신의 삶과 결합하는 것이 중요한 이유다.

평생 학습자가 되는 법

당신의 지식, 기술, 취미, 관심사를 확장하기 위해서 학교에 다시 가거나 비현실적인 정도의 시간과 돈을 투자할 필요는 없다. 이 섹션은 시작에서부터 정상궤도에 오르는 법을 대략적으로 설명하는 데 할애될 것이다.

다시 초심자가 되기

당신이 이미 일상생활에서 활용 중인 기술과 경험을 심화할 가치는 분명히 있다. 다수의 성인이 자신의 주요 전문 분야와 관련된 수업을 수강하고 회의에 참석하며 문헌을 읽는다. 만일 당신이 의료나 교육 분야처럼 직업적 자기 계발이 의무 요건인 산업에 몸담고 있다면 이런 것들이 꼭 필요할 수도 있다. 혹은 임금 인상이나 승진을 바라면서 더 높은 단계의 학위를 얻기 위해서 학교에 다시 입학할 수도 있다.

그러나 새로운 것을—단순히 새로운 사실뿐 아니라 새로운 기술을—배울 때 거기에는 새로운 종류의 가치가 있다. 바로 다시 초심자로 돌아간다는 것이다.

그것이 별로 매력적으로 들리지 않을 수 있다. 많은 이가 뭔가를 시작하는 것에 대해서 그다지 좋은 기억을 가지고 있지 않다. 끊임없이 노력해야 하고 스스로가 바보처럼 느껴진다. 거기에 화를 내는 선생님과 짓궂게 놀리는 동료에 대한 기억까지. 이제 어른이 된 당신은 뭔가를 새로 배우는 것은 과거와 똑같을 것이라고 상상한다. 당신은 불행하고 서툴다는 기분이 들고 누군가 당신을 보면서 당신을 아마추어라고 생각하거나 진지하게 고려할 대상이 아니라고 판단할 것을 걱정한다. 어찌 됐든 진지한 사람들에게는 사용법도 모르는 골프채, 미술용 붓, 키보드를 마구 흔들며 돌아다니는 것보다는 더 잘할 수 있는 일이 있지 않을까?

그것은 현대판 헛소리다. '아마추어^{dilettante}'는 '기쁘게 하다'라는 의미의 이탈리아어에서 기원했다. 이는 단순히 좋아서 하는 다양한 일들을 가벼운 마음으로 수행할 때 느껴지는 기분을 정확하게 묘사한다. 그것이 부자들의 특권이었던 적이 있었다. 이 때문에 오늘날 일을 중시하는 문화에서 바쁘게 열심히 살아가는 사람들에게는 일종의 낙인으로 간주된다. 이런 문화에서는 주체할 수 없을 만큼 시간이 남아돈다는 의미인 취미활동을 하는 것은 어리석고 경박한 행동으로 여겨진다. 절대 잘할 수 없는데도 굳이 새로운 일에 도전하는 이유는 무엇일까? 그 시간을 당신이 이미 사용할 줄 아는 기술을 심화하는 데 사용하는 것이 더 현명한 선택이 아닐까?

심지어 우리의 언어에도 사회 초심자들을 집단적으로 명명하는 어휘가 있다. 우리는 그들에게 초심자, 햇병아리, 하룻강아지, 아마추어와 같은 경멸적인 이름을 부여한다. 이 어휘들은 정도의 차이는 있지만 하나같이 부정적인 의미를 함축하여 담고 있다.

갓난아이는 잘 걷지 못한다. 아직 걷는 법을 알지 못했을 뿐이다. 그들은 말도 잘하지 못한다. 아직 단어를 배우지 못했고 말하는 법을 알지 못한다. 우리는 무언가를 배울 때 자만심을 극복하고 초심자가 되어 처음부터 배워도 괜찮다는 것을 깨달아야 한다. 결국 우리는 걷고 말하게 될 것이다. 그러나 처음에 걸을 땐 넘어질 수도 있고 처음 말을 할 때는 아무 의미도 없는 소음을 낼지도 모른다.

경사로에서 스케이트보드 타는 법을 배울 때 곧잘 넘어지곤 했다. 친구들은 뒷마당 램프에서 보드를 탔지만 나는 그러질 못했다. 그때 나는 마약 파티를 하고 있었기 때문이다. 나 없이 친구들끼리 스케이트보드를 타면서 즐거운 시간을 보냈던 것이 늘 부러웠다. 그래서 바닷가로 이사한 후 내가 서핑을 배우는 데 집중할 것이라는 사람들의 예상과 달리 나는 스케이트보드를 매일 타기 시작했다. 동네 길거리를 누비며 타는 데서 시작하여 처음으로 용기를 내어 스케이트보드 파크에서 능력을 시험해 보기까지 수년이 걸렸다. 아드레날린이 가득했던 그 순간을 절대 잊지 못할 것이다. 12피트 높이의 레지 위에 아슬아슬하게 걸쳐진 스케이트보드를 내려다보던 그 순간, 몸을 앞으로 기울이고 도전했던 그 찰나, 수직으로 자유낙하하던 순간들, 중력이 몸을 끌어당기기 전의 짧은 무중력 상태, 그리고 반대편을 빠르게 올라갈 때의 속도감까지. 그날은 나의 서른 번째 생일이었다. 대다수가 스케이트보드를 배우는 나이보다 훨씬 늦은 나이에 그 짜릿함을 경험했다. 내 어린 시절 친구들과 비교했을 때 20여 년은 더 늦었을 것이다. 하지만 그날의 경험은 그들의 경험과 똑같이 마법처럼 멋있었다.

나는 여전히 램프에서 스케이트보드를 탄다. 도그타운과 Z-보이즈의 전설 제이 아담스Jay Adams는 말했다.

"나이가 들어서 스케이트보딩을 멈춘 것이 아니라, 스케이트보딩을 멈췄기 때문에 나이가 든 것이다."

스케이트보딩이 내게 준 기쁨은 이루 말할 수 없다. 운동 효과, 신선한 공기, 비타민D, 그리고 주변 환경을 더 깊이 바라보게 되는 부수적인 혜택까지 얻었다. 이 모든 것 중에서 나를 가장 흥분

시키는 것은 내 자녀들에게 스케이트보딩의 즐거움을 가르치는 것이다. 뭔가를 사랑하는 것의 가장 큰 장점은 점점 더 나아지기 위해서 중단 없이 배움을 지속하는 것이다. 그리고 배움은 수준과 관계없이 즐거운 일이다. 나는 전설의 스케이트보더 토니 호크가 아니다. 하지만 토니만큼 스케이트보딩을 사랑하는 것만큼은 분명하다.

자신의 즐거움이 최우선이다

학습의 가치를 높이기 위해 전문가가 될 필요는 없다. 초보자라도 그 과정을 즐기면 모든 단계에서 유익을 얻을 수 있다.

사실 무언가를 배우는 경험의 가치는 얼마나 잘하는지 혹은 얼마나 능숙한지에 달려 있지 않다. 배움의 대상과 나 자신의 개인적인 관계에 있다. 당신의 관점이 당신의 경험을 결정한다. 이는 어떤 사람이 5킬로미터 마라톤을 하면서 얻은 기쁨의 크기와 또다른 사람이 울트라 마라톤을 완주한 후 느끼는 기쁨의 크기와 같을 수 있는 이유다. 프로 스케이트 보더가 엑스 게임X-games에서 '빅 에어 콘테스트'를 하면서 느꼈던 즐거움과 짜릿함에 견주어도 손색없을 즐거움과 환희를 내가 집 앞의 커브에서 스케이트보드를 타면서 느낄 수 있었던 이유다. 뭔가를 잘하지 못할 것에 대한 두려움을 없애고 나면 당신은 그것을 배우는 모든 과정 자체를 즐길 수 있다.

발전 과정을 통해서 즐거움을 얻는 것이므로 이를 위해서는 상당한 노력이 필요한 일련의 작은 성공을 경험하게끔 학습을 설계하는 것이 중요하다. 그러한 작은 성공들 사이에 너무 많은 실패를 경험한다면 당신은 정체되어 있다는 느낌을 받을 것이고 용기를 잃게 될 것이다. 반대로 성공을 너무 쉽게 얻으면 지루함을 느끼게 된다.

대부분 골디락스 존Goldilocks zone에 머물러 있고 싶어 한다. 골디락스 존이란 너무 어렵지도 너무 쉽지도 않고 적당한 상태를 말한다. 그것은 가장 빠르게 배울 수 있고 그 배움을 최대한 즐길 수 있는 곳이다. 만일 처음 스케이트보드를 타기 시작했을 때 수직 램프에서 떨어지는 기술을 시도했더라면 램프 바닥에 그대로 얼굴을 꼬라박았을 것이고 심각한 부상을 입었을 것이다. 마찬가지로 만일 내가 우리 동네 보도를 떠나지 않았더라면 나는 지루해져서 스케이트보딩을 영원히 중단했을 것이다. 기본적인 것들을 배우고 단계별로 발전한 덕택에 동네 보도를 떠나 수직 램프에 도전할 수 있었다. 그리고 그 과정을 마음껏 즐길 수 있었다.

눈에 띄는 개선이 없이 무언가를 반복해서 잘못하는 것은 지루하고 고통스럽다. 골디락스 방식으로 그것을 나누어 보면 작지만 매우 보람찬 일련의 작은 승리를 얻게 된다. 아기 발걸음처럼 작은 단계들은 실제로 달성할 수 있을 만큼 작기 때문에 훨씬 더 빠르게 실질적인 진전을 이루게 되고 그 변화가 일어나는 것을 직접 느낄 수 있다.

보상의 측면에서 사람들은 발전 과정이 주는 즐거움을 과소평가하는 경향이 있다. 즐거움을 느끼기 위해서 당신이 무엇인가를 훌륭하게 해낼 때까지 기다릴 필요가 없다. 단계마다 성취감을 느낄 수 있다. 그 여정 자체가 목적지이고 당신이 얼마나 멀리 가든 결코 끝나지 않는다. 이는 결승선이란 게 없기 때문이다. 당신은 언제나 또 다른 한 걸음을 내디딜 수 있고 그 발걸음이 주는 즐거움은 이전에 내디딘 발걸음들과 다르지 않을 것이다.

만일 자신에게 '실수를 저지른다는 것은 곧 성장할 거라는 뜻'이라고 반복해서 말한다면 당신의 뇌는 그러한 실수를 흔쾌하게 받아들이도록 훈련하는 법을 알게 된다. 학습에 대해 좌절감을 느낄 때마다 이렇게 자신을 상기시킨다.

'이건 나에게 좋은 일이고, 성장할 거란 신호야. 나는 지금 잘하고 있다고.'

성장하면서 나는 팀 스포츠를 한 번도 해 보지 않았다. 늘 그러한 팀 스포츠의 경험을 놓쳤다고 느꼈다. 그래서 바닷가 마을로 이주하면서 서핑을 하는 친구들을 모아서 펀 스트리트 피그스Fern Street Pigs를 결성해서 지역 내 성인 소프트볼 리그에 가입했다. 그것이 부담 없이 즐길 수 있는 재미를 줄 것이라고 생각했지만 다른 팀들은 어린 시절부터 소프트볼을 해 왔고 경기와 경기 결과에 대해 상당히 진지한 열정적인 선수들로 이루어져 있다는 사실을 알게 됐다. 첫 시즌에는 마지막 경기를 제외하고 경기마다 패배했다. 그 한 번의 승리를 어떻게 축하했는지를 안다면 우리가 월드시리즈라도 우승한 것이라고 착각했을 것이다(우리는 리그에서 여전히 꼴찌에서 벗어나지 못하고 있다). 나는 아직도 그날의 승리를 입증하는 술집 계산서를 갖고 있다.

하지만 그날의 승리는 우리를 결속시켰고 너무나 즐거웠다. 그 때문에 우리는 오프 시즌에도 몇 차례 연습 운동을 하고 누가 어떤 포지션을 맡을 것인지를 결정했다(지나서 생각해 보니 그것은 당연한 거였다). 그다음 시즌에 우리의 실력은 상당히 많이 향상되어 모든 경기를 승리로 이끌었고 리그를 평정했다. 정말로 즐거운 시간이었지만 아이러니하게도 전 시즌보다 더 즐기지는 못했다. 보람을 느끼게 하는 것은 좋아진 완성물이 아니라 좋아지는 과정인 법이다.

가이드를 찾아라

당신이 배우고 싶은 새로운 활동을 시작하고자 하면 경험이 많은 선생님, 멘토, 혹은 코치가 당신의 경험에 시동을 걸어 학습 기간을 수개월 심지어 수년까지 줄여 줄 수 있다. 목표나 기대가 없는 놀이와 달리 학습은 시간이 지나면서 개선된다. 완벽한 습득이 최종 목표가 아니라 모든 학습 여정에서는 개선이 핵심이기 때문이다.

당신이 새로운 무언가를 배우는 데 성공하면 그것이 현재 기술 수준에서 내디딘 아주 작은 아기 걸음마라고 하더라도 뇌는 당신에게 보상을 제공한다. 그것은 당신에게 약간의 쾌감을 주어 계속 도전할 수 있는 동기를 부여한다. 배움이 굉장히 성취감을 주는 행위인 이유도 이 때문이다. 그것은 말 그대로 마약을 하는 것에 비유할 수 있다. 그것은 긍정적 기분을 고취하는 도파민을 방출시켜서 몸과 마음에 이것은 좋은 일이라고 말한다.

만일 '맞아, 배우는 것은 언제나 나를 비참하게 만들었어.'라는 생각하고 있다면 당신은 굉장히 오랫동안 너무나 여러 차례 실패라는 틀에 갇혀 있었던 것인지 모른다. 당신은 실패와 좌절을 이겨 낼 만한 충분한 성취의 순간을 경험하지 못했던 것이다. 그렇다고 그것이 배움에 재주가 없다거나 배움은 결코 당신에게 즐거움을 줄 수 없다는 의미는 아니다. 그것은 학습 설계에 문제가 있음을 의미할 뿐이다. 배움이라는 도전을 소화할 수 있을 만큼의 작은 과업으로 나누지 않았거나 그것들의 순서가 틀렸거나 아니면 당신의 노력을 올바른 길로 이끌어 줄 피드백을 받지 못했을 것이다. 초심자를 이끌어 줄 수 있는 훌륭한 선생님은 이 모든 문제를 해결해 줄 수 있다.

만일 어떻게 실행하는지를 배운 적이 없다면 대다수 사람은 기타로 노래를 연주하기, 스키 타고 언덕 내려가기, 얼굴 그리기와 같은 활동을 시작하고 최대한 오랜 시간 동안, 혹은 좌절하거나 지루해질 때까지 서투르지만 이렇게도 해 보고 저렇게도 해 본다. 물론 아무것도 안 하는 것보다는 더 낫지만 이 접근법으로는 많은 것을 배울 수 없다. 오히려 정반대의 효과가 날 수 있다. 즉 바로잡지 않고 동일한 실수를 반복함으로써 잘못된 방식으로 그것을 수행하는 법을 배우게 된다.

사람에게서 실시간으로 피드백을 받는 것보다 더 효과적인 방법은 없다. 당신이 초심자일 때 특히 그렇다. 친구, 동료, 또는 돈을 받고 고용된 강사가 그런 피드백을 줄 수 있다. 당신의 보물 지도 리스트 맨 상단에 있는 것이 무엇이 됐든 그것에 대해서 월드 클래스급 선생님에게서 피드백을 받을 수 없다고 단정하지 마라. 그것이 프리 다이빙, 작사 작곡, 혹은 올림픽 아이스 브룸 셔플 보딩(난 전혀 의미가 통하지 않는 컬링이란 명칭을 사용하고 싶지 않다)일 수 있다. 비용은 당신이 생각했던 것보다 훨씬 저렴하고 효과는 훨씬 좋다.

모든 활동의 초보자는 동일한 실수를 저지르는 경향이 있기 때문에 그러한 실수는 누구나 아는 것이고 수정하기 쉽다. 그림 그리기를 예로 들자. 초보자는 실제 눈에 보이는 것을 그리는 대신에 자신이 중요하다고 생각하는 특징들을 지나치게 강조한다. 스키를 배울 때, 초보자들은 몸을 지나치게 뒤로 제치면서 시선은 그들 앞을 보는 것이 아닌 자신의 스키 앞부분을 보는 경향이 있다. 스카이다이빙의 경우 초보자들은 낙하산을 싸는 것을 잊어버린다(이 실수는 대개 한 번은 저지르는 실수다). 코치나 멘토는 이런 고전적인 실수를 잘 안다. 그러한 실수로 인해서 지나친 좌절감을 느끼거나 혹은 나중에 버려야 하는 나쁜 습관으로 자리 잡기 전에 그러한 실수들을 교정하는 방법도 알고 있다.

하지만 간혹 선생님의 도움을 받는 것이 가능하지 않거나 현실적이지 못할 때도 있다. 그럴 때는 최신 정보를 포함한 초보자를 위한 강좌, 책, 혹은 소프트웨어 프로그램을 찾아본다. 나는 10대 이후부터 지금까지 연주법을 공부하고 있는 기타를 배울 때 그 방법을 사용했다. 나의 기타 실력은(테킬라를 마시고 연주하면 더 형편없어지는 C 마이너스 수준) 정말 형편없지만 기타 연주를 진정으로 즐기며 지금까지 오랜 시간 공부해 왔다. 그런데도 겨우 10여 곡밖에는 연주할 수 없지만 기타 연주가 굉장히 우수한 정신적 정화 작용을 한다고 믿는다. 바로 지난해, 나는 온라인 기타 강좌에 등록해서 하루 15분씩 일주일에 4회 수업을 듣기 시작했다. 처음 몇 달까지 몰랐던 음계들, 새로운 노래 몇 가지, 나의 즉흥적 잼 사운드를 훨씬 그럴싸하게 만들어 주는 리프(반복음절)를 배웠다. 그뿐만 아니라 이러한 진전이 음악에 대한 나의 열정을 내 아이들과 공유하는 것을 더욱 즐겁게 해 주었다. 내 목표는 한 해가 마무리될 무렵 무대에서 노래 한 곡을 연주하는 것이다. 그 무대가 커피숍, 아이의 생일 파티 혹은 '새터데이 나이트 라이브Saturday Night Live'이어도 괜찮다. 나는 살면서 한 번만이라도 사람들 앞에서 노래를 한 곡 연주하고 싶다. 그런데 1년 교육비가 얼마나 들었을 것 같은가? 단돈 95달러(책임감을 갖고 수업에 임하기 위해서 1년 치 수업료를 선불로 지불했다. 이것은 일종의 스스로 찬 족쇄라고 할 수 있다)다.

눈으로 보지만 말고 몸으로 실행하라

기본적인 것들을 이해하고 나면 배우고 싶은 것을 시작해야 한다. 기술에 관한 내용을 읽으면 기초적인 이해를 도울 수 있다. 적극적으로 행동하는 것이 좀 더 빠르고 효과적인 학습에 꼭 필요하다. 직접 해 봄으로써 당신은 경험적 학습, 근육 기억 발달, 실수를 통한 깨달음, 맥락적 이해, 자신감 구축이라는 이점을 누릴 수 있다. 성장과 향상은 이론과 연습이 결합돼야 가능하다.

연구에 따르면 뭔가를 하는 행위는 기억과 이어지는 성장을 크게 증가시킨다고 한다. 실제로 해 보는 과정 없이 단순히 관련된 글을 읽거나 개인 혹은 그룹 지도 프로그램을 시청하는 것만으로는 큰 효과를 기대할 수 없다. 손에 흙을 묻혀 보지 않으면 훌륭한 정원사가 될 수 없다. 밖으로 나가서 실제로 공을 던져 보지 않고는 자유투를 잘할 수 없다. 피아노 앞에 앉아서 매일 조금씩 건반을 두드리지 않으면 결코 피아노 연주자가 될 수 없다.

직접 뭔가를 하는 것은 당신의 몸과 마음이 함께 작동할 수 있게 해 준다. 그 결과 조정력, 반사신경, 전반적인 수행이 개선된다. 이는 그 무엇인가가 정확히 무엇인가와는 무관하다. 어떤 것이 효과가 있고 어떤 것이 효과가 없는지를 알 수 있다. 당신이 배운 것이 어떻게 작동하는지에 대한 지식을 얻고 그것을 실험해 보고 실수도 하고 배운 것을 반복한다. 조사하고 배우는 것도 중요하지만 그렇게 습득한 지식을 실행해 보는 것이 훨씬 더 중요하다. 자전거 타는 법을 글로 읽고서 자전거에 올라 바로 자전거 타기에 성공한 사람은 없다.

노력을 혼합하라

학습 과정에서 또 다른 중요한 요소는 그 배움의 과정에 얼마나 자주, 얼마나 오래 참여하느냐다. 새로운 것을 연습하는 것은 정신적으로 아주 힘든 일이다. 지치지 않고 실수를 파악하고 수정하기 위해서는 높은 강도의 집중력을 필요로 한다. 연구는 이러한 유형의 학습에 매일 10분에서 30분을 할애할 것을 권고한다. 당신의 에너지가 충분하다면 하루에 이러한 학습 주기를 여러 차례 반복할 수 있지만 뇌가 쉴 수 있게 해 주는 것도 새로운 신경경로 구축에 있어서 중요한 부분임을 명심해야 한다.

당신이 빠르고 효과적으로 발전하기를 원한다면 매일 약간의 학습 시간을 투자하는 것이 최고다. 이런 방법이 일주일에 한 번 몇 시간 혹은 한 달에 하루 전체를 투자하는 것보다 훨씬 더 효과적이다. 우리의 뇌는 한 번에 그렇게 오랜 시간 훈련하는 걸 견딜 수 없다. 그 시간의 대부분이 비효율적으로 쓰일 것이고 그사이의 긴 공백기는 학습한 것을 기억하는 것을 더 어렵게 만든다. 새로운 활동이나 기술을 익히기 위해 한 시간을 넘기는 연습은 정신적으로 힘들거나 육체적으로 도전적이거나 상관없이 향상 구역을 훨씬 벗어나게 되며 기억 감소율이 급격히 증가한다. 길고 간헐적인 활동보다는 짧더라도 매일 꾸준히 하는 것이 훨씬 더 효과적이다.

또한 과학적으로도 뇌는 쉬는 동안 학습한 내용을 인코딩한다. 따라서 일주일에 6일을 낭비하며 한꺼번에 모든 것을 배우고 인코딩하는 것보다는 매일 학습하면서 더 많은 휴식과 수면 시간을 확보하는 편이 성공적으로 인코딩할 수 있다는 사실이 분명하게 규명됐다.

이는 새로운 정보를 습득하고 기억하는 데도 적용된다. 예를 들어 오디오북 '오더블Audible'의 《위대한 수업Great Courses》을 통해 매일 짧게 공부하는 것이 내게는 매우 효과가 있다(기억을 유지하는 비율도 상당히 높다)는 것을 알았다. 나는 다양한 것을 배우는 데 이 효과 만점 강좌들을 오랫동안 활용해 왔다. 피라미드를 방문하기 전에 이집트를 공부했으며 많은 시간을 보내면서 더 많이 알고 싶어서 런던을 공부했다. 본격적으로 강연을 시작하면서 강연법에 대해서도 오더블을 통해서 공부했다. 중동 지역을 여행하기 전에 근대 종교의 역사를, 대평원에 있는 원주민 보호구역에서 일하기 전에 미 서부에 대해 공부했다. 모든 강좌가 대학교의 한 학기 강의에 준하는 기간 동안 지속되며 세계 최고 대학의 최고 교수진이 강의에 나선다. 운전하거나 운동할 때, 다른 일상적 활동을 하면서 30분간 동안 강의를 들으면서 세계에서 가장 똑똑한 사람의 지식을 흡수할 수 있다.

성장 지향형 마음가짐을 지닌다

우리는 사고의 결과물이며 올바른 마음가짐을 기르는 것은 평생 학습하기 위해서 매우 중요하다. '고정된 마음가짐'은 인간의 능력은 타고난 재능이나 지능에 달려 있다고 믿는 견해다. 따라서 그것을 바꾸거나 발전하는 것이 불가능하다고 본다. 반면 '성장 지향형 마음가짐'은 비록 특정 기술을 습득하는 데는 어려움을 겪고 있지만 능력이란 돌에 새겨진 것이 아니므로 노력함으로써 시간이 지나면 개선될 수 있다고 믿는 견해를 말한다.

이 간단한 차이가 학습 과정 동안 완전히 다른 행동과 정서적 경험으로 이어진다. 만일 당신이 고정된 마음가짐을 갖고 있다면, 실패를 성공할 수 없다는 신호로 여길 것이다. 그것은 당신에게 좌절감을 느끼게 할 뿐만 아니라 무능하고 가망이 없는 사람 같은 기분이 들게 한다. 결국 몇 번의 실패 후 포기할 가능성이 높아진다.

만일 당신이 성장 지향형 마음가짐을 갖고 있다면 실패는 '당신이 할 수 없다'라는 뜻이 아니라 '아직 성공하지 못한 것뿐'임을 의미한다고 믿을 것이다. 그저 변화가 필요하며 다시 반복해서 시도하고 또 시도하면 된다. 반복된 실패가 좌절감을 줄 수 있지만 자포자기 대신에 굳은 결심과 집중력으로 대처할 것이다. 당신은 성공할 때까지 계속해서 시도할 것이고 성공했을 때 그것을 진정한 성과로서 축하하게 될 것이다.

고정된 마음가짐은 또한 뭔가 새로운 것을 배우는 것 자체를 두려움으로 받아들인다. 만일 당신이 당신의 수행을 타고난 어떤 것의 반영이라고 믿는다면 서툰 초보자가 될 가능성을 당신 자아에 대한 위협처럼 느낄 수 있다. 이것은(분명히) 도전을 피하고 장애물을 만나면 쉽게 포기하고 성장과 개선의 기회들을 무시하는 성향으로 이어진다.

성장 지향형 마음가짐을 지닌 당신은 상상 속 위협에서 자유롭다. 당신은 노력과 연습을 통해서 능력을 얻을 수 있음을 안다. 재능은 헌신, 노력, 지속적인 학습을 통해서 개발할 수 있고 향상될 수 있다. 처음에는 잘 못 하더라도 아무도 신경 쓰지 않는다. 누구나 처음엔 잘 못 한다. 노력하면 점점 나아질 것이다. 아기처럼 생각해야 함을 기억하자. 계속해서 시도할 필요는 있겠지만 결국 당신은 걷게 될 것이다.

성장 지향형 마음가짐을 지니게 되면 상상 속 위험과 학습 과정의 보상 사이의 균형 관계에 변화가 온다. 대다수는 새로운 시도의 위험을 과장한다. 이러한 위험은 비웃음을 사거나 비판을 당하는 것에 대한 우려를 의미한다. 현실에서 스스로가 멍청해 보인다고 해도 다른 사람은 그것을 신경 쓰지 않는다. 사실 그들은 시도하는 당신을 감탄의 눈으로 바라볼 것이다.

박식한 사람이 되어라

하나의 주제, 활동 혹은 열정을 깊이 파고드는 것도 좋지만 제안된 다른 것들에 대한 가능성을 차단해서는 안 된다. 하나의 분야 혹은 한 가지 일에만 전문화하는 것은 인간 본성에 맞지 않는다. 새로운 것을 배우는 것은 정체성을 확장한다. 그것은 한 개인으로서 자신에 대한 투자이며 이는 당신의 삶을 좀 더 충만하게 만들 뿐만 아니라 다른 사람에게 당신을 좀 더 흥미롭고 가치 있는 사람으로 보이게 만든다. 배움에 대한 호기심, 인식, 열정은 매우 매력적인 자질이다.

박식한 사람polymath은 다양한 분야에서 전문지식을 갖춘 사람을 말한다. 사람들은 박식한 사람이란 용어를 마치 선천적 천재를 가리키는 말처럼 사용한다. 하지만 해당 표현은 그리스어의 많은 것을 배웠음을 의미하는 '폴리매스polymathēs'에서 왔다.

우리는 모두 다학제적 인간이 될 수 있는 능력을 지녔으며 대다수는 다양한 것을 배우고자 하는 선천적 열망을 가졌다. 하지만 현대 사회는 한 가지 분야만을 특화할 것을 요구한다. 논리적으로 보면 해당 분야에 전문성을 심화시킬수록 당신의 가치는 더 상승한다. 현실적으로 보자. 한 분야에 대한 전문지식만 강화하면 당신은 대체될 수 있다. 마스터 소프트웨어 엔지니어는 찾기가 쉽다. 하지만 훌륭한 팀 리더이자, 호소력 있는 강연자, 기본적인 그래픽 디자인에도 능한 사람이라면 어떨까? 그러한 사람은 대체할 수 없다. 각각의 기술이 상호강화적인 방식으로 다른 기술에 기여하고 세상에 대한 독특하고 미묘한 관점을 만들어 낸다.

그뿐만 아니라 많은 기술을 갖추면 새로운 것을 배우기가 좀 더 쉬워질 때가 많다. 그것은 마치 사기와 비슷하다. 다양한 경험을 통해서 당신은 유리한 위치에 설 수 있다. 따라서 하나 더하기 하나가 둘이 아닌 셋이 될 수 있다. 온전한 하나는 부분의 합보다 더 크다.

나는 스노보드와 웨이크보드를 빠르게 배웠는데 이는 내가 이미 스케이트보드를 꽤 잘 타는 편이었기 때문이다. 나는 기본적인 프랑스어와 이탈리아어를 배우기가 좀 더 쉬운데 이는 이미 스페인어 회화가 가능했기 때문이다. 첫 번째 회사를 시작했을 때 나는 이미 다른 업종에서의 새로운 사업을 시작하는 법을 알고 있었다. 새로운 것을 배울 때 우리는 작은 구성 요소들을 쌓으면서 미래에 중요한 가치를 지닌 위대한 일의 토대를 만들 수 있다.

늙은 개에게 새로운 기술 가르치기

나이를 먹으면서 배우는 것이 느려지는 이유 중 하나는 정체성에 안주하기 때문이다. 우리는 자신이 뭘 잘하고 뭘 못하는지 스스로가 어떤 사람인지 알 정도로 오래 살았다. 혹은 그렇다고 생각한다. 그러한 이야기에 갇혀서 그것에 대한 어떤 의문도 갖지 않기 쉽다. 예를 들어 당신은 그림을 못 그린다고 스스로에게 말할지 모른다.

'난 창의력도 없고 예술성도 없어.'

'나는 어렸을 때 그림을 못 그렸어. 그러니 여전히 그림을 못 그릴 거야.'

'난 무에서 유를 창조해 본 적이 없어. 그건 내가 할 수 있는 일이 아니야.'

당신의 생각이 틀린 거라면? 만일 올바른 것을 올바른 방식으로 아직 시도해 보지 않았거나, 해낼 능력이 있는지를 확인해 볼 만큼 충분히 끈질기게 시도해 보지 않은 것이라면?

모자 뜨기, 맥주 제조, 초상 사진, 애완견 훈련 혹은 이전에 배워 보지 못한 다른 일에 타고난 재주가 있을지 모른다. 사실 어떤 것에 숨겨진 재주나 열정을 가지고 있더라도 처음 해 볼 때는 그 사실이 드러나지 않을 수 있다. 음악적 재능을 갖고 있더라도 처음 악기 연주를 하자마자 아름다운 소리를 낼 수 있는 사람은 없다. 아무리 음악적 재능이 뛰어난 사람이라도 그렇다. 새로운 것을 시도하는 것은 마치 작은 조각을 모아서 인생이라는 퍼즐을 완성하는 것에 비유할 수 있다.

내 경우 그 작은 조각 중 하나가 바로 글쓰기였다. 몇 년 전(그렇다. 10년 전에) 장편 판타지 모험 소설을 써야겠다는 생각 하나가 떠올랐다. 나는 일기장 한 바닥에 소설에 대한 생각을 정리해서 기록했고 그것은 일기장 속에 1년 혹은 2년 동안 묻혀 있었다. 내 머릿속에서 그 생각은 점점 더 커졌다.

하지만 어떤 형태의 책도 집필한 적이 없었고 그 정도의 규모나 범위의 글을 써 본 적도 없었기 때문에 소설 쓰기를 진지하게 시도하는 것을 미뤄 뒀다. 그러던 어느 날, 시나리오 작가인 친구가 내게 훌륭한 영화 시나리오를 단 일주일 혹은 2주일 만에 쓸 때도 있다고 말해 줬다. 그때 나는 '시나리오를? 그럼 나도 할 수 있지 않을까?'라고 생각했다.

글을 쓰기 시작하기 전에 책을 읽고 글쓰기에 관한 강의를 들었다. 작가들이 시나리오와 소설을 쓸 때 사용하는 소프트웨어의 무료 버전을 다운로드했다. 〈레이더스Raiders of the Lost Ark〉를 포함해서 내가 가장 좋아하는 액션 어드벤처 영화의 시나리오 샘플 여럿을 찾아서 인쇄하고 연구한 후 줄거리와 구성 방식에 대해 자세히 메모했다. 이러한 절차들을 배우면서 글쓰기를 시작할 수 있다는 자신감이 생겼다.

몇 주 동안 시나리오 형식에 몰두한 끝에 나는 시나리오가 아니라 소설을 쓰고 있다는 사실을 깨달았다. 나는 소설 쓰기 모드로 전환하고 내 머릿속으로 구상한 새로운 판타지 세계에 빠져들었다. 캐릭터들이 저마다의 삶을 살기 시작했다. 이야기는 전혀 예상하지 못한 방향으로 흘러갔다. 이야기는 계속 진화했고 시간이 지나면서 나도 발전을 거듭했다. 이 책은 거의 1,000페이지에 달하는 대서사시로 변했고 그 과정에서 '작가'는 내 정체성의 일부가 되었다.

실제 소설 쓰기를 시도해 보기 전에는 나 자신을 작가라고 생각해 본 적이 없었다(파산에 관한 코미디 루틴을 쓴 걸 제외하고). 그런데 지금은 한 권이 아니라 두 권의 책을 집필했다. 새로운 것에 도전해 보면 자신이 믿고 있던 내면의 이야기들이 사실이 아니거나 적어도 절대적인 것이 아님을 알게 된다. 대부분의 일은 흥미를 갖고 의도적으로 시간을 투자하면 그것이 생각보다 훨씬 더 해 볼 만한 일이라는 사실을 깨닫게 된다. 중요한 건 일단 시작하는 것이다. 내가 배운 것처럼 잘못된 페이지는 편집이 가능하지만 비어 있는 페이지는 편집할 수 없다.

소설 출간이 내게 엄청난 만족감을 주지 않았다고 말한다면 그것은 거짓이겠지만(모든 제안에 응할 의향이 있다), 솔직히 말해서 소설을 쓰는 과정에서 얻은 기쁨은 보상 그 이상이었다. 그런 게 바로 예술과 배움이다. 그것은 결과가 아니라 배우고 창조하고 존재하고 행동하는 행위를 사랑하는 것이다. 세상 모든 사람이 내가 쓴 장편 판타지 모험 소설을 형편없다고 여기더라도 내게는 나의 아이들과 부모님, 친구들에게 자랑스럽게 이야기할 수 있는 놀라운 경험이었다. 아무도 내 소설을 읽지 않더라도 상관없다. 나는 이 책을 여러 번 다시 읽었고 정말 마음에 들었다.

"예술은 보는 사람의 눈에 있다."

나는 30대에 공중그네, 도끼 던지기, 양궁, 호흡법, 프리다이빙, 요가, 골프, 카이트 보딩을 배웠다. 40대 초반에는 산악자전거, 오지 스노보딩, 글쓰기를 시작했다. 그리고 작년에 강연이라는 귀중한 기술을 배웠다. 사람들은 늙은 개에게 새로운 기술을 가르칠 수 없다고 말하지만, 이 늙은 개는 그 말이 엉터리라고 말한다.

언제 어디서나 무엇이든 배우기

배움에 더 좋은 때란 없다. 당신은 음악, 언어, 스포츠, 요리가 우리가 실시한 설문조사에서 상위권에 포진된 답변이라는 것을 이미 잘 안다. 다행히 나머지 답변은 우리에게 다른 통찰력을 주는 아이디어의 보물창고를 선사했다. 여기에 당신이 다음에 익힐 기술에 대한 몇 가지 아이디어를 제시한다. 그것은 포괄적인 목록은 아니지만 시작점으로 삼기에 좋은 자료다.

- 채집: 대다수는 어디에 살든 심지어 도시 환경에서도 채집할 것들이 있다는 사실을 깨닫지 못한다. 밖으로 나가서 먹을 수 있는 것—버섯, 해초, 베리, 씨앗, 채소, 조개 혹은 꽃—을 찾아보라. 먹어도 되는 것인지를 확인하기 위해서 조사한다. 버섯의 종류에 따라서 맛있거나 환각 상태를 유발하

거나 혹은 치명적인 위험을 겪을 수 있다. 이들 중 두 가지는 당신에게 유익하지만 나머지 하나는 아니다.

- 원예: 연구에 따르면 원예는 당신의 기분을 고조시키고 자존감을 상승시킨다. 식물을 잘 기르는 원예 재능을 발휘해 보라. 집에서 키울 수 있는 과일이나 채소를 찾아보라. 딸기, 블랙베리, 오이, 당근은 시작하기에 좋은 선택이다. 필요에 따라 포도, 홉, 보리도 유용할 수 있다. 야외나 주방, 창가에 심고 그것을 어떻게 키우는지 배운다.

- 양조: 인류는 아주 오래전부터 음료를 만들어 왔다. 다행히도 집에서 좋아하는 음료를 만드는 것은 생각보다 쉽다. 집에서 와인, 사케, 콤부차, 맥주, 차를 직접 만들거나 원두를 직접 로스팅하는 방법을 익힌다. 필요한 재료는 위의 '원예'를 참조한다.

- 생존 기술: 당신은 야생(혹은 좀비 대재앙)에서 얼마나 오랫동안 버틸 수 있는가? 불을 피우고 은신처를 만들고 상처를 치료하고 포식자를 쫓아내는 등 문명의 손길이 닿지 않는 곳에서 살아남을 수 있는 모든 기술을 배운다. 야생동물과 그들

의 서식지를 존중하는 마음은 물론 모험심이 약한 사람에게
는 금지된 장소들도 즐길 수 있는 능력을 키우게 될 것이다.

- 호신술: 자신과 동료를 보호하는 방법을 배우기 위해 이소룡
  이 될 필요는 없다. 무술 하나를 선택해서 배우거나 기초 호
  신술 강좌를 듣는다. 언젠가 당신의 생명을 구하게 될지 누
  가 알겠는가?

- 예술: 창의력을 발휘해 창밖 풍경을 스케치하거나 좋아하는
  과일을 수채화로 그리거나 자신과 가족의 예술적인 사진을
  찍어 본다. 완성한 작품을 액자에 넣고 사람들이 물어보면
  유명 화가의 작품이고 파리 갤러리에서 구입했다고 말한다.

- 공예: 손으로 무언가를 만들면 마음이 온전히 그 활동에 집
  중하고 활동에 몰입할 수 있다. 당신이 사용하거나 누군가
  에게 선물할 수 있는 물건에는 어떤 것이 있을까? 열쇠고리,
  양초, 코바늘, 도자기, 액자, 장신구, 토트백, 칫솔로 만든 교
  도소 생크(수제 흉기) 등이 있다. 창의력을 발휘해 직접 만들
  어 본다.

- 글쓰기: 스토리텔링은 우리 모두가 보유하고 있는 오래되고 강력한 도구다. 가장 창피했던 순간 혹은 당신에게 일어났던 가장 기이한 일에 대한 짧은 이야기 혹은 시를 쓰는 것부터 시작해 본다. 다양한 글쓰기 제시어를 통해 매일 조금씩 글을 쓰면서 아이디어가 계속 떠오르게 한다.

- 연설: 대중 연설은 자신감을 높이고 비판적 사고를 키울 수 있으며 직업적 기회를 넓힐 수 있는 중요한 기술이다. 디너 파티에서 사려 깊은 건배사를 하거나 매장 직원이나 카페 직원, 동료에게 특별한 말을 건네는 것은 무대나 많은 청중 없이도 연습할 수 있는 좋은 방법이다.

- 전략 게임: 전략 게임을 배우면 문제 해결, 의사 결정, 비판적 사고, 계획, 창의력 등 고차원적인 사고력을 키울 수 있다. 체스, 주사위 놀이, 마작, 도미노 세트를 구입하여 친구나 가족과 함께 규칙적인 게임을 즐겨 본다. 온라인 연습을 통해 실력을 갈고닦아 친구들에게 누가 우세한지 누가 우세하지 않은지 보여 줄 수도 있다.

- 문화: 다른 문화를 이해하면 오해, 기회 상실, 폭력으로 이어

질 수 있는 이념적 분열을 극복하고 예방하는 데 도움이 된다. 당신 주변에 잘 모르는 문화는 어떤 것이 있는가? 위키피디아는 인류에 대한 이해를 넓히는 데 도움이 되는 확실한 (그리고 무료) 방법이다. 물론 당신은 이 말에 동의하지 않을지도 모른다.

학습을 위한 옵션은 정말 무궁무진하다. 온라인 강좌와 튜터를 위한 거래 공간이 수십 개에 달하며 그 규모는 날로 커지고 있다. 노트북으로 스미스소니언 자연사 박물관이나 하버드대학에서 가장 인기 있는 강의를 무료로 수강할 수 있다.

세상의 거의 모든 정보와 전문지식이 당신의 손끝에 있다(그렇지 않은 것은 기밀일 가능성이 높다). 30년 전만 해도 이런 일은 불가능했다. 우리는 무한한 학습 기회의 시대에 살고 있으니 이를 활용해 보기를 바란다.

당신이 아는 것이 곧 당신이다

너무 바빠서 새로운 취미를 시작하지 못했다면 당신은 생각한 것보다 훨씬 더 많이 새 취미가 필요한 사람이다. 알다시피 인생의 마지막에 가장 후회하는 것은 하지 못한 일 혹은 되어 보지 못한 사람이다. 잠재력을 탐구하는 것을 멈추는 순간 후회의 문이

열린다.

그래서 참가자들이 평생 배우고 싶다고 답한 것들을 떠올릴 때마다 감정이 북받친다. 나는 노래, 마술, 중국어, 무술, 춤, 영화 제작, 그래픽 디자인 등 그 대답들이 단순히 상자 속의 텍스트가 아니라는 것을 안다. 그것들은 하루하루 조금씩 사라지는 누군가의 꿈이다.

레스 브라운Les Brown의 말이 떠오른다.

"묘지가 지상에서 가장 부유한 장소이다. 이루지 못한 희망과 꿈, 쓰지 못한 책, 불리지 않은 노래, 공유되지 않은 발명품, 발견되지 않은 치료법을 모두 찾을 수 있는 곳이기 때문이다. 누군가 너무 두려워서 첫걸음을 내딛지 못했거나 문제를 계속 해결하지 못했거나 꿈을 이루겠다는 결심을 하지 못했기 때문이다. 하지만 이런 식으로 끝낼 필요는 없다. 아직 늦지 않았다. 지금 시작한다면 당신은 '나에게 기회가 주어졌고 그 기회를 잡았으며 인생을 최대한 즐기고 있다.'라는 말을 할 수 있다."

그러니 배움을 두려워하지 말고 받아들여라. 사소한 것이든 중요한 것이든 새로운 것을 배울 때마다 당신은 자신의 정체성에 투자하는 것이고 전날보다 더 현명하고 경험 많은 사람이 되어 가는 것이다.

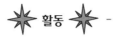

당신이 다음에 배울 기술은 무엇인가?

학습을 당신 삶의 일부로 만들기 위해서 다음의 간단한 단계들을 지금 당장 따라 해 보라.

1. 당신이 가장 배우고 싶은 것은 무엇인가? 영감을 얻으려면 제1장에서 만든 보물 지도를 살펴보거나 이 장과 책 전체에 걸쳐 언급된 활동을 참고한다. 무엇이 여러분의 흥미를 자극하는가?

2. 무엇을 배울 것인지 결정이 되면 계획을 세운다(언제, 어디에서, 무엇을 배울 것인지를 기록하면 실제로 그것을 실천할 가능성이 훨씬 높아진다). 여기 답해야 할 몇 가지 중요한 질문들을 제시한다.

   a. 누구에게서 배울 것인가? 당신을 이끌어 줄 교사, 강좌, 소프트웨어 프로그램, 혹은 책을 찾아본다.

   b. 이것을 배우기 위해서 언제 시간을 낼 것인가? 적어도 일주일에 한 번은 참여하도록 노력한다. 학습 일정을 일정표에 기록한다.

   c. 예산을 조정해야 하는지 또는 이 학습 경험에 자금을 지원하기 위해 특

별 자금을 마련해야 하는지를 결정한다.

d. 밖으로 나가서 배움을 시작할 때 필요한 장비나 옷을 준비한다.

이제 이 작은 단계들을 따름으로써 전체 과정을 시작하고 추진력을 얻는다. 이제 당신은 평생 학습자가 되는 길에 들어섰다.

참고: ExperientialBillionaire.com을 방문해서 무료 체험 가이드와 더불어 이 활동의 확장 버전을 다운로드하거나 출력한다.

인생의 목표는
의미 있는 삶이다.

-로버트 바이른Robert Byrne

제10장

영원히
사는 법

브리짓 힐튼 이야기

수천 마리의 분홍빛이 도는 오렌지색 물고기가 나의 맨발에 입질할 때 무척 당황스러웠다. 분명히 이것은 진정 효과를 주는 '마사지'여야 했지만 간지럼 고문처럼 느껴졌기 때문이다. 우리는 스리랑카의 최남단에 있었고 우리 앞에는 남극까지 이어진 9,600킬로미터의 광활한 바다밖에는 없었다. 따뜻한 물에 팔다리를 담그고 발가락이 없어진 미래를 생각하면서 '내가 어쩌다 여기까지 왔지?'라는 의문을 떠올렸다.

그 전주에 우리는 뱀 주술사를 찾아다녔고 커리와 에그 호퍼를 맛봤으며 불교 사원을 방문했다. 또 시나몬 재배 농부들을 만났고 정글 속 욕조에서 흐릿한 달빛을 배경으로 한 사진도 몇 장 찍었다. 게다가 바다거북 보호구역에서 새끼 거북이가 부화하는 것을 지켜봤으며 원숭이들과 보트를 타고 강을 건너다 폭우를 만나서 맹그로브 숲에서 몸을 피하는 경험도 했다.

그러나 모험을 위해 그곳에 간 것은 아니었다. 그것은 그저 덤으로 얻은 경험이었다. 사실 수년 후 그 여행을 되돌아보니 그러한 순간들을 언급하는 일은 거의 없다. 우리는 스리랑카 내전의 정부군과 반군에 도움을 주기 위해 그곳에 갔다. 그 군인 다수가

15년간의 내전으로 청력을 잃었다.

우리의 기억에 남아 있는 것은 체류했던 콜롬보의 군 기지까지 버스를 타고 20시간을 달려온 가족이었다. 그들의 4살 난 딸이 처음으로 들을 수 있게 된 것을 확인하고 그들과 함께 울었던 것을 기억한다. 그들은 딸이 들을 수 있게 될 것이라고는 꿈에도 생각하지 못했다.

또한 '스릴러' 음악에 맞춰 댄스 배틀을 한 적도 있다. 그 소년은 또래 친구와 자신을 둘러싼 세상의 소리를 다시 들을 수 있게 됐다. 소년은 TV에서 본 사람들처럼 멋지게 춤을 추고 싶어 했다. 다시 들을 수 있다는 것은 그에게 너무나 중요한 일이었다.

이전엔 적이었지만 전쟁의 경험을 공유하면서 서로에게서 공통점을 발견한 두 명의 30대 초반의 남성들에 대해서도 이야기를 나누었다.

그뿐인가, 50년 동안 소리를 들을 수 없다가 갑자기 들을 수 있게 된 것에 감격하던 100세 노인을 보면서 숙연해졌던 기억도 갖고 있다.

이것은 그 여행에서 우리가 경험한 2,000건이 넘는 이야기 중 단 4건에 불과하다. 우리는 운 좋게도 그들의 삶에 작은 변화를 줄 수 있었고 그들은 우리의 삶에도 감동을 주었다. 그 인연에서 얼마나 많은 선한 영향력이 퍼져 나갔을지는 가늠할 수 없다.

그 4살 소녀는 이후 여러 해 동안 학교에 다녔다. 그것은 그녀가 여전히 듣지 못했다면 불가능한 경험이었다. 그 가족은 그 순간을 자신들의 미래 경로를 바꾼 순간으로 기억하며 그 감동을 다른 이들에게 나누었을지도 모른다.

그 10대 소년은 예술 분야에서의 삶을 이어 가며 다른 이들에게 장애물을 마주해도 꿈을 포기해서는 안 된다는 영감을 주었을 것이다.

어쩌면 그 군인들은 적을 새로운 눈으로 바라보고 전쟁터의 적군들에게도 친절을 베풀었을지 모른다.

그 노인은 가족과 소통이 다시 가능해지고 나서 4대에 이어진 가족에게 전하지 못할 뻔한 지혜를 나누었는지 궁금하다.

그것이 파급효과다. 작은 조약돌이 앞으로 나아가면서 일으키는 물결처럼 나눔과 친절의 행위는 미래 세대의 다른 사람들의 삶에 영향을 미친다.

끝없이 펼쳐진 바다를 바라보며 물고기들이 내 발에 입질을 하는 순간, 누군가의 작은 물결 효과가 나를 스리랑카로 이끌었음을 깨달았다. 한 바이럴 영상이 리슨 창립에 대한 영감을 주었다. 나는 그 영상 속 여성도, 그 영상을 만든 사람도 그녀에게 보청기를 선물한 사람도 알지 못했지만 그들의 영향을 이어받아 나만의 방식으로 확장시키고 있었다. 그들이 세상에 없더라도 그 물결을 통해 계속 살아 있을 것이고 마찬가지로 나 역시 내 경험을 통해 영향을 받은 사람들을 통해서 계속 살아갈 것이다.

이 책은 당신의 삶에 초점을 맞췄지만 결국은 그 이상의 것에 관한 이야기다. 경험이 풍부할수록 다른 사람에게 더 많이 베풀어야 한다. 자신을 위한 더 많은 기쁨과 사랑, 지혜를 쌓을수록 세상에 더 많이 퍼뜨릴 수 있다. 당신은 다른 사람들과 경험을 공유하면서 자신만의 경험적 부를 축적하는 기회를 잡을 수 있다.

우리가 세상에서 떠난 후 남겨질 유일한 것은 타인에게 베푼 선행이다. 그것이 영원히 살 수 있는 방법이다. 타인에게 미친 영향력을 통해서 당신은 영원히 살 수 있다. 결국 타인을 위해 봉사하는 삶은 만족스러운 삶을 살았다고 느끼게 해 줄 가장 효과적인 방법이다.

나눔의 과학

설문조사 참가자들에게 인생에서 가장 가치 있는 경험이 무엇이냐고 물었다. 수천 명이 다른 사람에게 베풀거나 도움을 준 경험이라고 답했다.

"우리 가족은 우크라이나 난민을 받아들였어요. 그것은 인생, 세상, 인류의 회복력에 대한 나의 관점을 완전히 바꾸어 놓았습

니다.” -마이애미의 에릭

“저는 수년 동안 시카고에서 한 어린이의 ‘빅 브라더’로서 자원봉사를 하면서 그의 멘토 역할을 했어요. 지금 그 아이는 성장해서 가정을 이루고 성공한 변호사로 살고 있습니다.” -시카고의 팀

“저는 맹인견을 훈련시키고 있는데, 그것은 매우 즐겁고 보람 있는 경험입니다. 그뿐만 아니라 그 맹인견들이 다른 사람을 돕게 될 것을 생각하면 마음이 뿌듯해집니다.” -롤리의 제시

“가장 멋진 추억은 에티오피아에서 우물을 파는 데 성공했을 때, 지역 주민들이 기뻐하는 모습을 보고 눈물을 흘렸던 것과 내가 정말 좋은 영향력을 미치고 있구나 하는 생각이 들었을 때입니다.” -보스턴의 윌리엄

“전 30년 동안 초등학교에서 미술 교사로 일했어요. 어린이들에게 자신의 창의력과 열정을 발견할 수 있게 도움을 주면서 많은 보람을 느꼈습니다.” -클리블랜드의 메리

"제 여동생이 갑자기 세상을 떠나고 전 동생의 딸을 입양했죠. 힘든 상황 속에서 그 딸이 만족할 만한 삶을 살 수 있게 도움을 줄 수 있었습니다." -볼더의 조안

"젊은 시절 저는 옐로스톤 공원에서 관리원으로 일했습니다. 저는 지구를 보호하고 공원을 방문한 가족들이 아름다운 자연을 즐기는 모습을 보면서 보람을 느꼈습니다." -빅 스카이의 밥

"대학 시절 저는 어린이들에게 영어를 가르쳐 주는 대신 무료로 네팔에 체류할 수 있었습니다. 그것은 제 인생에서 가장 행복한 시간이었을 뿐 아니라 저의 성장에도 도움을 주는 시간이었습니다." -애틀랜타의 킴벌리

우리는 놀라지 않았다. 나눔의 가치를 수없이 몸소 체험했기 때문이다. 아마 당신도 그럴 수 있을 것이다. 하지만 약간의 조사를 하기 전까지는 나눔이 그것을 받는 사람들에게 얼마나 큰 영향을 미치는지 알지 못했다.

남을 위해 봉사하면 기분이 좋아짐은 이미 알고 있을 것이다. 하지만 그 따뜻한 기운은 상상 속에서만 느껴지는 것이 아니라 실제로 몸에서 측정 가능하다. 다른 사람에게 베풀면 뇌에서 온갖

종류의 기분 좋은 호르몬이 분비된다(새로운 경험을 할 때와 비슷하지만 훨씬 더 많이 분비된다). 기부는 스트레스와 혈압을 낮추고 우울증을 줄이는 데도 유의미한 관련이 있다. 한 연구에 따르면 자원봉사를 한 노인들은 나이, 건강 상태, 생활 습관을 고려한 후에도 더 오래 사는 경향을 보였다.

정서적 측면에서 연구자들은 나눔이 더 큰 행복과 만족으로 이어진다는 일관된 결과를 확인했다. 〈경제 심리학 저널Journal of Economic Psychology〉에 발표된 한 연구에 따르면 다른 사람을 위해 돈을 쓴 사람은 자신을 위해 돈을 쓴 사람보다 더 높은 수준의 행복감을 느끼는 것으로 보고됐다. 〈BMC 공중 보건 저널BMC Public Health〉에 발표된 또 다른 연구에 따르면 자원봉사를 한 사람은 그러지 않은 사람들에 비해 우울증 발병률이 낮고 행복지수는 높았다. 그뿐만 아니라 학술지 〈이모션〉에 실린 한 연구에 따르면 다른 사람에게 친절을 베푼 사람은 긍정적 감정과 만족감의 증가를 경험한 반면, 부정적 감정은 줄어든 것으로 밝혀졌다.

물품 구입을 통한 치료는 잊는 것이 좋다. 새로운 기기나 옷의 구매를 통해서 얻는 즐거움은 놀라울 정도로 빨리 사라지지만 다른 사람과의 나눔을 통해서 얻은 기쁨은 오래 지속되기 때문이다.

많은 종교적, 영적, 철학적인 전통에서는 나눔이 번영으로 이어진다고 가르친다. 이 생각을 뒷받침하는 과학적 증거도 있다. 한 연구에 따르면 기부 행위는 소득에 긍정적인 영향을 미치는 것으로 나타났다. 단순한 상관관계가 아니라 실제 인과관계가 있다.

놀라운 점은 이것이 인류의 보편적인 특징처럼 보인다는 부분이다. 실험에 따르면 매우 다른 환경과 문화에 살고 있는 전 세계 사람들이 다른 사람을 도울 때는 동일한 긍정적인 정서를 느낀다. 기부할 것이 거의 없는 사람도 풍부한 재력을 갖춘 사람만큼이나 자신이 가진 것을 나누는 것에서 행복을 느낀다. 문화에 따라 개인과 공동체의 중요성에 대해 서로 다른 견해를 가질 수 있지만 다른 사람을 돕는 것이 기분 좋은 경험이라는 사실에는 변함이 없는 것 같다.

누구나 나눌 것을 갖고 있다

삶은 공평하지 않다.

나는 여행을 하면서 이 말을 수없이 되새겼다. 자연보호 구역에서 코끼리들을 봤다. 그들에게는 돌아다닐 수 있는 넓은 공간, 그들의 생존을 돕는 풍부한 자원, 그들을 사랑해 주고 보호해 주는 가족이 있었다. 그리고 나는 도시 한복판의 기둥에 묶인 채 관광객들에게 희롱당하는 외로운 코끼리도 봤다. 그 코끼리에게는 더러운 물 한 통이 전부였다. 나는 열대 섬으로 떠나고 싶을 때마다 개인 비행기를 마음대로 이용하는 사람도 만났고 다리를 잃은 소년이 들을 수 있는 기회를 얻기 위해서 팔뚝에 나무판자를 묶고 몇 마일을 기어서 찾아오는 모습을 목격하기도 했다.

어떤 이들은 운 좋게 안전한 환경에서 태어나 사랑을 받으며 무수히 많은 기회를 부여받는다. 사실 다른 많은 이가 그러지 못한다. 물론 그것은 그들의 잘못이 절대 아니다. 당신이 이 스펙트럼의 어디에 해당하든지 당신보다 좀 더 운 좋은 사람 혹은 좀 더 운이 나쁜 사람이 있게 마련이다.

우리보다 더 가진 사람에만 초점을 맞춘다면 스스로가 충분히 가지지 못한 사람처럼 느껴진다. 가진 것을 축적하고 스스로에게 이렇게 말하는 것은 본능이다.

'더 가지게 되면 다른 사람과 나눌 거야. 빚을 청산하고 저축이 늘어나면 그때 자선단체에 기부할 거야. 일정이 조금 느슨해지면 그때부터 베풀면서 살 거야. 내게 필요한 것이 충족되고 나면 그때 가서는 다른 사람들에게도 관대해질 수 있을 거야.'

썸데이 신드롬과 상당히 닮아 있지 않은가?

반대로, 우리보다 운이 나쁜 사람을 돕는 데 집중하다 보면 자신이 얼마나 감사하면서 살아야 하는지를 깨닫게 된다. 이런 옛말도 있다.

"병원 어딘가에는 침대에 누운 채 당신의 불만스러운 삶을 부러워하는 이가 있다."

간혹 스트레스를 풀기 위해서 어딘가로 달려갈 때면 나무판자를 끌고 우리를 찾아왔던 그 소년의 모습이 떠올라서 눈물이 차오른다. 해 보지 못한 것 혹은 충분히 가지지 못한 것만 부각되어 보일 때면 제 것이라곤 더러운 물 한 통밖에 없었던 그 코끼리를 떠올린다. 세상이 끝날 것 같은 최악의 날에도 건강, 깨끗한 물, 위생 시설, 머리 위 지붕, 자유, 또 다른 날을 맞이할 수 있다는 사실 등, 내가 누리고 있는 특권을 깨달으며 감사하는 마음으로 충만해질 수 있다.

자신이 처한 환경과 무관하게 우리 모두는 나누어 줄 것을 하나씩은 갖고 있다. 비록 그것이 미소 혹은 친절의 말 한마디라고 할지라도.

나는 이 사실을 최근 다녀온 인도 여행에서 분명하게 확인했다. 델리 고속도로 위에서 소와 실랑이를 하고, 새벽 4시에 일어나서 혼자 타지마할을 방문하고, 간디의 아시람에서 명상을 한 후 현지 교육 및 식수 정화 활동을 하는 비영리단체를 만나기 위해 뭄바이로 향했다. 거기에서 나는 이 거대한 도시의 약 60퍼센트가 슬럼가이고 수백만 명이 골판지, 타포린, 폐자재로 만든 간이 주택에 살고 있다는 사실을 알게 됐다. 정부 기관과 비정부기구가 노력했지만 깨끗한 물과 위생 시설 같은 기본적인 편의시설에 대한 접근성은 여전히 제한적이었다. 주민은 부족한 인프라, 높은 범죄율과 약물 남용, 제한적인 의료 및 교육의 기회 등 많은 어려움에 직면해 있었다. 그 지역은 또한 몬순 시즌에 홍수가 빈발하여 주민들의 삶을 더욱 어렵게 만들고 있었다.

나는 이미 지구상 다른 곳에서 극빈한 상황을 목격한 바 있어서 이들 슬럼가도 이전에 봤던 절망적이고 끔찍한 상황과 비슷할 것이라고 예상했다. 하지만 오히려 그 반대였다. 내 주변의 모든 사람이 놀라울 정도로 밝아 보였다. 걷는 곳마다 사람들이 미소를 지으며 손을 흔들고 인사를 건넸다. 아이들은 거리에서 까르르거리며 뛰어놀았고 구석구석 활기찬 활동과 커뮤니티로 가득했다. 나는 그들이 놀라운 회복력과 적응력과 삶에 대한 매우 긍정적인 태도를 가지고 있다는 것을 알았다. 나는 순수한 기쁨으로 가득찬 그들의 모습에 놀라움을 금치 못했다.

나는 현지 친구들에게 어떻게 이런 어려운 상황에서도 이런 일이 일어날 수 있는지 물었고 그 대답은 간단했다. 물론 누구나 업보에 대해 들어 본 적은 있지만 이런 문화의 최전선에서 그 업보라는 것을 실제로 본 적은 없다. 인도인의 거의 80%가 힌두교도이며 힌두교 신앙에 따르면 모든 개인은 환생을 거듭하는 영원한 영혼을 가지고 있다고 한다. 환생할 때마다 육체의 본질과 삶의 조건은 개인의 업보에 의해 결정된다. 즉 환생한 삶은 전생의 모든 행동, 생각, 의도의 총합인 셈이다. 선한 행동은 좋은 업으로 이어지고 악한 행동은 나쁜 업으로 이어진다. 이기적이거나 기만적인 의도가 아니라 진정으로 선한 의도를 가지고 행한 선행만이 좋은 업을 쌓을 수 있다.

내가 본 행복이 이 사람들이 직면한 어려움을 정당화하거나 낭만화하지는 않는다. 하지만 어려운 생활환경 속에서도 관대함, 친절함, 희망을 느낄 수 있었다. 그들은 우리처럼 가장 많은 걸 가지고 가장 적은 걸 하는 것이 아니라 가장 적은 걸 가지고 가장 많은 걸 했다. 그들은 자신의 부족함이 아니라 줄 수 있는 것에 집중했고 그 덕분에 삶의 질이 향상되었다. 그리고 그들에게서 교훈을 얻을 수 있다.

당신이 다른 사람들에게 관대함과 친절을 베풀면 그들도 즉시 나뿐만 아니라 모든 사람에게 똑같이 친절로 되돌려 주는 경향이 있다. 누군가가 친절하게 대해 주면 기분이 좋아지는 것은 당연한 이치다. 스트레스와 분노가 사라지고 인간에 대한 믿음이 다시 생긴다. 그런 마음 상태에서는 다음에 만나는 사람에게도 친절을 베풀 가능성이 훨씬 높아진다. 사실 자신이 직접 하지 않더라도 다른 사람이 친절을 베푸는 모습을 목격하거나 듣는 것만으로도 이러한 효과를 얻을 수 있다. 이는 결국 사회 구조를 강화하고 공동체 의식을 키우는 데 도움이 된다.

이번 주에 당신은 어떤 작은 친절의 행동을 보여 줄 것인가? 낮

선 사람에게 칭찬을 건네거나 영감을 주는 사람에게 편지 또는 이메일을 보내거나 노인에게 다가가 그의 삶에 대해 물어보라. 이런 행동이 그들에게 영감을 주어 그들도 다른 누군가에게 똑같은 행동을 할지 모른다. 선한 행동은 결국 선한 행동으로 돌아오게 마련이다.

지금 할 수 있는 것부터 하라

전 세계에 긍정적인 영향을 미치기 위해 해외 선교 여행을 떠날 필요는 없다. 지금 있는 곳에서 크고 작은 나눔을 실천할 기회가 얼마든지 많다. 사실 어디서부터 시작해야 할지 모를 정도로 기회는 우리 주변에 널려 있다.

나는 당신이 관심 있는 일에 집중하라고 말해 주고 싶다. 그것이 세상에서 가장 중요한 문제인지 가장 시급한 문제인지에 대해 걱정할 필요가 없다. 충족시켜야 할 욕구는 매우 다양하며 이를 비교하여 가장 '가치 있는' 것을 선택하려고 노력하는 것은 엄청난 시간 낭비다. 자신이 해결하고자 하는 문제에 대해 스스로가 어떻게 느끼는지가 진정으로 중요하다. 이는 당신이 진정으로 관심이 있다면 그 문제를 해결하기 위한 노력을 계속할 수 있기 때문이다. 나는 평생 음악에 대한 열정을 가지고 산 덕분에 다른 사람에게 청각을 찾아 주는 일에 강한 사명감을 느꼈다. 그것은 보람 있고 의미 있는 일이고 그러한 연결고리 덕분에 나는 이 일을 계속할 수 있었다. 결국에는 더 크고 지속적인 영향력을 발휘할 수 있었다. 내가 아무런 연관이 없다고 여겼다면 그 일을 계속할 수 있었을까? 단기간은 그럴 수 있겠지만 장기적으로는 아닐 것이다.

우리의 비영리단체가 2020년 부득이하게 자선활동을 중단하게 됐을 때, 삶의 의미가 사라진 것 같았다. 전 세계 청각 장애자에게 청력을 되돌려 주는 사업은 언제 재개될지 모르는 상태에서 중단됐고 나의 가슴엔 커다란 구멍이 난 것만 같았다. 나는 나의 열정과 기술을 고려해서 다른 사람들을 도울 수 있는 다른 방법들을 궁리하기 시작했다. 그래서 그때 이 책을 집필하기 시작했다. 주변 사람들에게 내가 그들이 원하는 삶의 경험을 할 수 있도록 어떤 도움을 줄 수 있는지를 물었다. 이는 나에게 목적의식을 되찾아 주었고 다시 지향점을 알려 줬다.

나눔의 방법을 선택하는 것이 누가 더 도움을 받을 자격이 있는지 혹은 사회에 도움이 되는 것이 무엇인지를 판단한다는 의미는 아니다. 많은 이가 다양한 방식으로 도움을 필요로 하며(인간 이외의 다른 생명체와 지구도), 또한 순위를 정하는 것이 목적도 아니다. 목적은 당신에게 의미 있는 것을 찾아서 실천하는 것이다.

개인의 차원에서 당신이 공감할 수 있는 문제들에 대해서 생각해 본다. 당신 혹은 다른 누군가 개인적으로 어떤 어려움을 겪고 있을지 모른다. 그 어려움은 굶주림, 정신건강, 가정 폭력 등이 될 수 있다. 당신은 여성 기업가, 난민, 혹은 고졸 부모 가정의 대학생과 같은 특정 집단에 깊게 공감할 수 있다. 어쩌면 해양 보존, 특수 교육, 교도소 개혁, 학교 교육에서 미술 교육의 유지 등과 같은 특정 문제들을 굉장히 중시할지도 모른다. 혹은 당신의 기억에 특별한 장소로 남아 있는 특정 공원, 공동체 농장, 혹은 역사적 빌딩을 소중하게 여길 수 있다.

당신에게 가장 중요하다고 여겨지는 한 가지 명분에 집중하는 것부터 시작해 보는 것이 좋다. 이를 위해선 약간의 조사가 필요하다. 당신이 관심 갖는 분야에서 활동하는 자선단체로는 어떤 것이 있나? 어떤 문제에 초점을 맞추고 있으며 어떻게 해결하려고 노력하는가? 단체의 수준과 단체가 어떤 영향을 미쳤는지에 관한 정보를 찾을 수 있는가?

당신이 공감할 수 있고 즐겁게 자부심을 가지고 참여할 수 있는 활동을 하는 단체 하나를 선정한다. 혹시 여유가 있다면 몇 달러라도 기부하면 좋다. 하지만 기부에서 그치지 마라.

지원하고자 하는 사람이나 장소와 직접 소통할 수 있는 곳에서 직접 발로 뛰어 보라. 동물 보호소, 푸드 뱅크, 청소년 프로그램 등 자신이 기여하고 싶은 곳이 무엇이든 몇 시간만 시간을 내어 봉사활동을 해 보는 것도 좋다. 정기적으로 봉사활동을 하면 봉사 대상자나 동료 자원봉사자들과 관계를 쌓을 수 있어 더욱 재미있고 의미 있는 시간이 될 것이다.

거기서 좀 더 발전시켜 자신의 특별한 재능을 기부하는 것도 좋다. 단체의 홍보 활동을 개선하거나 웹사이트를 업데이트할 수 있다. 이벤트를 기획하거나 주최하고 홍보를 돕거나 자원봉사자에게 간식을 제공할 수 있는 전문지식을 가지고 있을 수 있다. 대부분의 비영리단체는 적은 예산으로 운영되므로 추가적인 도움(특히 고도로 숙련된 도움)을 제공하면 더욱 좋다. 꼭 일을 한다는 기분을 갖지 않아도 된다. 당신과 친구들이 포커를 좋아한다면 자선단체 하나를 선정해서 포커 토너먼트를 주최하여 재미와 관계를 쌓으면서 선한 영향력을 줄 수 있다.

이런 종류의 직접 참여는 단순한 기부 활동보다 훨씬 더 강력한 영향을 미친다. 일에 감정적으로 투자하게 되므로 계속 참여하게 되고 시간이 지남에 따라 노력의 효과가 배가된다. 또한 다른 사람들에게 소문을 퍼뜨리고 다른 이들을 그 일에 동참시켜 선한 영향력을 훨씬 배가할 수 있다. 게다가 그것은 공감, 관대함, 친절의 정신을 함양하여 당신이 하는 다른 모든 활동에도 영향을 미친다.

무엇을 남길 것인가

나는 웃음을 참으며 북받친 감정에 눈물을 흘렸다. 이건 정말이기적이거나 멍청한 짓이거나 둘 다라고 혼자 생각했다. 우리는 칩과 과카몰리를 대접하면서 45분이면 일이 끝날 것이라는 약속과 함께 친구 몇 명과 가족을 조의 창고로 불렀다. 그들은 우리가 만든 관들을 바라보고 반원 형태로 서 있었다. 여기서 말하는 관이란 조와 내가 홈디포에서 35달러를 주고 구매한 합판과 못으로 직접 만든 긴 상자를 말한다. 우리는 우리 둘의 증명사진을 프린트하여 관 옆에 세워 둔 스탠드에 전시했다. 사람들은 한 명씩 돌아가면서 우리가 정말 세상에서 영원히 사라진 것처럼 우리에 대해 이야기하기 시작했다.

당연히 정말로 죽은 것은 아니었다. 내가 이 책을 무덤 저편에서 쓰고 있는 것도 아니다. 그때 우리는 '곧 죽을 것처럼 살자.'라는 철학을 조금 극단적으로 실험했을 뿐이다.

이 가짜 장례식은 생각만큼 이상한 짓은 아니다. 물론 미친 짓처럼 보일 수 있다. 〈열정을 억제하라Curb Your Enthusiasm〉를 패러디한 것이니 그럴 수도 있겠지만 발상을 비난할 수는 없을 것이다. 이 개념을 처음 접한 것은 2014년 리슨의 한국 론칭을 위한 홍보 투어를 진행할 때다. 당시 한 장례 업체가 산 사람을 위한 무료 장례 서비스를 제공하기 시작했고 이후 수만 명이 참여했다. 이 프로그램의 목적은 변화를 도모하기에 너무 늦기 전에 사람들이 현재의 삶에 감사하고 그것에 대한 접근방법을 생각해 보도록

하자는 데 있었다. 워낙 인기 있는 프로그램이었기 때문에 입장 기회를 얻을 수 없었다. 그래서 고국으로 돌아오자마자 우리만의 버전을 만들었다.

자신의 죽음을 이렇게 상세하게 상상하고 행동으로 옮기는 것이 기괴해 보일 수 있지만, 효과적인 연습이 될 수 있다. 이 모의 장례식이 평소 하기 힘든 질문을 던질 수 있게 하기 때문이다.

'당신은 어떻게 기억될 것인가? 세상을 떠난 후 지구에 무엇을 남길 것인가? 당신의 유산은 무엇인가?'

조의 창고에서 땀을 뻘뻘 흘리며 관 속에 누워 있을 때 나를 놀라게 만든 것은 친구들과 가족이 우리의 (일반적인) 성공에 대해 언급하지 않았다는 점이다. 대신 그들의 삶과 다른 사람에게 끼친 영향력에 대해 이야기했다. 그들은 사회적 책임을 지는 사업을 시작하도록 영감을 준 사람이 바로 우리였다는 등 이전에는 한 번도 하지 않았던 이야기를 했다. 우리가 마추픽추에 도전하는 모습을 보고 나서 그들도 퍼시픽 크레스트 트레일을 하이킹하게 됐다고 말했다. 우리가 두려움을 극복하는 모습을 보고 그들의 불안을 극복할 때 우리에게 도움을 요청할 수 있었다고 말해 주었다.

이런 일들이 우리의 유산이고 파급효과였다.

어떻게 기억될 것인가

솔직히 말해서 합판으로 만든 관들을 놓고 혼잡한 창고에서 이루어진 모의 장례식은 내가 구상한 최상의 시나리오가 아니라 예행연습이었다. 그러니 가족은 귀 기울여 들어 주기를 바란다.

나는 생전에 가장 참석하고 싶었던 파티를 열어서 장례식에 약간의 재미를 가미하고 싶었다.

나는 가장 좋아하는 추억을 담은 사진들을 공유하고 싶다. 어린 시절 크리스마스이브에 까르르거리며 즐거운 시간을 보내던 내 동생과 사촌들이 같이 찍은 사진, 로키산맥을 횡단하는 장거리 자동차 여행 때 엄마와 함께 찍은 사진, 나에게 가능성으로 가득한 세상을 열어 준 영국 체류 기간에 찍은 사진, 기타를 들고 있는 10대 시절의 내 모습을 담은 사진—당시 앞으로 내가 어느 분야에서 경력을 쌓게 될지 전혀 알지 못했다—20대에 친구들과 노스 할리우드에서 저녁에 타코를 먹으면서 찍은 사진. 당시 그 친구들은 공동체의 의미를 내게 알려 줬다. 그리고 나와 조가 페루에서 난생처음 소리를 듣게 된 사람과 찍은 사진, 아빠랑 사냥 가서 찍은 사진, 이 놀라운 지구가 우리에게 선사한 세상의 7대 불가사의 앞에서 찍은 내 사진들. 그리고 희망컨대 내 평생의 꿈이 이루어지는 이 책의 출판을 기념하는 사진을 공유하고 싶다.

나의 반려견 타코가 귀빈으로 참석해 주길 바라고 모두가 순서

대로 돌아가면서 타코에게 충만한 사랑을 보여 주면서 착하고 멋진 친구였다고 말해 주길 바란다.

스포티파이 장례식 플레이리스트의 음악이 재생되기를 바란다('하이웨이 투 헬Highway to Hell'로 시작해서 절정에 이르러서는 '어나더 원 바이츠 더 더스트Another One Bites the Dust'를 마무리는 '더 파이널 카운트다운The Final Countdown'이 흘러나오길 바란다).

친구 한 명이 관에서 꽃다발 하나를 꺼내어 장례식에 참가한 사람들에게 던져 주고 누가 다음 차례인지 확인하길 바란다.

장례식에 참가한 손님들에게 내가 좋아하는 음식을 대접하고 싶다. 예를 들면 기름진 디트로이트 스타일 페퍼로니 피자, 카츠야에서 만든 구운 게 핸드롤, 내가 북캘리포니아에 살 때 마셨던 '러브' 내추럴 와인 같은 것이다.

제발 내게 바지 정장을 입혀서 관 속에 눕히지 말아 주길 바란다. 나는 레이벤 선글라스, 가죽 재킷, 레드 제플린 티셔츠, 찢어진 리바이스 청바지를 입고 공룡 슬리퍼를 신고 싶다. 그리고 말리부 해변에서 해 질 녘 내가 늘 애용했던 아몬드 서프보드에 태워 태평양으로 보내지길 바란다.

혹시 그것이 불법이어서 감옥에 가는 것을 피하고 싶다면 내 뼛가루를 파도에 뿌려도 좋다.

오스카 시상식에서처럼 출구에서 선물 가방을 나눠 주고 싶다.

하지만 그 가방 안에는 멋진 기기 대신에 인생의 굴곡에서 나를 이끌어 준 책, 어린 시절 내게 영향을 미친 음반, 오두막집 옆 해변과 전 세계를 여행하며 수집한 조개껍데기와 돌을 넣어 두고 싶다. 남은 세간살이를 팔아서 선물 마련 비용으로 쓰고 싶다. 그리고 누군가 내 항공사 마일리지를 사용해서 늘 가 보고 싶어 했던 곳으로 여행을 다녀왔으면 좋겠다.

나중에 누군가 내 휴대전화를 이용해서 모두에게 '이 자리에 와 주셔서 감사합니다! 곧 다시 만납시다!'라는 문자 메시지를 보내 주길 바란다.

나의 장례식이 죽음에 대한 위로가 아니라 삶에 대한 기념식이 되기를 바란다.

나는 그것이 하나의 경험이 되기를 바란다.

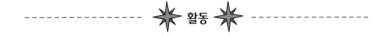

당신의 마지막을 상상하라

이 활동은 약간 괴이하게 느껴질 수 있지만 이 책을 다 읽고 나면 당신이 무엇을 해야 할지 믿을 수 없을 정도로 명확해질 것이다.

1. 잠시 시간을 내어 자신의 장례식을 상상하고 실제 자신의 장례식이 어떤 모습이기를 바라는지 적어 본다. 누가 참석할 것인가? 어디에서 장례식을 치르고 싶은가? 어떤 인생의 사진들을 전시하고 싶은가? 어떤 음악이 연주되길 바라는가? 당신에게 중요한 기타 세부 사항들은 무엇인가?

2. 가장 가까운 사람들과 당신의 미래 장례식 계획을 공유한다. 그것은 다소 이상하고 불편한 대화일 수 있지만, 그들이 당신을 이해하고 지지하는 데 도움을 줄 것이다.

3. 이제 당신의 부고 기사를 두 번 작성하게 될 것이다. 첫 번째 부고에서는 당신의 현재 삶에 집중해서 작성한다. 당신의 인생 이야기를 규정하는 중요한 순간(좋든 나쁘든)들은 언제인가? 당신이 이 세상을 떠났을 때 사람들은 당신을 어떻게 기억할 것인가?

4. 이제 당신이 생각하는 이상적인 삶을 상상해 본다. 즉 당신의 보물 지도에 기록한 삶을 상상해 본다. 그 상상 속 이상적인 삶에 기초해서 두 번째 부고 기사를 작성한다.

5. 그 두 가지 부고 사이의 격차가 얼마나 큰가? 당신이 이상적으로 생각하는 삶에 가까이 가기 위해서 지금 당신이 할 수 있는 선택은 무엇인가? 이 책

에 소개된 도구들(하나의 예로 보물 지도)이 당신이 진정으로 원했던 경험들을 실천하는 데 어떤 도움을 줄 수 있을까?

참고: 이 책에 실린 모든 활동은 ExperientialBillionaire.com을 방문하면 다운로드 혹은 출력이 가능하다.

당신이 진짜 원하는 삶을
지금 당장 시작하라

여기서 배운 내용이 정말 후회 없는 만족스러운 삶으로 이어진다는 증거를 더 원하는 사람에게 다행히도 이 책을 쓰면서 겪은 이야기를 하나 더 들려줄 수 있다. 그것은 우리가 믿고, 말하고, 행동하는 모든 것에 대한 궁극적인 시험이었다.

내 아내 야스민은 중동의 작은 섬 바레인 출신이다(원하면 찾아봐도 좋다. 아내는 그런 것에 익숙하다). 그녀는 남캘리포니아에 있는 채프먼대학을 다녔다. 나와 아내는 로스앤젤레스에 사는 오랜 대학 친구들을 방문했을 때 만났다. 당시 그녀가 런던에 살고 있었으므로 처음부터 우리는 제한된 시간을 최대한 활용해서 만나기 위해서 상당히 신중하게 계획을 세워야 했다.

다행히 둘 다 여행을 좋아해서 기회가 닿을 때마다 기억에 남는 여행을 했다. 우리가 함께 보낸 첫 크리스마스에는 배낭을 메고 태국을 방문했다. 이듬해 여름에는 스페인 코르도바의 외진 호수에서 일주일간 웨이크보드 캠프를 하면서 밤하늘의 별들을 보았다. 그 이듬해 우리는 북극권에 갔고 거기서 전통 텐트에서 머물면서 오로라를 찾아다녔고 새해 연휴에는 얼음낚시를 다녀왔다.

우리는 결혼할 때도 똑같이 했다. 결혼식을 계기로 지구 반대편에 살던 가족과 친구들이 한곳에 모였다. 그 놀라운 장소는 바로 발리였다. 꿈이 이루어진 순간이었다. 처음 열흘은 모든 친구 및 가족과 함께했고 그다음 열흘은 우리 둘만의 시간을 보내며 화산을 하이킹하고 오토바이를 타고 논을 지나 외딴 해변을 찾아갔다. 밤에는 배를 타고 자동차나 전기가 없는 작은 섬으로 이동했다. 물론 서핑도 즐겼다.

그 후 우리는 부부가 된 첫해에 전 세계를 여행하며 원격으로 근무했다. 나는 10년 동안 아메리칸 익스프레스 신용카드 포인트를 모아 왔고 이제 그 포인트를 사용할 준비를 마쳤다. 가족을 꾸리고 싶었지만 먼저 오래 거주할 만한 장소를 모두 조사하고 싶었다. 버킷리스트에 있는 장소를 몇 군데 실제로 방문해 보고도 싶었다. 그래서 한 달 이상 장기 체류할 수 있는 몇 곳을 선택했다 (런던, 파리, 그리고 뉴욕). 그런 다음 무수히 많은 소규모 여행을 기획했다. 어떤 것은 그저 즐거움을 위해서 다른 여행들은 업무 혹은 리슨과 함께 벌이는 자선활동을 목적으로.

그 결과 우리는 유타, 런던, 나이로비, 르완다, 파리, 함부르크, 타히티, 뉴욕, 아테네, 미코노스섬, 투스카니, 홍콩, 중국, 도쿄, 바레인, 두바이, 방콕에서 즐겁게 성장하며 배우는 놀라운 한 해를 보냈다(솔직히 말하면 우리가 방문한 장소를 기억하기 위해서 부모님께 보냈던 구글 문서들을 확인해야 했다).

여행을 하면서 많은 시간을 할애하여 우리의 미래가 어떤 모습이길 원하는지에 대해 의논했고 보물 지도 활동이 우리에게 끊임없이 그 길을 보여 줬다. 목록 가장 꼭대기에는 가정을 꾸리는 것이 있었다. 하지만 우리는 여전히 다양한 장소에서의 다양한 삶을 경험해 보고 싶었고 가족 근처에서 얼마간의 시간을 보내고도 싶었다. 그래서 계획 하나를 세웠다. 첫 아이는 런던에서 출산하고 둘째 아이는 로스앤젤레스에서 낳기로 했다. 그리고 둘째 아이가 2살이 될 무렵 해외로 나가 1년을 살다 오기로 했다. 훌륭한 삶의 질과 낮은 생활비를 고려하면 발리가 유력한 후보지였다.

이후 5년 동안 우리 두 사람은 보물 지도 상단에 있는 우선순위에 초점을 맞춰서 살았다. 최대한 많은 곳을 여행했고 로스앤젤레스에서 생활하는 동안 무수히 많은 새로운 경험들로 삶을 가득 채웠다. 다행스럽게도 가족계획 역시 우리가 계획한 대로 이루어지는 놀라운 경험도 했다. 첫째는 2019년 10월 런던에서 태어났고 둘째는 우리가 이 책을 한창 집필하던 2022년 3월 로스앤젤레스에서 태어났다.

하지만 아이가 아내의 오른쪽 유방에서 모유 먹는 것을 거부했다. 아내가 아무리 어르고 달래도 아이는 오른쪽 젖을 빠는 것을 거칠게 거부했다. 아내의 가슴이 부풀어 오르면서 통증이 악화됐다. 아내는 아이가 젖을 빨지 않는 이유가 수유관이 막혔기 때문일 것이라고 생각했다. 그도 그럴 것이 큰아들도 비슷한 나이에 같은 일을 겪었기 때문이다. 집에서 일주일에 걸쳐서 수유관을 뚫기 위해서 온갖 노력을 다 했다. 그러다가 우연히 식료품 가게에서 주치의 선생님을 만났다. 그는 아내에게 아무 이상이 없는지 확인해 볼 것을 권유했다.

아내는 걱정할 게 하나도 없다고 자신했다. 그녀는 굉장히 젊은 나이였다. 그녀의 서른네 번째 생일이 불과 1주 남아 있었다. 그녀는 건강했고 가끔 술을 마셨지만 담배를 피우지 않았고 젖몸살만 빼면 아주 건강했다. 하지만 그녀는 만일을 위해서 월요일에 진찰을 받아 보기로 했다. 화요일에는 초음파를 찍었고 목요일에는 유방 엑스선을 촬영했으며 금요일에 조직검사를 받았다.

다음 주 목요일 오후, 그녀의 생일 4일 후에 다시 유방 센터를 찾았다. 간호사 선생님은 일어날 수 없는 일이 일어났다는 소식을 전하기에 앞서서, 우리가 마음의 준비를 할 수 있게 최대한 노력하셨다. 아내는 유방암 진단을 받았다. 그리고 상황이 그다지 좋지 않았다.

마치 하늘이 무너지는 듯한 기분이었다. 며칠 안에 CT 스캔, PET 스캔, MRI, 골 스캔이 줄줄이 잡혔다. 그 촬영 이후 화학요법과 면역요법이 곧바로 시작될 예정이었다. 검사 결과가 나오면 나머지 치료 계획을 구체적으로 세울 수 있었다.

일주일 후, 우리는 아내의 검사 결과와 최종 진단을 받았다. 삼중 음성, 국소 전이성 3기 유방암으로 6개의 종양이 발견됐으며 성장 속도는 65퍼센트였다. 암은 빠르게 자라고 있었고 이미 유방 주변 림프절로 퍼진 상태였다. 유전자 검사 결과, 유방암, 자궁경부암, 난소암의 높은 위험을 초래하는 BRCA-1 돌연변이가 양성으로 확인됐다. 그날 밤 아이들은 자고 아내가 샤워하는 동안 아이들 방에서 나는 눈물을 흘렸다.

눈 깜짝할 사이 모든 것이 변할 수 있다. 브리짓과 나는 이미 이책의 원고 초안을 끝마친 후였다. 우리가 당신에게 가르쳐 주고싶은 진실이 이렇게 가혹한 방식으로 상기된다는 사실이 너무 초현실적이고 아이러니하게 다가왔다. 그 진실은 인생은 짧고 불확실하다는 것이다.

이어진 8개월은 잔인했다. 아내는 화학요법, 면역요법, 이중 유방 절제술을 받았다. 수술 일주일 후, 제거된 유방 조직에서 더 이상의 암의 징후는 발견되지 않는다는 병리학 보고서가 나왔다. 그간의 치료가 효과가 있었던 것이다. 그녀는 암으로부터 자유로워졌다.

　그 순간 우리를 짓누르던 무거운 짐이 사라졌다. 그때의 기분을 이루 형언하기는 어렵다. 물론 이후에도 아내는 재발의 위험을 최소화하기 위해서 6개월 이상 면역치료를 해야 하고 5주간의 방사선 치료를 받아야 한다는 것을 알았지만 우리는 다시 숨을 쉴 수 있게 된 것만 같았다. 아내는 이제 공식적으로 암 완치자이고 암이 재발하지 않도록 최선을 다해 노력하고 있다. 나는 그녀가 암 진단을 받던 날보다 그날 더 많은 눈물을 흘렸다. 긴 투병 생활 동안 그녀가 보여 준 용기와 인내심은 믿을 수 없으리만큼 놀라웠다.

　우리는 아버지처럼 거의 죽음의 문턱까지 다녀왔다. 하지만 아버지와 달리 삶을 새롭게 시작하고 다른 일들을 하고 싶다는 열망을 가지고 다른 사람이 되어 돌아온 건 아니다. 그럴 필요가 없었다. 이미 우리의 보물 지도를 따르고 있었기 때문이었다. 우리의 우선순위와 계획에는 변화가 없었다. 달라진 게 있다면 하루하루 감사하는 마음, 은총, 용기를 가지고 성장했다는 것뿐이다. 이후 우리는 어린아이들의 미소와 웃음소리와 같은 작은 것부터 앞날에 다가올 큰일들까지 모든 소중한 순간을 음미하면서 살고 있다.

만일 상황이 반대로 흘러갔더라면 말할 수 없는 고통과 슬픔으로 무너졌겠지만 후회하지는 않았을 것이다. 우리는 최선을 다해서 살았으므로. 우리가 함께한 지난 10년을 뒤돌아보면 모든 순간을 의미 있는 경험들로 가득 채우면서 산 것 같다는 생각이 든다. 우리는 단 한 순간도 허투루 쓰지 않았다.

미래를 생각하면서 우리는 인생이 짧음을 아는 사람의 삶의 목표와 긴박감을 유지한 채 미래를 계획할 것이다. 그러므로 이 순간을 즐기는 것이 중요하다. 당신이 돈을 얼마나 많이 벌든, 결국 당신은 단 하루를 더 사는 데 그 모든 돈을 내놓을 의향이 있을 것이다. 시간은 당신의 재산이고 경험은 삶의 가장 위대한 부다.

결국 경험만이 의미 있는 유일한 부인 셈이다.